WARD FARNSWORTH

DIE SOKRATISCHE METHODE

Das Handbuch der praktischen Philosophie

DIE SOKRATISCHE METHODE

Das Handbuch der praktischen Philosophie

WARD FARNSWORTH

Bibliografische Information der Deutschen Nationalbibliothek
Die Deutsche Nationalbibliothek verzeichnet diese Publikation in der Deutschen Nationalbibliografie. Detaillierte bibliografische Daten sind im Internet über http://dnb.d-nb.de abrufbar.

Für Fragen und Anregungen:
info@m-vg.de

2. Auflage 2024

Türkenstraße 89
80799 München
Tel.: 089 651285-0

Übersetzung: Ursula Held
Redaktion: Christiane Otto
Korrektorat: Dr. Manuela Kahle
Umschlaggestaltung: Marc-Torben Fischer in Anlehnung an das Cover der Originalausgabe
Umschlagabbildung: Olivia Knapp – Folio Art
Satz: Daniel Förster
Druck: GGP Media GmbH, Pößneck
Printed in Germany

ISBN Print 978-3-95972-577-4
ISBN E-Book (PDF) 978-3-98609-091-3
ISBN E-Book (EPUB, Mobi) 978-3-98609-092-0

Weitere Informationen zum Verlag finden Sie unter

www.finanzbuchverlag.de

Beachten Sie auch unsere weiteren Verlage unter www.m-vg.de

Inhalt

Vorwort

Die sokratische Methode ist eine Denkweise. Sie ist ein Mittel, Klugheit zu erlangen und Dummheit zu bekämpfen. Dies sei allem vorangestellt, denn viele Menschen betrachten die sokratische Methode – wenn sie sie denn überhaupt im Blick haben – als eine Lehrmethode. Das ist sie auch, aber sie erweist sich im schulischen Kontext eben dadurch als nützlich, dass sie uns eine Denkweise an die Hand gibt, die jener überlegen ist, mit der wir üblicherweise an Probleme herangehen. Sokrates hat den Leuten keine Fragen gestellt, um uns beizubringen, wie man Leuten Fragen stellt. Er wollte uns das Denken lehren. Und daher ist seine Methode unbedingt von allgemeinem Interesse und nicht nur ein Werkzeug, das Fachleute in Fachkontexten anwenden. Das vorliegende Buch ist ein praktisches Handbuch, und seine erste Lektion lautet, dass jeder, der es möchte, seine Methoden anwenden kann.

Dieses Buch erläutert die sokratische Methode – das heißt die ursprüngliche Methode aus Platons Dialogen – und legt dar, wie man sich ihrer bedienen kann. Es untersucht damit gedankliche Vorgänge, ist aber genauso gut eine praktische Einführung in die sokratische Philosophie. Eine auch heute noch erstaunliche Philosophie, die keine eindeutigen Antworten auf die großen Fragen gibt. Sie ist vielmehr eine Anleitung dazu, wie man *große Fragen* stellt und ihnen nachgehen kann. Das sokratische Denken ist ein Weg zur Weisheit, nicht aber der Weisheit Schluss – den kann es in ihm nicht geben. Es hilft uns im Umgang mit allen möglichen kleinen und großen Problemen – ob es nun darum geht, wie wir leben sollen oder wer mit dem Hund rausgeht.

Das Buch erzählt auch von den Ursprüngen des Stoizismus, einer antiken Denktradition, die viele Menschen auch heute überzeugend finden. Die noch heute gültigen Lehren der Stoa gründen auf den Lehren des Sokrates: Wer sich für die Ideen der Stoiker interessiert, sollte verstehen, welchen Bezug diese zu Sokrates' Ideen aufweisen. Und wer sich wiederum für Sokrates interessiert, stößt bei den Stoikern auf Beispiele, wie das sokratische Denken im Alltag Anwendung finden kann.

Die Lehren des Sokrates können unsere Auseinandersetzung mit allen möglichen wichtigen Themen voranbringen. Denn die sokratische Methode verlangt unter anderem, Fragen ohne Angst zu äußern und entgegenzunehmen; sie verlangt, die eigenen Gedanken frei zu äußern und sich nicht zu ereifern, wenn andere sagen, was sie denken; sie verlangt, nach Wahrheit zu streben und nicht etwa hochmütig anzunehmen, man besäße sie bereits. Mit anderen Worten: Sie stellt all die guten Eigenschaften in den Vordergrund, die unserer Gesprächskultur verlorengegangen sind.

* * *

Das war ein kurzer Abriss dessen, worum es in diesem Buch geht – nun folgt ein ausführlicherer.

1. Vor etwa 2500 Jahren schrieb Platon Dialoge nieder, in denen moralische und andere Fragen erörtert werden. Die meisten Dialoge – und insbesondere jene, die heute als die früheren bezeichnet werden – folgen demselben Schema. Platon tritt darin nicht auf, sondern seine Texte geben vielmehr Gespräche wieder, die Sokrates mit anderen führt. Sokrates äußert Fragen, zu denen seine Gesprächspartner die Antwort zu wissen glauben. Sokrates stellt nun aber ihre Aussagen auf den Prüfstand, nimmt ihre Behauptungen

auseinander und legt offen, dass die Befragten das Thema eben nicht so gründlich durchschauen, wie sie dachten. Beim Leser der Dialoge stellt sich ein ähnlicher Eindruck ein. Das mag banal klingen, doch dadurch, wie und warum Sokrates Dinge infrage stellt, werden allerhand Einblicke gewonnen. Und um eben diese Art der Gesprächsführung geht es hier: die sokratische Methode.

Die sokratische Methode wird oftmals als die größte Leistung des klassischen Denkens hervorgehoben. Für den amerikanischen Philosoph Gregory Vlastos, den angesehensten Experten des 20. Jahrhunderts auf diesem Gebiet, gehörte die Methode gar zu den »größten Errungenschaften der Menschheit«, denn sie

> lässt die Behandlung moralischer Fragen zu einer alltäglichen menschlichen Beschäftigung werden, die allen offensteht. Wer sie anwendet, muss keinem philosophischem System angehören oder eine spezielle Technik beherrschen oder technisches Vokabular erlernen. Es genügen der gesunde Menschenverstand und die Alltagssprache.[1]

Genauso wertvoll ist die Methode natürlich in Rechtsfragen, in der Politik und in allen Bereichen, die vernünftige Urteile erfordern. John Stuart Mill sah in der sokratischen Methode eine ungemeine Bereicherung und einen wichtigen Einfluss auf sein Denken. In einem Aufsatz über Platon schreibt er, die Menschheit schulde dem Philosophen enorm viel, die Schriften Platons gehörten »zu den kostbarsten intellektuellen Schätzen, welche uns das Altertum vermacht hat«.[2]

1 Vlastos, »The Paradox of Socrates«, S. 20.

2 John Stuart Mill, »Plato«, in: *Gesammelte Werke*, 12. Band, S. 37.

Die sokratische Methode ist also offenbar das wertvollste Vermächtnis des wahrscheinlich berühmtesten Philosophen der westlichen Kultur, und man könnte daher davon ausgehen, dass ihre Grundzüge allgemein bekannt wären. Dem ist aber nicht so, und selbst Intellektuelle können oftmals mit Sokrates' Lehren nicht viel anfangen. Warum aber besteht eine solche Diskrepanz zwischen dem Ansehen der sokratischen Methode und ihrer Kenntnis?

Ich nehme hierfür drei Gründe an. Zum einen wird die Methode in Platons Dialogen nie ausdrücklich erklärt. Sie spielt sich im Hintergrund der Gespräche ab, die jeweils ganz verschiedene Dinge behandeln. Man muss sie sich aus der Art, wie Sokrates spricht und handelt, und aus seinen Kommentaren erschließen. Wer also direkte Anweisungen in den Dialogen finden will, wird enttäuscht sein.

Zweitens wirken die Gespräche und auch Sokrates selbst wenig mitreißend. Die Beteiligten unterhalten sich oftmals über Themen, die dem Leser nicht gerade unter den Nägeln brennen. Und sie kommen zu keinem Ergebnis, sondern vielmehr zu der Einsicht, dass es eben keine gute Antwort auf das erörterte Problem gibt. Die ausgetauschten Argumente kommen manchmal haarspalterisch daher und hängen stark an bestimmten Formulierungen. Sich durch diese Argumente zu kämpfen, um sich am Ende an der Methode erfreuen zu können, ist keine leichte Aufgabe. Der Genuss stellt sich quasi erst nach langer Übung ein.

Drittens aber erscheint die sokratische Methode wenig attraktiv, da sie uns nichts von dem bietet, was wir vermeintlich so gerne hätten. Die Lehren des Sokrates versprechen uns weder Reichtum noch Berühmtheit und auch keine Pluspunkte im Jenseits. Sie beantworten keine der uns quälenden Fragen, und sie wollen auch nicht bestätigen, dass wir schon immer recht hatten mit dem, was wir denken. Nein, die Lehren des Sokrates versprechen uns Klugheit, die jedoch unbequem erarbeitet werden will. Der Wissensdurst aber und die Bereitschaft, Unannehmlichkeiten zu ertragen, waren unter uns Menschen nie besonders groß, ob nun in der Antike oder im Heute.

Das erklärt, warum die sokratische Methode vielen unbekannt ist und auch in der Schule nicht gelehrt wird. Das sollte sie jedoch. Denn die Methode ist genauso einfach wie wirkungsvoll, sie ist genauso leicht zu verstehen wie kunstvoll zu meistern. Selbst, wer sonst nichts über die Philosophie weiß, kann mit ihr zu Ergebnissen gelangen. Sie hilft, über Dinge nachzudenken und Probleme zu diskutieren, die uns alle aktuell beschäftigen, und geht damit über Platons Welt hinaus. Nicht zuletzt weist sie uns einen Weg zum Glück im antiken Sinne: einem besseren Leben oder genauer gesagt einer besseren Einstellung zum Leben.

Da die Methode in den Dialogen nicht ausdrücklich erklärt wird, nimmt sich dieses Buch dieser Aufgabe an. Es möchte Sokrates' Ideen und insbesondere seine Art der Gesprächsführung verständlich darstellen.

2. Es gibt bereits viele Bücher über Sokrates und Platon, und so schulde ich an dieser Stelle wohl eine Erklärung, warum ich dennoch ein weiteres für nötig hielt. Diese Bücher sind fast ausnahmslos Werke der akademischen Philosophie. Ihre Verfasser stellen die genaue Lektüre und eine fundierte Interpretation der Texte in den Vordergrund und möchten Studierende anhalten, dasselbe zu tun. Ich habe viele dieser Bücher gelesen und bewundere die Leistung ihrer Autoren. Mich aber interessiert an erster Stelle, wie die sokratische Methode *angewandt* werden kann, und das nicht nur von Akademikern, sondern von jedem von uns. Ich möchte mich dem Thema also eher aus dem praktischen Blickwinkel nähern. Dabei ist der Unterschied in der Vorgehensweise nicht gewaltig, da auch ich analysiere, was Platon meint, und passende wissenschaftliche Bei-

träge zitiere. Doch immer liegt der Fokus auf der Anwendung. Dieses Buch ist für all jene gedacht, die sich der Philosophie wie Sokrates nähern – in dem alltäglichen Bemühen, das Leben und wie wir es leben, verstehen zu wollen – und wissen möchten, was er dazu gesagt hat, wie wir dies besser tun können.

Konkret bedeutet das, dass dieses Buch der umfassenden Textanalyse jedes einzelnen erörterten Problems nicht so viel Platz einräumt wie andere Werke. Platon liefert endlos viel Stoff für Debatten, und so benötigt es viel Zeit und Raum, die einzelnen Argumente gegen jeden Einwand und jede Kritik zu verteidigen. Ich möchte jedoch meinen Beitrag zum Thema nicht ausufern lassen, und das ist mir nur möglich, wenn ich nicht jedes besprochene Problem ausführlich beleuchte. Das vorliegende Buch behandelt die aufgeworfenen Fragen daher nicht tiefschürfend, sondern legt sie nur im Kern dar und gibt in den Fußnoten Hinweise für weiterführende Lektüre. Leser, die sich eine genauere Exegese wünschen, können aus Hunderten anderer Veröffentlichungen wählen. Viele dieser Werke werden in der Bibliografie aufgelistet, wobei diese keine aktuelle oder vollständige Leseliste zu unserem Thema ist, sondern vor allem die im Text zitierten Quellen aufführt. Dennoch wird der interessierte Leser hier Einstiegspunkte in die Literatur finden.

3. Vor einigen Jahren habe ich ein Buch mit dem Titel *Der praktizierende Stoiker* geschrieben. Es behandelt Ideen der antiken Philosophie des Stoizismus, die noch heute von Interesse sind. Dieses Buch ist im Grunde der Vorgänger zum vorigen. Es erläutert die Ursprünge des Stoizismus. Die Stoiker betrachteten sich als Nachfahren und Jünger von Sokrates, sein Einfluss auf ihre lebensphilosophische Schule ist immens. Die Morallehre der Stoa kann tatsächlich als eine Erweiterung und Ausarbeitung des sokratischen Denkens betrachtet werden – auch das wird in diesem Buch er-

läutert. Zwar ist keine Kenntnis des Stoizismus erforderlich, um das Folgende zu verstehen, doch alle, die sich für das eine Thema interessieren, werden auch an dem anderen Gefallen finden. Viele Leser spricht der Stoizismus an, da er im Vergleich zu anderen Philosophien eher im alltäglichen Leben zur Anwendung kommen kann. Gleiches gilt für die Lehren des Sokrates, denn sie bringen uns in eine geistige Verfassung, die allezeit von Nutzen ist. Wie wir noch sehen werden, wurde diese Haltung entscheidend von Epiktet geprägt: Seine Denkweise hat viele verschiedene stoische Strömungen hervorgerufen.

Ganz Ähnliches ließe sich über den Skeptizimus sagen, eine wiederum andere philosophische Tradition, die viele moderne Anhänger findet (die sich dessen mehr oder weniger bewusst sind). Die Skeptiker der Antike waren Schüler des Sokrates und Rivalen der Stoiker. Auch ihre Haltung wird dieses Buch beleuchten.

4. Ebenso wird es in diesem Buch darum gehen, in welcher Hinsicht man die sokratische Lehre mit unseren derzeitigen kulturellen und politischen Schwierigkeiten in Verbindung bringen kann. Schauen wir zurück: Die Römer der Antike bauten ein ausgeklügeltes Wasserleitungsnetz, um überall dort, wo sie es brauchten, Wasser zur Verfügung zu haben. Das System ist ein Wunder der Baukunst. Doch viele Rohre bestanden aus Blei, und dieses Blei ging offenbar ins Wasser über. Und so lautet eine Annahme, dass es eine fortschreitende Bleivergiftung war, die zum Untergang Roms führte: Viele Römer und vor allem die Führungsschicht verloren dadurch ihr Denk- und Urteilsvermögen, heißt es. Die Theorie wird stark angefochten und hat womöglich weder Hand noch Fuß. Doch als Metapher ist sie unschlagbar. Auch wir haben Netzwerke errichtet, zur Verteilung von Information: das Internet und die sozialen Medien. Auch in diesen Systemen, die ebensolche Wunderleistungen sind,

verbreitet sich eine Art Gift. Das Bewusstsein, das sich aus diesen Quellen versorgt, lernt, sich auf vorschnelle Reaktionen, einfache Wahrheiten, Einzeiler und Wut zu beschränken. Es sehnt sich nach Bestätigung und kann Widerspruch nicht leiden. Die Aufmerksamkeitsspanne schrumpft, die Dummheit nimmt zu. Schwachsinniges verbreitet sich, erscheint irgendwann normal und wird am Ende gefeiert. Die Fähigkeit, einen vernünftigen Dialog zu führen, auch wenn man verschiedener Meinung ist, nimmt mehr und mehr ab. Ich kann nur sagen, dass ich die Bleirohr-Theorie mit Blick auf das Internet und seine Auswirkung auf unsere Denkkultur weitaus plausibler finde als in Bezug auf den Verfall Roms.

Die sokratische Methode ist ein Korrektiv. Noch mehr als eine Technik sollten wir sie als eine Schule der Geduld, der Neugierde, der Demut und des Zweifels betrachten – alles vorbildliche Haltungen, die von den sozialen Medien verdrängt werden und aus unserem politischen und kulturellen Miteinander verschwinden. Die sokratische Methode beinhaltet, dass man Fragen ohne Angst stellt und ohne Groll entgegennimmt – ja, die Herausforderung und der Widerspruch durch andere wird hier als Freundschaftspflicht angesehen. Sokrates definiert ein unklares Konzept gerne einmal über die Benennung des Gegenteils, und das ist uns vielleicht auch an dieser Stelle eine Hilfe. Müsste ich das Gegenteil der sokratischen Methode mit einem Wort benennen, so würde ich wahrscheinlich antworten: Twitter.

Es ist inzwischen allen klar, welche Bedrohung solche Technologien für das Niveau unseres Diskurses darstellen und welchen Schaden sie bereits angerichtet haben. Doch der Kampf wird zwischen Kräften ausgefochten, die nicht so scharf umrissen sind, wie es vielleicht nützlich wäre. Fanatische Gruppierungen, Wunschdenken statt Faktentreue, das Bloßstellen von Andersdenkenden, die Zensur oder Selbstzensur diskreditierter Ansichten, fehlende Gesprächs- und Kooperationsbereitschaft – wir alle beobachten, wie diese Phänomene um sich greifen, und die meisten Menschen sehen mit Schrecken, was diese Entwicklungen mit sich bringen. Doch sind diese Tendenzen noch unter keinem schlüssigen Stichwort zusammengefasst worden – außer vielleicht, dass man sie (in ihrem schlimmsten Ausmaß) dem jeweiligen politischen Gegner zuschreibt. Es gibt bisher keine programmatisch formulierte Alternative, die sich all diesen unguten Auswüchsen in ihrer Gesamtheit entgegenstellen könnte. Niemanden gefällt, was passiert, aber die Gegenbewegung hat sich noch nicht eindeutig formiert, kein Programm entworfen und keinen Helden auserkoren.

Dieses Buch will nun Sokrates zu diesem Helden machen und die sokratische Methode zum Programm. Denn sie ist das natürliche Korrektiv zu den oben benannten Untugenden. Man kann das Fehlverhalten unterscheiden und verschiedenen politischen Extremen zuweisen, wie man mag – immer bleibt die sokratische Methode die beste umfassende Gegenmaßnahme. Sie ist ein würdiger Sammelplatz: ein Denksystem, das auf Vernunft gründet, nützliche Werkzeuge an die Hand gibt und eine ehrwürdige Geschichte hat. Wer sich gegen den Niedergang von Denkwillen und Diskursfähigkeit wenden möchte, und zwar an sämtlichen Fronten, ohne Parteinahme, der kann sich als Sokratiker bezeichnen und statt zur Waffe zu greifen den sokratischen Regeln des Miteinanders verschreiben. Dieses Buch führt aus, wie ein solches Engagement aussehen könnte.

Als Universitätsangehöriger liegt mir besonders an einer angemessenen Handlungsweise für das akademische Umfeld. Damit Hochschulen und ähnliche Einrichtungen nicht kranken, sollten sie sokratische Tugenden pflegen, sie sollten an Vernunft und Argumentationskraft festhalten und keinesfalls vor der Diskussion schwieriger Themen zurückschrecken. Idealerweise ist eine Universität ein sokratisches Gymnasium.

5. Dieses Buch behandelt mehrere Bereiche, die mit der sokratischen Methode in Verbindung stehen. Es kann sein, dass Leser sich für bestimmte Teile eher interessieren als für andere. Daher folgt nun ein kurzer Abriss der Kapitel und der in ihnen beleuchteten Themen.

Die ersten beiden Kapitel liefern vor allem Hintergrundwissen. Im ersten Kapitel geht es darum, wer Sokrates war (oder gewesen sein könnte), zudem betrachtet es das Verhältnis zwischen der historischen und literarischen Figur des Sokrates. Das zweite Kapitel erläutert den Unterschied zwischen Platons Ideen und den Methoden des Sokrates, den er in den Dialogen vorstellt.

Die Kapitel drei bis zwölf illustrieren die Funktionsweise der sokratischen Methode. Ihre wesentlichen Eigenschaften werden im dritten Kapitel herausgestellt und in den folgenden Kapiteln detailliert erläutert. Das vierte Kapitel handelt davon, wie sich die Methode im eigenen Denken statt im Gespräch anwenden lässt. Das fünfte Kapitel schaut sich das System von Frage-und-Antwort im Kontext von Verhören an. Die Kapitel sechs und sieben beschreiben den Elenchus beziehungsweise Gegenbeweis – Sokrates' liebstes Argument – und die Bedeutung der Folgerichtigkeit für das sokratische Denken. Das achte Kapitel erklärt den sokratischen Ansatz für das Aufstellen und Auflösen von Unterschieden, das neunte Kapitel behandelt die Verwendung von Analogien. Im zehnten Kapitel werden Grundregeln des sokratischen Dialogs beschrieben. Das elfte Kapitel behandelt Unwissenheit und insbesondere die doppelte Unwissenheit – also die Unwissenheit über die eigene Unwissenheit. Sie ist das Kernproblem des sokratischen Projekts. Das zwölfte Kapitel widmet sich der Aporie – der Sackgasse, in die der sokratische Dialog oftmals führt, sowie der Geisteshaltung, die daraus folgen kann.

Im dreizehnten Kapitel werden die Vorteile der sokratischen Methode herausgestellt. Die folgenden Kapitel vierzehn bis sechzehn geben Beispiele dafür, was sich mit der Methode erreichen lässt. Das vierzehnte Kapitel fasst die Schlussfolgerungen zusammen, die Sokrates über die Bedeutung der Glückseligkeit und einen möglichen Weg dorthin gezogen hat. Das fünfzehnte Kapitel zeigt, wie die sokratische Methode von den Stoikern genutzt und erweitert wurde, das sechzehnte Kapitel tut dasselbe in Bezug auf die Anhänger des Skeptizismus.

Im 17. und 18. Kapitel werden einfache Möglichkeiten aufgezeigt, eigene sokratische Fragen zu entwickeln. Der Epilog übersetzt die sokratische Methode und die ihr zugrundeliegende Ethik in Regeln für unterschiedlich geartete Gespräche. Er spricht auch über die Bedeutung der sokratischen Ethik für Unterricht und Schule.

6. Dieses Buch verwendet Fußnoten. Manchmal bieten diese einen kurzen wissenschaftlichen Kommentar, der für den Haupttext von Bedeutung ist. Oder aber sie geben dem interessierten Leser Hinweise zu weiterführenden Quellen. Ich ziehe Fußnoten Endnoten vor, da man nicht ständig zum Ende des Buchs blättern muss. Wer keine Fußnoten mag, muss sie nicht beachten: Sie sind an keiner Stelle für das Verständnis notwendig.

Anmerkungen zu den Übersetzungen finden sich am Ende des Buchs. Dabei sind Zitate von Platon nach der Stephanus-Paginierung nummeriert. Dieses System erleichtert das Auffinden derselben Passage in einer beliebigen Ausgabe von Platons Dialogen. Die Nummerierung bezieht sich auf die Seiten einer besonders schönen Ausgabe von Platons Werken, die von Henri Estienne (latinisiert zu Stephanus), einem französischen Drucker des 16. Jahrhunderts, stammt. Er gab die Dialoge in drei Bänden heraus, die jeweils durchgehende Seitenzahlen haben. Jede Seite ist noch einmal in Abschnitte mit den Buchstaben A bis E unterteilt. Es ist üblich, die Stephanus-Paginierung zu verwenden, um auf Passagen in

Platons Werken zu verweisen. (Eine ähnliche Nummerierung wird für Plutarchs Werke verwendet, so auch an einigen Stellen in diesem Buch.

Das System ist überaus praktisch. Denn ein Zitat von Sokrates erhält hier zum Beispiel die Angabe »Symposion 221D«. Wenn man nun in einer beliebigen Ausgabe von Platons *Symposion* nachschaut, wird man bei der Randnotiz »221D« eben diese Textstelle finden. Genauer gesagt bedeutet »221D«, dass das Zitat auf Seite 221 des Bandes der Stephanus-Ausgabe steht, der Platons *Symposion* enthält (in diesem Fall Band 3). Der praktische Nutzen ist eindeutig: Anhand der Paginierung findet man das entsprechende Zitat in jeder Platon-Ausgabe.

DANK

Für ihre Ratschläge und Anmerkungen zu Entwürfen dieses Buchs danke ich Henry Abelove, Philip Bobbitt, Robert Chesney, John Deigh, Alexandra Delp, Victor Ferreres Comella, Stanley Fish, Michael Gagarin, Rebecca Goldstein, David Greenwald, Mark Helprin, Anthony Kennedy, Andrew Kull, Saul Levmore, Anthony Long, Susan Morse, Brian Perez-Daple, Reid Powers, William Powers, David Rabban, Christopher Roberts, Fred Schauer, Nicholas Smith, Geoffrey Stone, Eugene Volokh und Paul Woodruff. Außerdem danke ich den Mitarbeitern der Tarlton Law Library an der University of Texas für ihr großzügige und fachkundige Hilfe.

1

Das sokratische Problem

Wenn wir die Methode und Denkweise des Sokrates betrachten, reden wir dann über eine reale Person oder über eine literarische Figur? Die knappe Antwort lautet: Wir wissen es nicht. Und in vielerlei Hinsicht spielt es auch keine Rolle, obgleich es stellenweise unsere Haltung zu den in den Dialogen besprochenen Themen beeinflusst. Die Argumente, die zum sokratischen Problem formuliert worden sind, sind jedoch so interessant, dass sich dieses Kapitel ihnen näher widmen möchte (und dabei doch nur einen Bruchteil der hierzu existierenden, schier endlosen Literatur behandelt). Leser, die kein Interesse an dieser Frage haben oder die Argumente bereits kennen oder aber lieber gleich die Methode kennenlernen möchten, ohne sich mit Hintergrundinformationen aufzuhalten, können das Kapitel getrost überspringen.

Ich schreibe das Folgende in der Annahme, dass keine Vorkenntnisse vorhanden sind, und stelle also Sokrates und jene, die uns von ihm erzählt haben, kurz vor.

Sokrates. Sokrates lebte circa von 470 bis 399 v. Chr. Über sein Leben wissen wir nur wenig. Antike Biographen berichten, sein Vater sei Steinmetz gewesen und auch Sokrates habe das Handwerk erlernt. Während des Peloponnesischen Kriegs kämpfte Sokrates auf Seiten der Athener gegen Sparta. Da war er schon Mitte 40. Seine Frau hieß Xanthippe und soll ein ziemlicher Drachen gewesen sein, die bei einem Streit gar ihren Nachttopf über dem Kopf ihres Gatten ausleerte.[1] Sokrates hatte drei Söhne. Sein Aussehen war offenbar markant und wird durchgehend als hässlich bezeichnet. Er soll einen Schmerbauch, eine Stupsnase und hervortretende Augen gehabt haben.[2] Es gibt Witze darüber, dass sein Blick wie beim Krebs zur Seite wandern konnte.[3]

Sokrates wurde zugutegehalten, dass er das Augenmerk der Philosophie von der Betrachtung der Natur auf konkrete Probleme des Alltagslebens lenkte und sie damit zu einem geeigneten Thema für das persönliche Interesse eines jeden machte.[4] Er verfasste keine eigenen Schriften, war in Athen aber eine so bekannte wie umstrittene Persönlichkeit: von seinen Studenten geliebt, auf der Bühne parodiert und mit berühmten Aufrührern in Verbindung gebracht (mehr dazu im Folgenden). Im Alter von etwa 70 Jahren wurde er der Gotteslästerung und der Verführung der Athener Jugend angeklagt und vor Gericht gestellt. Die Geschworenen in dem Fall waren offenbar 500 männliche, über 30-jährige Bürger der Stadt, die man aus 20.000 freien Athener Bürgern im entsprechenden Alter ausloste. Es gab Reden auf Seiten der Anklage und Verteidigung, das Urteil wurde per Mehrheitsbeschluss gefällt. Sokrates wurde für schuldig befunden und mit dem Tode bestraft.

Platon. Platon lebte von etwa 427 bis 347 v. Chr., 80 Jahre also. Er wurde in eine angesehene Athener Familie hineingeboren und hatte

---

1 Siehe Seneca, *Von der Unerschütterlichkeit des Weisen*, 18 (6).

2 Siehe etwa *Theaitetus* 143E. Dort sagt Theodorus zu Sokrates: »Nun aber, werde mir nur ja nicht böse, ist er eben nicht schön, sondern er gleicht dir mit der aufgeworfenen Nase und den heraustretenden Augen, nur hat er diese Züge nicht so stark wie du.«; vgl. auch die Passage aus dem *Menon* zu Beginn des 12. Kapitels.

3 Xenophon, *Symposion*, Kap. 5. Mehr über das Leben des Sokrates findet man in Guthrie, *History of Greek Philosophy*, Bd. 3, Kap. 8.

4 Vgl. Guthrie, Bd. 3, Kap. 14; Annas, »Classical Greek Philosophy«, S. 281–83.

zwei Brüder und eine Schwester. In antiken Biographien heißt es, sein eigentlicher Name sei Aristokles gewesen, und »Platon« (*platon* bedeutet »breit«) sei ein Spitzname, den er aufgrund seiner körperlichen Erscheinung bekommen habe. Aber all das wissen wir nicht sicher. Über Platon persönlich ist uns kaum etwas bekannt.

Die ausführlichste Quelle zu Platons Leben ist ein Brief, den er in hohem Alter verfasst haben soll – der sogenannte *Siebente Brief*, dessen Echtheit jedoch angezweifelt wird. Das Schreiben ist an die Gefolgsleute des Dion gerichtet, einem ehemaligen Schüler Platons, der in Syrakus Politiker geworden und kurz zuvor einem Attentat zum Opfer gefallen war. Der Brief erzählt davon, wie sich Platon als junger Mann für Politik begeisterte und wie er als älterer Mann auf Reisen ging. Er enthält manche der Ideen, die wir im zwölften Kapitel besprechen werden. Es ist etwas länger her, dass der Altphilologe Guthrie seine Kollegen (»nur so zum Spaß«) zu dem Thema befragte und herausbekam, dass 36 den *Siebenten Brief* für echt befanden, 14 jedoch nicht (wobei sich manche auch enthielten).[5] Der Brief besteht zum größten Teil aus der Schilderung und Diskussion von Ereignissen. Wir erfahren wenig über Platon selbst. Zu diesem Mangel an Informationen sagt uns der amerikanische Schriftsteller und Philosoph Ralph Waldo Emerson:

> Der Genius hat die kürzeste Biographie. Seine Vettern können nichts von ihm erzählen. Er lebt in seinen Schriften, deshalb ist sein Haus- und Straßenleben unbedeutend und gemein. Wer seine Empfindungen und Gemütsart kennenlernen will,

5 Guthrie, *History of Greek Philosophy*, Bd. 5, S. 401. (Kahn, *Plato and the Socratic Dialogue*, S. 48.) Julia Annas dagegen betrachtet den *Siebenten Brief* als unglaubwürdige Quelle und sieht in der Tatsache, dass viele Wissenschaftler ihn für authentisch halten, vor allem ein Anzeichen dafür, dass ein großer Wunsch besteht, jenseits der nüchternen Dialoge auf etwas zu stoßen, für das Platon einstand. (Annas, *Classical Greek Philosophy*, S. 285.)

> dem wird sie sein begeistertster Leser am getreuesten widerspiegeln. Plato insbesondere hat keine äußerliche Biographie. Ob er Freunde, Weib oder Kinder hatte, hören wir nicht. Er grundierte sie alle in sein Weltgemälde. Wie ein guter Kamin seinen Rauch verzehrt, so verwebt der Philosoph den Wert all seines Geschicks in seine geistigen Umbildungen.[6]

Platon stieß wahrscheinlich als Jugendlicher zu Sokrates' Schülern. (Auch sein Onkel gehörte zu dessen Kreisen.) Und er war Ende 20, als Sokrates starb. Platon ging für mehrere Jahre nach Sizilien und lebte wohl auch an anderen Orten, bis er nach Athen zurückkehrte und seine Philosophenschule, die Akademie gründete. Sein Hauptwerk – und womöglich sein einziges Werk – sind die *Dialoge*, von denen er etwa 30 verfasst hat. Er kommt darin nie direkt vor, obgleich Sokrates in der *Apologie* feststellt, dass Platon bei seiner Gerichtsverhandlung anwesend ist. Innerhalb der Forschung wird oftmals angenommen, dass Platons frühere Dialoge vor seinen oben erwähnten Reisen geschrieben wurden, welche sein Denken noch einmal in eine andere Richtung lenkten.[7] Ob Platon einen Teil der Dialoge schon vor Sokrates' Tod geschrieben hat, bleibt fraglich.

Sokrates soll einen Schüler gehabt haben, der ihm noch näherstand als Platon: nämlich Antisthenes, der angeblich 60 Schriften verschiedener Länge verfasste, darunter eigene sokratische Dialoge. (Texte in Dialogform etablierten sich damals als eigenes kleines Genre.) Keines dieser Werke ist erhalten. Wir wissen nur über die Aussagen anderer von Antisthenes' Texten, was für uns wenig hilfreich ist, um den historischen Sokrates besser zu verstehen. An

6 R. W. Emerson, *Repräsentanten des Menschengeschlechts*, Leipzig 1895, S. 45. (Übersetzt von Oskar Dähnert)

7 Siehe etwa Guthrie, *History of Greek Philosophy*, Bd. 4, S. 17ff; Vlastos, *Socrates, Ironist and Moral Philosopher*, S. 128ff.

einer Stelle jedoch berichtet der antike Historiker Diogenes Laertius, dass Antisthenes und Platon sich offenbar nicht sehr gut verstanden. Der Streit der beiden gewährt einen seltenen, wenn auch ungnädigen Blick auf Platons eigensinnigen Charakter.

> Es geht auch folgende Erzählung um: Antisthenes wollte eine seiner Schriften vorlesen und lud dazu auch Platon ein. Als dieser fragte, was er vorlesen wolle, sagte er, eine Abhandlung über die Unmöglichkeit des Widersprechens. Da sagte Platon: »Wie kannst du denn über eben dies Thema überhaupt schreiben?«, wobei er ihm auseinandersetzte, dass er mit sich selbst in Widerspruch stehe. Da schrieb Antisthenes einen Dialog gegen Platon, betitelt Sathon. Seitdem waren sie dauernd verfeindet.[8]

»Sathon«, das Reimwort zu Platon, bedeutet indes »dicker Schwanz«.[9]

Xenophon (etwa 431–354 v. Chr.) war ein Athener Soldat, ebenso Schüler von Sokrates und Zeitgenosse von Platon. Er hat ausführliche Erinnerungen an Sokrates verfasst, allen voran seine *Memorabilia*. Es handelt sich dabei größtenteils um Gespräche zwischen Sokrates und anderen. Der von Xenophon porträtierte Sokrates ist ein ernsterer und weniger schillernder Moralist als Platons Sokrates. Hier in kurzes Beispiel:

> Wenn er aber darüber Betrachtungen anstellte, was Neid sei, so fand er, dass derselbe eine Art Verstimmung sei, dass er je-

8 Diogenes Laertius, *Leben und Meinungen berühmter Philosophen*, 3.35 (Felix Meiner, Hamburg 2015, übersetzt von Otto Apelt)

9 Der Ausdruck kann auch anders, jedoch ähnlich rüde übersetzt werden. Siehe Kahn, *Plato and the Socratic Dialogue*, S. 6.

> doch weder über das Glück von Feinden, noch über das Unglück der Freunde entstehe, sondern nur die, sagte er, seien neidisch, welche über das Glück der Freunde sich ärgern. Wenn aber einige sich wunderten, wie einer, der einen andern liebe, über das Glück desselben verstimmt werden sollte, so erinnerte er daran, dass viele so gegen andere gesinnt seien, dass sie, wenn es jenen schlecht gehe, sich darüber ärgern und ihnen in ihrem Unglücke zu Hilfe kommen, wenn sie aber glücklich seien, darüber verstimmt werden. Einem verständigen Manne könne dies freilich nicht begegnen, den Toren aber ergehe es immer so.[10]

Xenophon verließ Athen, kurz bevor Sokrates vor Gericht gestellt wurde. Seine Erinnerungen an Sokrates schrieb er später – wahrscheinlich gar Jahrzehnte später. In seinen Texten stützt er sich teilweise auf Platons Dialoge, an anderen Stellen aber erfindet er Dinge dazu. Es ist daher riskant, Xenophons Erinnerungen an Sokrates für bare Münze zu halten – genauso übrigens wie Platons Berichte.[11] Ob einer der beiden vertrauenswürdiger ist als der andere, wird im Folgenden Thema sein.

Aristophanes (etwa 446–386 v. Chr.) schrieb Komödien (insbesondere ein Stück namens *Die Wolken*), in denen Sokrates genannt wird oder als Figur vorkommt und lächerlich gemacht wird. Dieses Zeugnis des historischen Sokrates ist besonders verlockend, da es zu Lebzeiten verfasst wurde, knapp 25 Jahre vor seinem Tod. Es wird deutlich, dass Sokrates' in Athen sehr bekannt war, außerdem finden wir in Aristophanes' Porträts Züge, die auch Platons Sokrates trägt.

---

10 Güthling, *Xenophons Erinnerungen an Sokrates*, Kap. 9.8, Leipzig 1883.

11 Siehe Kahn, *Plato and the Socratic Dialogue*, S. 75–79, 393–401.

Dann wiederum ist der Sokrates aus *Die Wolken* ganz anders als der, den wir aus anderen Quellen kennen. Er wird als Moral- und Rhetoriklehrer dargestellt, der mit seinem Unterricht Geld verdienen will. Manche meinen nun, Aristophanes habe sich Sokrates' nur bedient, um sich generell über Sophisten[12] (Wanderlehrer der Redekunst und Tugend) lustig zu machen, andere dagegen nehmen an, dass Aristophanes gezielt Sokrates' Morallehre kritisieren wollte.[13] Diese Thesen sind für Forscher interessant, die sich dem sokratischen Problem intensiv widmen, doch im Grunde können wir nicht wissen, ob die Darstellung des Sokrates' in Aristophanes' Stücken seinem öffentlichen Bild entspricht oder darüber hinausgeht. Auch hier können wir nicht festlegen, wo der historische Sokrates endet und die literarische Figur beginnt.[14]

Auch die Schriften von *Aristoteles* (384–322 v. Chr.) enthalten Bemerkungen über Sokrates. Aristoteles wurde 15 Jahre nach Sokrates' Tod geboren. Aber er war Platons berühmtester Schüler, und so kann man davon ausgehen, dass er nicht nur von seinem Lehrer, sondern auch aus anderen Quellen einiges über Sokrates erfuhr. Wir können zudem sicher sein, dass Aristoteles Platons Dialoge gelesen hat, auf die er sich an manchen Stellen zweifelsfrei beruft. Andererseits sagt er aber auch Dinge über Sokrates, die er nicht den Dialogen entnommen haben kann. Leider wissen wir nicht, wann er sich auf die Dialoge bezieht und wann nicht, daher sind seine Aussagen nicht gefahrlos als Bestätigung der Dialoge aufzufassen.[15]

---

12 Eine gute Darstellung der Sophisten findet man bei Woodruff, »Socrates Among the Sophists«, sowie bei Guthrie, *History of Greek Philosophy*, Bd. 3, Kap. 3, S. 448f.

13 Siehe Nussbaum, »Aristotle and Socrates«.

14 Überzeugende Analysen zu Aristophanes' Sokratesbild findet man in Dover, »Socrates in the Clouds«; Lacey, »Our Knowledge of Socrates« und Nussbaum »Aristotle and Socrates«.

15 Siehe Kahn, *Plato and the Socratic Dialogue*, S. 85ff.; Nehamas, »Voices of Silence«, S. 170.

Zudem haben sich Aristoteles' Zeugnisse über andere Philosophen als wenig zuverlässig herausgestellt, und es besteht weiterer Grund für Zweifel.[16] Dennoch lassen sich seine Kommentare mancherorts als Hilfsstützen für eine historische Rekonstruktion des Sokrates' heranziehen.[17]

Gehen wir nun kurz und direkt darauf ein, ob der »Sokrates« aus den Dialogen dem historischen Sokrates entspricht oder vielmehr ein Produkt Platons ist. Im Folgenden will ich drei einfache Antwortmöglichkeiten zu dieser Frage skizzieren.[18]

1. *Es ist der »echte« Sokrates.* Nehmen wir an, Platons Dialoge stellen den Versuch dar, die Gedanken und Worte des Sokrates' getreu wiederzugeben. Zwar glaubt niemand, dass die Dialoge wörtliche Mitschriften sind, sie sind zumindest in eine fiktionale Erzählung gefasst und ausgearbeitet worden. Dennoch könnte man doch meinen, dass die Schilderung sehr nah am »echten« Sokrates, dem historischen Sokrates »in Aktion« ist. Anhänger dieser Theorie bringen vor, dass Platons Leser sich schließlich an Sokrates und seine Worte erinnern konnten und sich beschwert hätten, wenn Platon etwas falsch dargestellt hätte. Hinzu kommt, dass Platon nicht durchgängig Sokrates als seine Hauptfigur verwendet. Dies zeigt, so die Theorie, dass Platon sehr wohl auswählte, welche Worte er Sokrates in den Mund legte, und sich wahrscheinlich darauf beschränkte, nur Dinge wiederzugeben, die Sokrates wirklich geäußert haben könnte.

16 Siehe Kahn, *Plato and the Socratic Dialogue*, S. 79–86.

17 Siehe Lacey, »Our Knowledge of Socrates«.

18 Nails liefert mit *Agora, Academy, and the Conduct of Philosophy*, S. 8–31 einen ausgezeichneten Überblick über moderne Positionen zum sokratischen Problem und nennt zusätzliche Quellen. Siehe auch Waterfield, »Quest for the Historical Socrates«; Dorion, »Rise and Fall of the Socratic Problem«; Brickhouse / Smith, *Socratic Moral Psychology*; Nehamas, »Voices of Silence«, S. 160–65.

Doch die Verfechter der historischen Authentizität finden wenig Unterstützer.[19] Ihre Kritiker stellen heraus, dass Sokrates an verschiedenen Stellen der Dialoge widersprüchliche Positionen einnimmt.[20] In der *Apologie* etwa streitet er das Interesse an philosophischen Themen ab, die er in *Der Staat* und im *Phaidon* eingehend behandelt. Und während Aristoteles die Ideenlehre ausdrücklich nicht mit Sokrates in Verbindung bringt, ist bei Platon zu lesen, wie Sokrates ausführlich über sie spricht. Man ist sich daher weitgehend einig, dass zumindest ein Teil der Dialoge eher Platons Gedanken wiedergibt, die er seinem Sokrates in den Mund legt.

2. *Es stammt alles von Platon.* Es könnte auch genau andersherum sein: Alles, was Sokrates in den Dialogen sagt, sind im Grunde Platons Gedanken oder zumindest seine Erfindungen. Sokrates wurde als Hauptfigur der Dialoge ausgewählt, weil Platon seinem Lehrer damit Ehre erweisen wollte. Dabei mag es durchaus Schnittstellen zwischen dem literarischen und dem realen Sokrates geben, so wie jede andere fiktionale Figur ein loses reales Vorbild haben kann. Platon aber wollte ein philosophisches und kein historisches Werk verfassen. Und so schrieb er im Laufe von 50 Jahren eine halbe Million strahlend kluge Worte über die Philosophie, und aus der Weisheit seiner Figuren spricht die seine. Sokrates hat ihn sicher inspiriert und ihn auf bestimmte Ideen gebracht, doch hauptsächlich illustrieren die Dialoge eben doch Platons Vorstellungen. Ein kleiner Teil davon geht auf Sokrates zurück – welcher Teil das ist, vermögen wir aber nicht zu sagen.

---

19 Vertreten wurde sie vor allem von Burnet und Taylor. Siehe Burnet, *Greek Philosophy*; A.E. Taylor, *Socrates*, S. 162.

20 Siehe Ross, *Plato's Theory of Ideas*; Popper, *Open Society and Its Enemies*, n. 56.

Diese Theorie ist absolut plausibel. Platon sagt an keiner Stelle, dass der Sokrates aus seinen Dialogen auf dem realen Sokrates basiert. Er schreibt einfach nur Geschichten, in denen eine Figur namens Sokrates auftaucht. Jede behauptete Ähnlichkeit zur historischen Person ist eine Deutung. Zudem haben wir die Schriften eines weiteren Sokrates-Schülers – Xenophon –, der hier nichts unserer Deutung überlässt, sondern eindeutig klarstellt, dass er über den historischen Sokrates berichtet. Sein Sokrates nun ist ein anderer als Platons. Nicht radikal anders, denn beide Figuren stellen ähnliche Fragen, doch im Stil, im Geistesreichtum und zum Teil auch im Wesen sind sie unterschiedlich. Wenn Xenophon sachlich berichtet, dann hat Platon gewaltig ausgeschmückt, und welche historische »Wahrheit« sein Sokrates auch enthalten mag, ist zu bruchstückhaft und unzuverlässig, als dass es sich lohnte, ihr nachzugehen. Die Dialoge Platons sind nach dieser Sichtweise wie ein Biopic zu behandeln: Man erfreue sich an dem Film, halte ihn aber nicht für einen authentischen Bericht.

3. *Mal ist es Sokrates, mal Platon.* Die aktuell am meisten geteilte Meinung folgt keinem der beiden oben beschriebenen Extreme. Man nimmt stattdessen an, dass Platons frühen Dialoge Sokrates mehr oder weniger so darstellen, wie er war.[21] Dabei gehen manche davon aus, dass Platon Sokrates beschrieb, ohne viel hinzuzufügen, und andere wiederum glauben, dass Platon vermutete, was der echte Sokrates gesagt hätte, aber vor allem wiedergab, woran auch er selbst glaubte.[22] In den nachfolgenden Dialogen treten dann immer mehr

21 Einen Überblick zu dieser Ansicht mit entsprechenden Belegen liefern Graham, »Socrates and Plato«; Vlastos, *Socrates, Ironist and Moral Philosopher*, Kap. 2.

22 Siehe zum Beispiel Guthrie, *History of Greek Philosophy*, Bd. 4, S. 67: Dort heißt es, in den frühen Dialogen habe sich Platon, was Form und Inhalt betrifft, »phantasievoll« an die Gespräche seines Lehrers erinnert. Vgl. hierzu Vlastos, *Socrates, Ironist and Moral Philosopher*, 50, S. 117.

Platons eigene Ansichten hervor, bis in den letzten Texten nichts mehr vom historischen Sokrates zu finden ist.

Anhänger dieser Theorie üben oftmals Kritik an Xenophon, indem sie sagen, dass sein Sokrates keinesfalls mit dem historischen Sokrates übereinstimmen kann (anders als der Sokrates aus Platons frühen Dialogen). Der Grund, warum Xenophons Sokrates nicht der »echte« sein kann, lautet: Er ist zu langweilig. Ein solcher Sokrates hätte niemals so viele leidenschaftliche Anhänger und Feinde gewonnen, wie es der historische Sokrates offenbar tat.[23] Der Kern des Problems liegt (wie manche vermuten) darin, dass Xenophon selbst langweilig und wenig geistreich war. Es fehlte ihm die Gabe, Sokrates in der Tiefe zu verstehen. Da er schwierige und doch so wesentliche Textstellen bei Sokrates nicht verstand, konnte er sie auch nicht entsprechend wiedergeben. Bertrand Russell hat diesen Umstand sehr eindrücklich zusammengefasst:

> Der Bericht eines Dummen über das, was ein kluger Mann sagt, ist niemals korrekt, weil er das Gehörte unbewusst in etwas übersetzt, das er verstehen kann. Ich würde lieber von meinem erbittertsten Feind unter den Philosophen einen Bericht über mich erhalten, als dass ein Freund über mich schriebe, der sich mit der Philosophie nicht auskennt. Wir können daher Xenophons Worte nicht einfach glauben, wenn sie etwas philosophisch Schwieriges behandeln oder beweisen wollen, dass Sokrates zu Unrecht verurteilt wurde.[24]

---

23 Siehe Vlastos, »Paradox of Socrates«, S. 2f.: »Xenophons Sokrates, ein frommer Rezitator moralischer Allgemeinplätze, hätte Kritias gerade mal ein Schnauben entlockt, und Alkibiades ein Gähnen, während Platons Sokrates sie furchtbar aufbrachte.« Burnet, *Greek Philosophy*, S. 149: »Xenophons Verteidigung des Sokrates' ist zu gelungen. Sokrates wäre niemals zum Tode verurteilt worden, wenn er wirklich so gewesen wäre.«

24 Russell, *History of Western Philosophy*, S. 82.

Russell mag recht haben mit seinem generellen Urteil, doch ist er zu streng mit Xenophon.[25] Denn in einer bestimmten Lesart offenbaren seine Erinnerungen an Sokrates eine eigene Klugheit, entweder als Verteidigungen von Sokrates oder als Versuch, Seiten von ihm zu zeigen, die Platon übergangen hat.[26] Dennoch stimmt es natürlich, dass Xenophon ein Soldat war und kein Philosoph und dass er den meisten von uns ein wenig langweilig vorkommt. Und doch könnte gerade das sein Vorteil sein. Denn wenn wir Sokrates so sehen möchten, wie er war – wenn wir uns einen nüchternen Bericht wünschen –, dann kann es doch nicht schaden, jemanden zu fragen, der wenig einfallsreich und nüchtern ist. Von den Taten eines Sherlock Holmes würde doch auch besser ein Watson berichten als ein weiterer Sherlock Holmes.

Selbst jene, die annehmen, dass Platons Dialoge dem historischen Sokrates nachgebildet sind, erkennen in ihrer Schreibweise das große Talent Platons. Sie betrachten diese Begabung als hilfreich – doch genauso gut könnte es sie auf der Hut sein lassen, denn ein Genie ist ein unzuverlässiger Berichterstatter.[27] Platon war geistreich genug, um einen Sokrates zu erfinden, und womöglich hat er genau das getan.[28]

---

25 Siehe Howland, »Xenophon's Philosophic Odyssey«; Vlastos, *Socrates, Ironist and Moral Philosopher*, S. 99f; Morrison, »On Professor Vlastos's Xenophon«.

26 Siehe Cooper, *Reason and Emotion: Essays in Ancient Moral Philosophy and Ethical Theory*; Morrison, »On Professor Vlastos's Xenophon«. S. 19: »Es ist Xenophons schriftstellerischer Größe zu verdanken, dass er Professor Vlastos glauben machen konnte, sein Sokrates wäre zu fromm gewesen, um angeklagt zu werden.«

27 Siehe Morrison, »On Professor Vlastos's Xenophon«. S. 18: »Die Lehre der Freundschaft, die uns Xenophons Sokrates darlegt, ist nicht so langweilig, als dass sie nicht Interesse geweckt hätte. Im Gegenteil: Sie war neu, anregend und weise. Platons Genie hätte eher entsprochen, diese Lehre noch radikaler und noch anregender – und damit unrealistischer, übertrieben und falsch darzustellen.«

28 Russell, *History of Western Philosophy*, S. 83.

Der Prozess gegen Sokrates. Es gibt noch einige Nebenaspekte rund um das sokratische Problem. Wie gehört bringen jene, die glauben, dass Platon den echten Sokrates zeigt, gerne folgendes Argument vor: Ein Großteil von Platons Publikum kannte Sokrates und hätte daher auf Ungenauigkeiten oder Unwahrheiten aufmerksam gemacht. Für den amerikanischen Philosophen Gregory Vlastos zählt dieses Argument vor allem für die *Apologie des Sokrates,* also seine Verteidigungsrede vor Gericht. Hunderte Athener waren Zeugen der Verhandlung. Platon musste daher die Figur des Sokrates authentisch darstellen. »Wenn wir uns auf diese Annahme einigen«, schreibt Vlastos, »so ist damit das Quellenproblem im Grunde gelöst. Denn dann können wir die *Apologie* als Maßstab für die Glaubwürdigkeit der Darstellung von Sokrates' Gedanken und Charakter in Platons anderen frühen Dialogen nehmen.«[29] Doch das ist zu kurz gedacht. Die *Apologie* unterscheidet sich von den anderen Dialogen, denn zum größten Teil handelt es sich gar nicht um einen Dialog, sondern um eine Rede. Leicht vorstellbar also, dass Platon das Ereignis mehr oder weniger treu wiedergegeben und seinen literarischen Sokrates dennoch auf andere, nicht auf diese Weise nachprüfbare Abenteuer geschickt hat.

Aber auch eine von Platon fiktionalisierte *Apologie* wäre nicht verwunderlich. Xenophon nämlich hat einen eigenen Bericht über einen Teil der Gerichtsverhandlung verfasst, und dieser unterscheidet sich von Platons Schilderung. Womöglich haben sich beide Freiheiten herausgenommen, um den Ruf ihres Lehrers zu verteidigen. Schauen wir uns einmal genauer an, warum das so sein könnte. Manche Forscher meinen, die Anklage gegen Sokrates sei vor allem politisch motiviert gewesen.[30] Nachdem Athen 404 v. Chr.

29 Vlastos, *Paradox of Socrates,* S. 4.

30 Siehe Waterfield, »Xenophon on Socrates' Trial and Death«; Shorey, *What Plato Said,* S. 33; vgl. Grote, *Plato and the Other Companions of Sokrates,* 1:281; Brickhouse / Smith, *Socrates on Trial,* S. 2–10.

den Krieg gegen die Spartaner verloren hatte, geriet es unter die »Herrschaft der Dreißig«, einer Gruppe von Oligarchen, die Sparta wohlgesonnen waren. Ihre Terrorherrschaft dauerte knapp ein Jahr, forderte aber zahlreiche Opfer: Unterstützer der Demokratie wurden verbannt oder hingerichtet. Sokrates blieb und überlebte.[31] Der Anführer der Dreißig war Kritias, ein Schüler von Sokrates. Auch mit anderen, die den Tyrannen angehörten, war Sokrates bekannt. Kritias kam bei dem Aufstand ums Leben, der die Herrschaft der Dreißig stürzte. Der Prozess gegen Sokrates fand vier Jahre später statt. Es wurde eine Amnestie beschlossen, die Sokrates davor bewahrte, wegen einer möglichen Beteiligung an der Terrorherrschaft angeklagt zu werden, doch Aufzeichnungen von anderen Prozessen legen nahe, dass politische Anklagen ganz einfach zu Anklagen wegen »gotteslästerlichen« Verhaltens umgedeutet wurden.[32] Dies erklärt auch, warum Aischines 50 Jahre später in einer Rede die berühmte Anmerkung machte: »Ihr Athener habt den Sophisten Sokrates getötet, weil er der Lehrer des Kritias war, einem der Dreißig, welche die Demokratie zerstört haben.«[33]

Die Gründe für Sokrates' Verurteilung und Hinrichtung sind vielfältig, und ich habe hier nur eine Seite beleuchtet. In der Literatur findet man auch die Ansicht, dass keine politischen Erklärungen infrage kommen und man sich vielmehr an den Bericht in Platons *Apologie des Sokrates* halten sollte.[34] Wir haben wenige unmittelbare Belege, um diese Frage zu lösen, und so haben beide Ansichten ihre Berechtigung. Vielleicht war Sokrates ein weiser und untadeliger

31 In der *Apologie* bezieht sich Sokrates auf einen Befürworter der Demokratie namens Chairephon, einen Jugendfreund, und merkt an, dass dieser zusammen mit anderen bei »dieser letzten Flucht geflohen, und mit euch auch zurückgekehrt« sei. (*Apologie*, 21a)

32 Waterfield, »Xenophon on Socrates' Trial and Death«, S. 282f.

33 Aischines, 1.173 (*Rede gegen Timarchos*)

34 Siehe Irwin, »Review: Socrates an Athenian Democracy«.

Philosoph, zu aufrichtig für seine Zeit. Vielleicht war er aber auch der Anführer eines Kults, der Geringschätzung für die Demokratie lehrte und seinen Schülern eine Neigung für das Tyrannentum mitgab. Die politische Interpretation sollte uns zumindest auf das Risiko aufmerksam machen, dass Sokrates' Schüler ihn verklärt und reingewaschen haben könnten.

Was kommt zuerst? Dass die Dialoge sich bedeutend voneinander unterscheiden, bezweifelt niemand, und auch darüber, welche von ihnen die sokratische Methode am besten darstellen, besteht weitgehend Einigkeit. Die wahren sokratischen Dialoge, so heißt es, sind die frühen. Aber welche sind die frühen Dialoge, und woher wissen wir das?

Keiner der Dialoge ist datiert. Versuche, sie in eine Reihenfolge zu bringen, sind Thema Hunderter Forschungen – so werden in einer Veröffentlichung ganze 132 verschiedene Vorschläge für eine chronologische Ordnung gezählt.[35] Viele Studien nutzen hierfür die Methode der Stilometrie – die Untersuchung kleiner stilistischer Unterschiede in den Dialogen – und stellen auf diese Weise fest, welche Texte wahrscheinlich eine größere zeitliche Nähe aufweisen. Doch diese Bemühungen liefern nur unsichere Ergebnisse, wenn man annimmt, dass Platon die Dialoge nachträglich bearbeitet oder bewusst stilistische Veränderungen vorgenommen hat. Das Verfahren verlangt zudem eine meist thematisch getroffene Festlegung dazu, welche Texte man als Ausgangspunkt nimmt. Die Auseinandersetzung über die Chronologie der Dialoge ist vor allem auch deshalb bemerkenswert, weil sie im Laufe der Jahrhunderte viele Mühen gekostet, aber lediglich einen Konsens über eine grobe Einteilung hervorgebracht hat. Dabei entspricht das Ergebnis ganz

---

35 Thesleff, *Studies in Platonic Chronology*.

dem sokratischen Geist: Der Prozess des Fragens ist bereichernd, auch wenn er uns keine Antworten liefert.

Innerhalb der Wissenschaft wird die grobe Zuordnung der Texte in frühe oder späte Dialoge inzwischen von den meisten als Arbeitshypothese akzeptiert.[36] Als frühe Dialoge bezeichnet man (in alphabetischer Reihenfolge): *Apologie, Charmides, Euthydemos, Euthyphron, Gorgias, Hippias maior, Hippias minor, Ion, Kriton Laches, Lysis* und *Protagoras.* Viele würden noch Buch 1 von *Der Staat* hinzufügen, das früher entstanden sein soll als der Rest, sowie den *Menexenos.* Das vorliegende Buch wird sich vor allem an die Dialoge aus dieser Gruppe halten, wobei gelegentlich auch spätere Texte und insbesondere der *Theaitetos* konsultiert werden, wo sie zur Klärung dienen. Ein Großteil der Dialoge wird also an der einen oder anderen Stelle erwähnt werden. Ich betrachte Platon als Schöpfer der sokratischen Methode: Dieser können wir uns anhand von Kommentaren annähern, die sich überall in seinem Werk finden.

Einheit oder Entwicklung? Die oben dargelegten Argumente überlappen sich mit einer weiteren Debatte zur Lesart der platonischen Texte. Manche bevorzugen hier die sogenannte »unitarische« Deutung: Man sollte die Dialoge so lesen, als wären sie Kapitel eines Buchs, die alle gleichzeitig fertiggeworden sind.[37] Wenn es Unterschiede zwischen ihnen gibt, sollten wir nicht unterstellen, dass Platon eingegriffen hat, sondern vielmehr annehmen, dass diese seinen literarischen Geschmack spiegeln. Damit liegen wir sicher nicht

36 Unsicherheiten in dieser Frage diskutieren etwa Annas, »What Are Plato's ›Middle‹ Dialogues in the Middle Of?«; Kahn, *Plato and the Socratic Dialogue.*

37 Die unitarische Deutung wurde ursprünglich von Friedrich Schleiermacher vertreten, der Anfang des 19. Jahrhunderts eine einflussreiche Studie zu Platon veröffentlichte. Im 20. Jahrhundert findet man die Ansicht mehr oder weniger ausgeprägt bei Kahn, *Plato and the Socratic Dialogue*, S. 38ff; Friedlander, *Plato*, S. 162; Shorey, *Unity of Plato's Thought*, S. 88 (siehe hierzu Sprague, »Platonic Unitarianism, or What Shorey Said«).

ganz falsch, und außerdem ist es die konstruktivste Annahme, die wir treffen können. Leser, die sich mit dieser Deutung anfreunden, gehen oftmals davon aus, dass Platons Philosophie schon früh festlag und er sie im Anschluss nur weiter ausformuliert und erklärt hat.[38] Im Umgang mit den Dialogen findet man auf der anderen Seite die sogenannte Entwicklungstheorie: Sie besagt, dass Platon im Laufe der Zeit sehr wohl neue Gedanken gefasst hat und seine Schriften dies reflektieren. Die Entwicklungstheorie geht oftmals (aber nicht zwingend) mit der Vorstellung einher, dass die frühen Dialoge den historischen Sokrates zeigen, die späten jedoch nicht.

Arbeitshypothesen. Dieses Buch schließt sich weitgehend den in der Forschung am meisten verbreiteten Annahmen an. Denn zum einen lässt sich die sokratische Methode am besten anhand von Dialogen demonstrieren, die wahrscheinlich zu Beginn von Platons Schaffen entstanden sind. Und zum anderen zeigen uns diese »frühen« Dialoge in etwa den »echten« Sokrates, und ich werde also davon sprechen, dass Sokrates dieses gesagt und jenes getan hat. Auch wenn der Sokrates in den frühen Dialogen größtenteils eine von Platon entwickelte Figur ist, unterscheiden sich seine Einstellung und seine Ideen von jenen in den später entstandenen Dialogen. Eine Unterscheidungsmöglichkeit zwischen den Dialogen ist vor allem auch praktisch. Es ist eine hilfreiche Hypothese, dass die frühen Dialoge zeigen, was »Sokrates« (und nicht Platon) gesagt hat, auch wenn unser Vertrauen in diese Annahme nicht allzu groß sein kann.

Meine persönliche Ansicht – die eher unbedeutend ist, hier aber doch erwähnt werden soll, damit meine Leser sie berücksichtigen

38 Siehe Shorey, S. 88: »Insgesamt gehört Platon eher zu der Sorte Denker, deren Philosophie im frühen Erwachsenenalter feststand.«

können – ist die folgende: Der Sokrates aus den frühen Dialogen ist eine Mischung aus Platons Phantasie und Erinnerung, wobei wahrscheinlich mehr Ersteres als Letzteres in ihm steckt. Unabhängig davon, welche Lösung einem für das sokratische Problem am besten erscheint, sollte man sich vor Augen halten, welche Ungewissheit sie immer noch umgibt: Die eine wie die andere Position könnte falsch sein. In diesem Buch werden dennoch die soeben erwähnten Annahmen getroffen, damit wir eine Arbeitsgrundlage haben. Sollten die Annahmen falsch sein (was durchaus der Fall sein kann), so wäre die folgende Diskussion zum größten Teil dieselbe.

2

METHODE ODER DOKTRIN?

Das folgende Kapitel erklärt den Unterschied zwischen der sokratischen *Methode* und den von Platon beschriebenen Ideen. Stellenweise nähern wir uns diesem Thema über die Worte John Stuart Mills an, dem berühmten britischen Philosophen, der zu den größten Verfechtern der sokratischen Methode gehört. Es gibt viele Möglichkeiten, sich mit Sokrates zu beschäftigen und von ihm zu lernen. Dieses Buch versucht, ihn vor allem in dem von Mill vorgestellten Geist zu begreifen.

Text und Fußnoten. Dass Platon unter Philosophiestudenten hohes Ansehen genießt, muss nicht groß betont werden. Bei philosophisch interessierten Personen außerhalb des akademischen Umfelds dagegen beobachtet man sicher einen gewissen Respekt für Platon, dem jedoch kaum Begeisterung oder tiefere Neugier beigemischt sind. Man weiß um Platons Bedeutung und zollt ihm die nötige Anerkennung. Mag sein, dass mancher die Einschätzung von Alfred North Whitehead kennt, nach der die gesamte philosophische Tradition Europas aus »Fußnoten zu Platon« besteht.[1] Vielen liegt besonders an diesen Fußnoten. Sie sehen sich nicht als Platoniker, sie lesen Platon nicht besonders gern und bringen ihn nicht mit von ihnen hochgehaltenen Ideen in Verbindung. Wenn ihnen etwas

1 Whitehead. *Process and Reality*, 2.1.1.

zu Platon einfällt, dann seine Ideenlehre oder die These, dass Lernen ein Erinnern an Gewusstes ist, oder aber das Prinzip der Philosophenherrschaft. Überzeugt sind sie von diesen Dingen aber nicht. Viele Leser reagieren daher ähnlich auf Platon wie Thomas Jefferson, der nach der Lektüre *Der Staat* an John Adams schrieb:

> Während ich mich durch die Launen, Albernheiten und das unverständliche Kauderwelsch kämpfte, legte ich es oft nieder, um mich zu fragen, wie es geschehen konnte, dass die Welt so lange willens war, solchen Unsinn zu verehren. [...] Den Modernen geht es dabei, glaube ich, vornehmlich um Mode und Autorität. Bildung ist hauptsächlich in den Händen von Personen, die von Berufs wegen ein Interesse am Ansehen und an den Vorstellungen Platons haben. Sie geben während der Schulzeit den Ton an, und nur wenige haben in den Jahren danach Gelegenheit, ihre Schulmeinung zu überdenken.[2]

Ich zitiere dieses harsche Urteil nicht, um mich ihm anzuschließen. Ich mag Platon. Ich möchte damit nur zeigen, welchen Eindruck Platon manchmal selbst bei klassisch gebildeten, aufgeschlossenen Lesern hinterlässt. (Jefferson besaß philosophische Neugier, er konnte Griechisch und verehrte Epiktet, Epikur und andere Autoren der Antike.)[3]

Sokrates selbst, unabhängig von Platon, sagt den meisten Lesern ähnlich wenig. Man verbindet mit ihm den Ausspruch, dass das »ungeprüfte Leben nicht lebenswert« ist (obwohl es eher hei-

2 Jefferson, Brief an John Adams (5. Juli 1814), in: Ford, *Writings of Thomas Jefferson*, Bd. 9, S. 463.

3 Siehe Jeffersons Brief an William Short (1819) in Ford, *Writings of Thomas Jefferson*, Bd. 10, S. 144: »Ich habe schon erwogen, Epiktet zu übersetzen (denn er wurde bisher noch nie annehmbar ins Englische übertragen) und ihm die epikurischen Lehren aus dem Syntagma von Gassendi anbei zu stellen, sowie einen Auszug aus den Evangelien, in dem die Eloquenz und Vorstellungskraft Jesu zum Ausdruck kommen.«

ßen müsste, dass das ungeprüfte Leben »nicht gelebt werden kann« oder »unlebbar« ist).[4] Man weiß, dass Sokrates' scharfer Verstand und sein mutiges Beispiel andere beeinflusst haben. Und doch wirken seine Ideen nicht auf die eigenen ein. Oftmals bleibt gar nur der erste Eindruck hängen: Nämlich dass Sokrates umherlief, um anderen Menschen recht ergebnislos auf den Zahn zu fühlen.

Substanz vs. Methode. Um Sokrates' Erbe wieder ins rechte Licht zu rücken, halten wir uns an John Stuart Mill, den herausragenden britischen Philosophen des 19. Jahrhunderts. Mills Denken war überaus weitsichtig. *Über die Freiheit* ist ein Klassiker der Politikwissenschaft, der weiterhin viele Menschen überzeugt und inspiriert. (Das zweite Kapitel dieses Aufsatzes kommt in vielerlei Hinsicht einer eloquenten modernen Verteidigung der sokratischen Haltung gleich.) Auch *Die Unterwerfung der Frauen* war seiner Zeit voraus: In dem Buch nimmt Mill Argumente der Frauenbewegung vorweg, die noch Jahre nach seinem Tod gültig sein sollten. Ebenso beeindruckend schrieb Mill über Logik, Wirtschaft und Geschichte. Seine *Gesammelten Werke* umfassen 33 Bände. (Darüber hinaus saß er auch noch als Abgeordneter im Parlament.)

Ich gebe diese Hintergrundinformationen, weil Mill im Laufe dieses Buchs eine bedeutende Rolle spielen wird. Zwar wird er nicht von allen gemocht (wer wird das schon?), genießt aber doch einen erstklassigen Ruf als Logiker, und es lohnt sich ein Blick auf seine geistigen Vorbilder. Mill war wie Jefferson ein Liebhaber der Philosophie – und anders als Jefferson begeisterte er sich für Platon. Der hochbegabte Mill wurde unter großem Einsatz von seinem Vater unterrichtet. Schon mit sieben las er Platon auf Griechisch. Mit Mitte 20 übersetzte er neun platonische Dialoge, zu denen er teil-

4 *Apologie*, 38a; Kraut, »Examined Life«, S. 230f plädiert für »nicht gelebt werden kann«.

weise auch Kommentare verfasste. Mills Wertschätzung für Platon und Sokrates kennt keine Grenzen. Er befand, die sokratische Methode sei »unübertroffen als Disziplin des abstrakten Denkens über die schwierigsten Themen. Nichts im Leben und in der Bildung der Moderne kann diesen Platz im Geringsten einnehmen.«[5] Und weiter sagt er, die Methode sei

> Teil meines Verstandes geworden; und seitdem fühle ich mich, mehr noch als jeder moderne Mensch, den ich kenne, außer vielleicht meinem Vater, aber vielleicht sogar mehr als er, als Schüler Platons, geformt durch seine Dialektik.[6]

Gehen wir dieser tiefen Prägung näher auf den Grund. Mill befand, von Platon seien zwei verschiedene Dinge zu lernen. Zum einen nämlich könne man sich seine philosophischen Ideen aneignen – Platons »Dogmatik« also, womit aber sicher nicht das unhinterfragte Festhalten an unbewiesenen Behauptungen gemeint ist. Mill bezeichnete mit dem Begriff vielmehr die in Platons Texten erkennbaren Schlussfolgerungen und Haltungen. Und auf der anderen Seite ließe sich Platons Denkweise erlernen – die *Methode* also, die Sokrates in den Dialogen anwendet. Und diese Methode, so urteilte Mill, sei das Beste an Platons Schriften.

> So haben wir also, von minder bedeutenden Diskrepanzen abgesehen, zwei scharf ausgeprägte Personen in Plato vor uns: den Sokratiker und den Dogmatiker; von diesen hat sich der erste ungleich besser um die Menschheit verdient gemacht, aber der letztere hat von dieser weit höhere Ehren empfangen.

5 Mill, »Early Draft of John Stuart Mill's Autobiography«, S. 24.

6 Ebd.

> Und dies ist wohl begreiflich, denn der eine lieferte gar vielen eine brauchbare Stütze für ihre moralischen und religiösen Dogmen, während der andere nur den menschlichen Verstand geklärt und gekräftigt hat.[7]

An anderer Stelle macht Mill dies noch deutlicher:

> Ich habe schon immer gefühlt, dass die Bezeichnung »Platoniker« mit weit größerem Recht denen zusteht, die in Platons Untersuchungsmethode genährt wurden und sich bemühten, sie zu praktizieren, als jenen, die sich nur durch die Annahme gewisser dogmatischer Schlussfolgerungen auszeichnen, die meist aus den am wenigsten verständlichen Schriften Platons gezogen wurden und bei denen es aufgrund des Charakters seines Geistes und seiner Schriften ungewiss ist, ob er selbst sie für etwas anderes als poetische Phantasien oder philosophische Vermutungen hielt.[8]

Inzwischen ist es zu spät, das Wort »Platoniker« im Sinne von Mill zu gebrauchen, da es sich heute nach allgemeinem Konsens auf Personen bezieht, die Platon zugeschriebene Ideen als die ihren annehmen. Anhänger der sokratischen Methode nennt man daher besser »Sokratiker«. Und eben das – was es bedeuten könnte, Sokratiker zu sein – möchte dieses Buch klären.

Und wozu? Was ist der Nutzen der sokratischen Methode? Oder, um die Frage sokratischer zu formulieren: Brillen tragen wir, um unsere Umwelt deutlich zu sehen; Röntgenstrahlen nutzen wir, um ins

7 John Stuart Mills Gesammelte Werke, Band 12: Vermischte Schriften III, Leipzig 1880, S. 78.

8 Robson, *Collected Works of John Stuart Mill*, 1:25.

Innere des Körpers zu blicken – wozu aber dient die sokratische Methode? Nun, sie lässt uns etwas anderes deutlicher erkennen: die Funktionsweise und die Unzulänglichkeiten des Geistes und seiner Produkte. Mill drückt das so aus:

> Die sokratische Methode, deren Hauptbeispiel die platonischen Dialoge sind, ist unübertroffen als Disziplin zur Korrektur von Irrtümern und um Verwirrungen zu beseitigen, die dem *Intellectus sibi permissus* anhaften, dem Verstand, der alle seine Assoziationsbündel unter der Leitung einer populären Phraseologie gebildet hat.[9]

Mit dem *Intellectus sibi permissus*, dem »sich selbst überlassenen Geist« (ein von Francis Bacon verwendetes Konzept), lässt sich gut verdeutlichen, warum die sokratische Methode so hilfreich ist. Denn der sich selbst überlassene Geist neigt zu Irrationalität und Idiotie, die sokratische Methode aber verbessert die Geistesleistung. In George Grote hatte Mill einen guten Freund und politischen Verbündeten, der wohl eine der besten Analysen zu Platon geliefert hat. Grote begriff das durch die sokratische Methode angegangene Problem ganz ähnlich wie Mill: nämlich als einen inhärenten Mangel in der Verstandesbildung. Dazu schreibt Grote:

> In der natürlichen Entwicklung des menschlichen Verstands folgt der Glaube nicht dem Beweis, sondern taucht losgelöst und unabhängig von ihm auf; ein unreifer Geist glaubt zuerst und beweist erst danach (wenn er denn überhaupt Beweise sucht).[10]

---

9 ebd.

10 Grote, *Plato an the Other Companions of Sokrates*, Bd 1, S. 258.

Mill liefert für diesen durch die sokratische Methode korrigierten Mangel eine noch andere, ergänzende Beschreibung:

> Der Feind, gegen welchen Plato in Wirklichkeit stritt, und den zu befehden das nie aus den Augen gelassene Ziel des größeren Teils seines Lebens und seiner Schriften war –, dies war nicht die Sophistik im antiken oder im modernen Sinne des Wortes, sondern die Trivialität. Es war das Annehmen überkommener Meinungen und gangbarer Gesinnungen als letzte Tatsachen und der Austausch von abstrakten Ausdrücken, welche Billigung und Missbilligung, Verlangen und Abneigung, Bewunderung und Abscheu ausdrücken, als ob diesen ein vollkommen wohl verstandener und allgemein gebilligter Sinne innewohne.[11]

Diese Interpretation erklärt Platons Einfluss auf Mill und dessen große Bewunderung für den antiken Philosophen. Denn auch Mill sah sich im eigenen Lebensumfeld gedrängt, Allgemeinplätze zu hinterfragen. Er fährt fort:

> Die Menschen seiner Zeit (wie die der unsrigen), vermeinten zu wissen, was gut und böse, gerecht und ungerecht, ehrenvoll und schändlich sei, weil sie diese Worte mühelos gebrauchen und von diesem und jenem Dinge in Übereinstimmung mit der herrschenden Gewohnheit aussagen konnten. Aber was die Eigenschaft ist, welche diesen verschiedenen Fällen gemeinsam zukommt und welche die Anwendung des Ausdrucks rechtfertigt – darüber hatte niemand nachgedacht [...] Die große Aufgabe des menschlichen Geistes sollte es sein,

11 Mill, *Gesammelte Werke*, Bd. 12, S. 64.

> diese allgemeinen Ausdrücke der unnachsichtigsten Prüfung zu unterziehen und die Ideen, welche ihnen zugrunde liegen, ans Licht zu bringen. Selbst wenn dies misslingen muss und wirkliche Erkenntnis nicht erreichbar ist, so ist es schon kein kleiner Gewinn, die falsche Einbildung der Erkenntnis zu vertreiben, die Menschen ihrer Unwissenheit in den wissenswürdigsten Dingen bewusst zu machen [...].
>
> Dies ist Platos Urteil über den Zustand des menschlichen Geistes zu seiner Zeit, und über die Hilfe, welche die Philosophie ihm bringen könnte; und jeder, der diese Schilderung nicht – mit geringen Modifikationen – auch auf die Mehrzahl selbst der unterrichteten Männer unserer Zeit und jeder anderen uns bekannten Epoche anwendbar findet, hat sicherlich weder an die Lehrer noch an die Praktiker irgend eines Zeitalters den platonischen Prüfstein angelegt.[12]

Mills Bemerkungen weisen der sokratischen Methode einen Zweck zu, der in gewisser Hinsicht ebenso viel mit kognitiver Psychologie wie mit Philosophie zu tun hat. Unser Verstand stolpert und übertreibt und lügt; er täuscht uns und wird getäuscht. Wir denken und sprechen in Gewissheiten, die sich solide anfühlen, hinter denen aber nicht viel steckt. Die sokratische Methode ist ein Korrektiv. Sie deckt diesen Zustand auf und hilft uns, bescheidenere und dennoch stärkere Ideen zu entwickeln.

Mills Interpretation von Platon ist ansprechend und überzeugend. In ihr gilt die sokratische Methode als nützlich für jedermann. Mill hat auch deshalb Übersetzungen der Dialoge angefertigt, weil er der Auffassung war, dass die darin gelehrten Methoden All-

12 ebd.

gemeingut sein sollten. Auch bei Gregory Vlastos findet man diese Überzeugung: »Wo in der Geschichte der westlichen Philosophie finden wir einen schärferen Gegensatz zu der Beschränkung von moralphilosophischen Untersuchungen auf eine sorgsam ausgewählte, streng ausgebildete Elite als in dem Sokrates der früheren Dialoge Platons?«[13] Eben auf diese Weise sollte man sich Sokrates nähern. Abgesehen von den spezifischen Lehren, die ihm zugeschrieben werden, war auch er jemand, der alle einbezog – ein armer, hässlicher Philosoph, der sich freute, mit allen und jeden über bedeutende Fragen ins Gespräch zu kommen.

13 Vlastos, *Socrates, Ironist and Moral Philosopher*, S. 110.

3

Elemente der sokratischen Methode

Das folgende Kapitel behandelt die Elemente der sokratischen Methode: Eigenschaften, welche die Dialoge gemeinsam haben und deshalb als wesentlich für den von Sokrates bevorzugten Fragestil gelten könnten.

Ein verknapptes Beispiel. Was *ist* die »sokratische Methode«? Der Begriff ist eine moderne Erfindung: Platon hat sich nie auf eine Methode bezogen, und Sokrates hat sein Vorgehen nie systematisch dargestellt. Er zeigt eher, als dass er erklärt. Auch ich will hier keine Methode definieren. Produktiver ist es, wiederkehrende Elemente zu benennen, die wir in der Art und Weise entdecken, wie Sokrates seine Dialoganteile vorbringt.

Schauen wir uns zunächst ein Beispiel an. Ein gesamter Dialog würde an dieser Stelle den Rahmen sprengen, nehmen wir uns deshalb lieber eine reduzierte Version des *Laches* (sprich *Láchēs*) vor, in dem Sokrates mit einigen Freunden über die Bedeutung von Tapferkeit spricht.

An späterer Stelle in diesem Buch werden noch viele wörtliche Zitate aus diesem und anderen Dialogen vorkommen. Die nachfolgende Paraphrase ist eine Skizze, mit der die Gestalt eines typischen Dialogs nachgezeichnet werden soll. Es geht hier nicht darum, wie überzeugend wir einzelne Argumente finden mögen. Uns interessiert die Art der Gedankenführung, die in dem Dialog erkennbar ist – die »Methode« also.

Der Dialog beginnt damit, dass sich zwei Väter bei zwei Heerführern erkundigen, wie sinnvoll es ist, dass ihre Söhne das Fechten in Rüstung lernen. Die beiden erkundigen sich bei Sokrates nach dessen Ansichten. Nach einer längeren Erörterung der Vorteile einer solchen Ausbildung kommt man zu dem Schluss, dass es wohl vor allem darum geht, Tapferkeit zu entwickeln. Sokrates lenkt das Gespräch im Anschluss auf die Frage, was Tapferkeit eigentlich *bedeutet*, und es geht wie folgt weiter:

SOKRATES: Was ist Tapferkeit?

LACHES: Etwas, das Soldaten haben, wenn sie sich dem Feind stellen, anstatt vor ihm davonzurennen.

SOKRATES: Aber das kann nicht ganz stimmen, oder? Denn manche kämpfen doch auch tapfer, *während* sie vorm Feind fliehen. Auch diese musst du in deine Definition einbeziehen. Außerdem kann jemand auch in anderen Situationen tapfer sein – in der Politik, in der Armut oder auch gegen die Begierde beispielsweise. Eine Definition der Tapferkeit müsste berücksichtigen, was die Tapferkeit eines Soldaten mit der Tapferkeit in allen anderen Situationen gemeinsam hat. Verstehst du, was ich meine?

LACHES: Nein.

SOKRATES: Es ist so, als wenn man erklären wollte, was Geschwindigkeit ist. Geschwindigkeit kommt in allen möglichen Zusammenhängen vor – beim Reden, beim Laufen oder in der Musik. Wir könnten sagen, dass Geschwindigkeit *allgemein* bedeutet, sehr viel in kurzer Zeit zu tun. Tapferkeit ist eine Eigenschaft, wie Geschwindigkeit. Kannst du sie auf eine vergleichbare allgemeine Weise beschreiben?

LACHES: Wie wäre es damit: Allgemein gesprochen bedeutet Tapferkeit eine Beharrlichkeit der Seele.

SOKRATES: Gut. Aber ich bin mir nicht sicher, ob du das meinst. Du findest doch Tapferkeit bewundernswert, nicht?

LACHES: Ja.

SOKRATES: Und kann Beharrlichkeit nicht auch dumm statt weise sein?

LACHES: Das ist richtig.

SOKRATES: Aber Dummheit ist nicht bewundernswert, oder?

LACHES: Nein.

SOKRATES: Du sagtest aber, dass Tapferkeit bewundernswert *ist*. Dann erscheint unsere Definition falsch, denn sie lässt Tapferkeit auch schlecht klingen, obwohl sie gut ist.

LACHES: Ja. Mit der Definition stimmt etwas nicht.

SOKRATES: Vielleicht meintest du, dass Tapferkeit eine *weise* oder *kluge* Beharrlichkeit der Seele ist?

LACHES: Ja, das eher.

SOKRATES: Dennoch bleibt es schwierig. Denn zum einen hat kluge Beharrlichkeit nicht immer mit Tapferkeit zu tun, zum Beispiel wenn jemand beharrlich Geld investiert, weil er damit am Ende Gewinn erzielt. Diese Person würde man nicht tapfer nennen, oder?

LACHES: Nein, das nicht.

SOKRATES: Also schließt die Definition Fälle ein, die sie deiner Ansicht nach nicht einschließen sollte. Und zugleich lässt sie andere Fälle außer Acht, die sie deiner Ansicht nach einschließen sollte. Stell dir vor, ein Soldat im Kampf ist beharrlich, weil er weiß, dass Unterstützung auf dem Weg ist. Und nun vergleiche ihn mit einem Soldaten, der beharrlich ist, aber keine Unterstützung erwartet. Welcher von beiden ist tapferer?

LACHES: Der zweite erscheint mit tapferer – derjenige, der nicht weiß, dass Hilfe naht.

SOKRATES: Und doch könnte man seine Beharrlichkeit als unwissend und weniger klug bezeichnen. Es sieht bald so aus, als wäre Tapferkeit eigentlich *unverständige* Beharrlichkeit!

LACHES: Ich bin sicher, dass das nicht stimmen kann. Zu einem solchen Ergebnis wollte ich nicht gelangen.

SOKRATES: Gut. Aber geben wir nicht auf. Zeigen auch wir Beharrlichkeit und versuchen einen anderen Weg.

NICIAS: Vielleicht drückt es das aus: Tapferkeit ist im Grunde eine Art Kenntnis.

SOKRATES: Damit kannst du aber nicht jegliche Kenntnis meinen. Welche genau?

NICIAS: Ein tapferer Mensch weiß, wovor man sich fürchten sollte und wovor nicht.

LACHES: Aber Ärzte wissen, wovor sich ihre Patienten fürchten sollten, und doch würden wir Ärzte nicht zwingend als tapfer bezeichnen, oder?

NICIAS: Nein, das nicht. Aber Ärzte wissen auch nur, welche körperlichen Auswirkungen bestimmte Dinge haben können. Sie sind keine Experten im Erkennen dessen, was letzten Endes zu vermeiden und zu fürchten ist.

SOKRATES: Dann würdest du sagen, dass Tiere nicht tapfer sein können. Denn sie können die von dir beschriebene Kenntnis nicht erlangen, richtig?

NICIAS: So ist es. Es gibt einen Unterschied zwischen furchtlos und tapfer. Ich meine, manche Tiere können durchaus furchtlos sein, Tapferkeit würde ich ihnen jedoch nicht zugestehen.

SOKRATES: Es gibt jedoch noch ein anderes Problem. Tapferkeit ist nur eine Tugend, neben Besonnenheit und Gerechtigkeit und anderen, nicht wahr?

NICIAS: So ist es.

SOKRATES: Gut. Ich komme darauf zurück. Wenn wir nun über die Kenntnis des Fürchtenswerten reden, was bedeutet das genau? Etwas, das man fürchten sollte, ließe sich allgemeiner und einfacher beschreiben als etwas Schlechtes, das sich ereignen wird – ein bevorstehendes Übel, im Gegensatz zu etwas Gutem, das eintreten wird. Einverstanden?

NICIAS: Ja, so sehe ich es auch.

SOKRATES: Tapferkeit ist dann die Kenntnis darüber, was in unserer möglichen Zukunft wahrhaft schlecht und was wahrhaft gut ist. Meinst du das?

NICIAS: Ja, das hört sich richtig an.

SOKRATES: Wenn jemand aber weiß, dass etwas Zukünftiges fürchtenswert ist – ob es also ein Übel ist –, dann muss er auch wissen, ob etwas, das in der Vergangenheit geschehen ist, gut oder schlecht ist. Das Urteil darüber, was wahrhaft schlecht ist und was nur schlecht erscheint, sollte nicht davon abhängen, ob es noch geschieht oder schon geschehen ist, oder?

NICIAS: Das ist wahr.

SOKRATES: Dann ist Tapferkeit also nicht nur die Kenntnis, ob etwas *Zukünftiges* zu fürchten ist, also schlecht oder gut ist. Sondern es geht allgemein um die Erkenntnis, was gut oder schlecht ist, oder?

NICIAS: Das ergibt sich daraus, ja.

SOKRATES: Diejenigen, die *diese* Kenntnis haben, besitzen jedoch nicht nur Tapferkeit. Denn wenn sie begreifen, was gut und was schlecht ist, dann sind sie wahrscheinlich auch gerecht und fromm. Es lässt sich kaum eine Tugend denken, die sie *nicht* besitzen, oder?

NICIAS: So sieht es aus.

SOKRATES: Und doch haben wir die Tapferkeit als eine von vielen Tugenden bezeichnet. Wir haben sie nun also zu weit gefasst. Wir haben aus der Tapferkeit eine Kenntnis gemacht, die sie nicht mehr klar von den anderen Tugenden unterscheidbar macht. Ich befürchte, wir haben nicht geklärt, was genau Tapferkeit ist.

NICIAS: Nein, das haben wir offenbar nicht.

Elemente. Die obige Zusammenfassung lässt viele Details aus. Und womöglich hätten Sie eine andere Definition für gut befunden und andere Einwände gemacht. Aber sehen wir von diesen Punkten ab und schauen uns stattdessen an, welchen Argumentationsstil der Dialog offenbart – einen, der allgemein typisch für die sokratische Methode ist.

Zuerst einmal schreitet er mit Frage und Antwort voran. Manche Fragen bleiben offen: etwa, als Sokrates Laches bittet, eine Definition von Tapferkeit zu geben. An anderen Stellen erkundigt sich Sokrates, ob seine Gesprächspartner einverstanden sind mit dem, was er gesagt hat.

Das Ergebnis ist weder eine Vorlesung noch ein richtiggehendes Streitgespräch. Sokrates bringt seine Gesprächspartner dazu, jedem Schritt seines Gedankengangs zuzustimmen. (Der Gefragte wird in diesem Buch ganz im Sinne des sokratischen Dialogs als der Gesprächspartner oder einfach »Partner« des Fragenden bezeichnet, denn die beiden tun etwas gemeinsam.)

Zweitens achtet Sokrates auf die Folgerichtigkeit der Aussagen seines Partners, die er mit dem Mittel des Elenchus oder Gegenbeweises prüft. Seine Partner stellen Behauptungen auf. Dann fragt Sokrates sie nach ihrer Zustimmung zu Dingen, die nicht zum anfänglich Behaupteten passen. Sie fühlen sich daraufhin genötigt, das Gesagte näher zu erläutern oder ihre Behauptungen fallenzulassen. Dabei sagt Sokrates nie, seine Partner hätten unrecht oder etwas Falsches geäußert. Er sagt: »Können wir uns darauf einigen, dass das Folgende wahr ist?«, und seine Partner kommen (von ihm angestoßen) von selbst darauf, dass das vorher Gesagte nicht ganz richtig sein kann.

Drittens decken seine Fragen die Grundidee hinter den Aussagen seines Gegenübers auf. Sokrates zeigt dann, dass dieses Prinzip bestimmte Dinge nicht erfasst, die es eigentlich erfassen sollte, oder auch Dinge ausschließt, die es nicht ausschließen sollte. Zum Beispiel schlägt Laches als Definition von Tapferkeit Standhaftigkeit vor, aber Sokrates erlangt Laches' Zustimmung, dass diese Definition bestimmte Dinge außer Acht lässt, die sie einschließen sollte, wie etwa Tapferkeit, die man im Rückzug zeigt. Und als Laches Tapferkeit als Beharrlichkeit der Seele bezeichnet, trifft auch das nicht zu, da es zu weit gefasst ist. Denn manchmal ist Beharrlichkeit auch dumm, und Laches stimmt zu, dass es keine dumme Tapferkeit geben kann.

Viertens verwendet Sokrates konkrete Beispiele, um seinen Gedankengang zu verdeutlichen: Soldaten auf dem Rückzug oder Ärzte im Umgang mit ihren Patienten. Die Beispiele handeln oftmals von Alltagssituationen, und doch können sie umfassendere Konzepte verdeutlichen. Sokrates verwendet sie auch, um Analogien zwischen bekannten und unbekannten Dingen herzustellen. In jedem Fall ist er bestrebt, große und abstrakte Themen zu klären, indem er sich konkrete Fälle anschaut, die leicht nachzuvollziehen sind.

Fünftens beansprucht Sokrates keine Expertise. Er bekennt sich zu seinem eigenen Unwissen, und so endet der Dialog ja auch: unbeantwortet, in einer Sackgasse.

Die sokratische Methode besteht im Grunde aus der gekonnten Anwendung eben dieser Elemente. Jedes dieser Elemente, aber auch einige weitere, weniger stark hervortretende Eigenschaften der Methode sollen in den folgenden Kapiteln erläutert werden. Im siebzehnten und achtzehnten Kapitel wird es dann darum gehen, diese Art der Fragestellung auf bekannte Alltagssituationen zu übertragen.

Kurz gefasst. Ich möchte die Vorgehensweise des sokratischen Dialogs an dieser Stelle möglichst eingängig darstellen, um klarzumachen, dass die obigen Elemente als ein Prozess betrachtet werden können, der unproblematisch anwendbar und in keiner Weise abgehoben ist. Dazu werde ich stark vereinfachen – der Rest des Buchs bietet Lesern, die Vertiefung wünschen, noch ausreichend Details.

Nehmen wir an, Sie würden jetzt gleich loslegen wollen mit der sokratischen Methode. Dazu sei sie hier in aller Kürze zusammengefasst: Wenn jemand eine Behauptung dazu aufstellt, was richtig und falsch oder gut und schlecht ist, so hinterfrage sie. Frage, was dein Gesprächspartner mit der Aussage meint, erkundige dich nach anderen Überzeugungen, die dein Gegenüber hegt, und suche nach Widersprüchen und Spannungen zwischen diesen Äußerungen. Mache durch deine Fragen deutlich, dass die Behauptung für denjenigen, der sie aufgestellt hat, zumindest stellenweise unbefriedigend sein muss. Tatsächlich widersprichst du deinem Gesprächspartner, jedoch so geschickt, dass nicht der Eindruck eines Streits entsteht. Dein Gegenüber wird seine Behauptung anpassen, und auch diese neue Äußerung wird von dir hinterfragt.

Im sokratischen Sinne ist Widerspruch eine Freundschaftspflicht: Wir brauchen Freunde, die *uns* widersprechen, denn aus der Reibung entsteht etwas Gutes. Wenn jemand geschickt darin ist, unsere Behauptungen (hoffentlich taktvoll) infrage zu stellen, gibt uns das die Chance zum Umdenken, zum Erkennen von Denkfehlern, oder eben auch zur Klärung der eigenen Position. Die Auseinandersetzung legt Einzelheiten und Grundannahmen offen, und es könnte sein, dass wir uns unserer Ansichten nicht mehr so sicher sind. Das mag sich anfühlen wie ein Verlust, führt uns aber an die Wahrheit heran – selbst wenn diese Wahrheit in manchen Fällen nie ganz erreicht werden kann. Selbst dann haben wir noch bestimmte Überzeugungen, aber wir halten anders an ihnen fest. Wir sind bescheidener, wir sind uns unserer Unwissenheit eher bewusst, wir sind nicht mehr absolut sicher, wo wir es nicht sein sollten, wir haben mehr Verständnis für andere. Sokrates sah darin einen großen Gewinn an Weisheit.

Sokratische Gesprächspartner versuchen also, sich gegenseitig voranzubringen, sie sind scharfsinnig, widerspruchsfreudig und wohlwollend. Dennoch klingen die Ratschläge zur Gesprächsführung wie eine Anleitung dazu, wie man sich möglichst unbeliebt macht oder gar den eigenen Tod riskiert. So endete es jedenfalls für Sokrates. Doch seien Sie unbesorgt: Wenn hier beschrieben wird, wie die Methode zwischen zwei Gesprächspartnern abläuft, ist dies hauptsächlich der besseren Verständlichkeit geschuldet. Im echten Leben – und bei der Platon-Lektüre – betrachten wir die sokratische Methode am besten als eine Möglichkeit, für sich allein über bestimmte Themen nachzudenken. Dabei fordern wir uns selbst heraus, gehen uns auf den Geist, stellen uns auf die Probe und widersprechen uns – genauso, wie Sokrates es tun würde. Das mag einfacher klingen als die Anwendung der Methode im echten Dialog, ist jedoch um vieles schwieriger. Aber es ist auch lohnender und weniger gefährlich.

Folgerichtigkeit. Wie bereits erwähnt, beinhaltet die sokratische Methode den Einsatz von Fragen, mit denen die Folgerichtigkeit von Aussagen überprüft wird. Das sechste und siebte Kapitel widmen sich diesem Punkt ausführlicher, doch sei hier schon angemerkt, dass es sich bei dieser gedanklichen Konsequenz – anders als es klingen mag – keineswegs um ein langweiliges oder gar überflüssiges Kriterium handelt. Für Sokrates jedenfalls ist Folgerichtigkeit alles. Dabei hat er sicher nichts dagegen einzuwenden, wenn man seine Meinung ändert, ganz im Gegenteil. Folgerichtigkeit muss zwischen zwei Dingen bestehen, von denen man zu einem bestimmten Zeitpunkt überzeugt ist. Konkret sieht das so aus: Sokrates nimmt unsere Äußerung X, formuliert dazu Satz Y und bringt uns dahin, diesem zuzustimmen. Anschließend lässt er uns erkennen, dass X und Y unvereinbar sind. Keine der Aussagen wird ausdrücklich widerlegt, dennoch muss zumindest *eine* falsch sein. Da wir nicht von beiden überzeugt sein können, muss eine der Aussagen angepasst werden. Sokrates widerspricht uns nicht – er lässt uns erkennen, wo wir uns selbst widersprechen.

Durch obige Skizze entsteht der Eindruck, dass die sokratische Methode ganz leicht von jedermann anwendbar ist – und das ist sie sicher auch. Doch ihre *gekonnte* Anwendung ist eine Kunst. Es braucht Vorstellungskraft, um die richtigen Fragen zu stellen und die Annahme Y offenzulegen – also die (womöglich in tieferen Schichten steckende) Überzeugung, die nicht mit dem übereinstimmt, was man behauptet hat. Y muss zuweilen mit hypothetischen Fragen hervorgelockt werden, die einem vorher nicht in den Sinn gekommen wären. Außerdem benötigt man Durchhaltevermögen, um die Fragen auch dann weiter zu beantworten, wenn sie unbequem werden. Aus diesen Gründen ist es einfacher, sokratische Fragen einem Gegenüber zu stellen als sich selbst in Gedanken – die Selbstbefragung fällt oftmals schwer oder scheint gar unmöglich. Es ist daher nicht praktikabel, immer und ständig sokratisch zu denken. Das kann und konnte noch niemand. Es geht vielmehr darum, ob wir überhaupt zu dieser Denkweise finden und wie wir sie besser und öfter anwenden können.

Die sokratische Argumentationsweise birgt viel Potential. Will man der Wahrheit näherkommen, so bietet sie eine wirkungsvolle Möglichkeit, Unstimmigkeiten im eigenen Denken aufzudecken. Dieses Ziel mag bescheiden klingen, doch es kann den eigenen Lebensansatz tatsächlich umkrempeln. Wer Behauptungen anderer widerlegen möchte, kann durch das Aufdecken von Unstimmigkeiten in deren Denken Entscheidendes erreichen. Ein Argument oder auch der Vertreter des Arguments wird buchstäblich zerlegt. Fehlendes sokratisches Denken wiederum, in dem eben beschriebenen Sinne, liegt vielen unüberlegten und wütenden Äußerungen in unserem heutigen moralischen und politischen Diskurs zugrunde. Oftmals werden da Dinge gesagt, an die der Sprecher eigentlich nicht glaubt oder nicht glauben würde, wenn er länger darüber nachdächte. Damit meine ich, dass das Gesagte mit den tieferen Überzeugungen der Person unvereinbar, also nicht folgerichtig ist. Beziehungsweise würde die Person ihre Aussage nicht treffen, wenn sich die Fakten auf eine Weise veränderten, die sie als unwesentlich erachtete.

Wenn wir gegenteilige Meinungen von anderen hören, sind uns diese Zusammenhänge sehr präsent. Geht es jedoch um uns selbst, liegt die Sache nicht so klar. Die Unstimmigkeiten sind unsichtbar, können aber genauso gut vorhanden sein. Das sokratische Bemühen – ob nun in der Philosophie, der Politik oder in Rechtsfragen – besteht zu einem großen Teil darin, Behauptungen von treibenden Interessen zu trennen: Wenn wir etwas für richtig oder falsch befinden, so müssen wir es unabhängig von den beteiligten Personen für richtig oder falsch befinden. Und wenn nicht, sollten wir erklären können, warum wir es nicht tun. Die Folgerichtigkeit unserer Haltung muss unbedingt gewährleistet sein. Das ist sicher keine einfache Aufgabe und wird uns keinen Job als Leitartikelschreiber einbringen. Dennoch vermeidet es womöglich weitere Beiträge zu dem arroganten und scheinheiligen Krawall, zu dem unser heutiger politischer Diskurs verkommen ist.

Umwege. Die bisher betrachteten Elemente der sokratischen Methode lassen sie erscheinen wie eine reine Technik – eine Abfolge von Schritten, mit denen wir der Erkenntnis näherkommen. So kann man es sehen. Doch verfolgt die Methode auch indirekte Ziele. Sokrates versucht, seine Gesprächspartner immer wieder von bestimmten Annahmen zu überzeugen. Doch erreicht er mit seinen Bemühungen oftmals mehr – oder auch weniger, wenn es mit der Überzeugung nicht klappt: Es geschehen nämlich noch andere Dinge. Und das auch, wenn man einen Dialog liest. Man ist vielleicht nicht ganz überzeugt von den Argumenten, und der Dialog glänzt nicht unbedingt durch seine blanken Aussagen. Doch er wirkt auf andere Weise: Er bewegt uns. Wir werden im Laufe dieses Buchs noch auf andere Beispiele für diese Nebenwege treffen – etwa wenn Sokrates etwas anderes sagt, als das, was er wirklich meint, oder Platon eben dies durch Sokrates tut. Wir haben hier sozusagen eine zusätzliche Eigenschaft der sokratischen Methode, die wir aber besser aus der Liste der formalen Elemente herauslassen und indirekt wertschätzen.

Beispiele für diese indirekten Lehren aus Sokrates finden wir bei Mill. Er befand nämlich, dass viele von Sokrates vorgebrachten Argumente im Grunde ungenügend seien. Dafür führt er den *Gorgias* an, einen Dialog, in dem sich Sokrates mit drei Gesprächspartnern über den Zusammenhang von Gerechtigkeit und Glückseligkeit, vom Angenehmen und Guten und über verschiedene andere Dinge austauscht.

Der Text gehört zu den berühmtesten Werken Platons. Dennoch herrscht heute allgemein Einigkeit darüber, dass zumindest einige der von Sokrates geäußerten Argumente fehlerhaft sind.[1] Mill meinte gar, sie seien »durchweg Trugschlüsse«.[2] Das hört sich an, als würde der Wert des Dialogs infrage gestellt, da es doch vornehmlich um die Stärke der Argumente gehen sollte. Doch Mill war da anderer Ansicht:

> Nicht durch seine Logik, sondern durch sein Ethos bringt er [der Dialog] seine Wirkungen hervor; nicht indem er den Verstand belehrt, sondern indem er die Gefühle und die Einbildungskraft beeinflusst. Auch ist dies keineswegs befremdend; denn die uneigennützige Liebe zur Tugend ist eine Sache des Gefühls. Es ist unmöglich, Platos These, dass die Gerechtigkeit die höchste Glückseligkeit ist, irgendjemandem zu beweisen, wenn man ihn nicht dazu bringen kann, sie als solche zu empfinden. [...] Der Sokrates des Dialogs lässt uns empfinden, dass alle anderen Übel erträglicher sind, als die Ungerechtigkeit der Seele, nicht indem er dies beweist, sondern indem er

1 Santas, *Socrates*, S. 260–303, liefert eine umfassende und stringente Analyse und gibt Hinweise zu weiteren Quellen.

2 Mill, *Gesammelte Werke*, Bd. 12, S. 79.

> in unserem Innern das Mitgefühl mit seiner eigenen begeisterten Empfindung wachruft.[3]

Mills Behauptung hört sich widersprüchlich an. Die sokratische Methode wirkt zunächst einmal wie die ultimative Vernunftübung. Der Held Sokrates setzt Vernunft ein, um Täuschungen, Unwahrheiten und Untugenden zu bekämpfen, bis er schließlich vom Feind überwältigt wird und sich, statt zu kapitulieren, edelmütig entscheidet, für seine Hingabe an die Wahrheit zu sterben. Zu Beginn sehen viele die Vernunft als den Kern der Geschichte. Später entdeckt man dann, dass die Logik der Dialoge nicht immer überzeugt, und man begreift, dass es vielmehr um Stärke, Tugend und Hingabe geht. Und diese Dinge erreicht man nach sokratischem Vorbild nicht so sehr, indem man über die Tugend selbst sinniert, sondern darüber, wodurch sie hervorgebracht wird: durch die Wahrheit und die leidenschaftliche Suche nach Wahrheit mit den Mitteln der Vernunft.

Die wichtigste Eigenschaft eines Dialogs ist dann nicht die Überzeugungskraft seiner Argumente, sondern die Wirkung, die er auf den Leser hat. Denn manche Argumente, die vielleicht nicht ganz schlüssig oder gar widersprüchlich sind, verhelfen dem Leser dennoch zu einem besonderen Verständnis oder einer bestimmten Geisteshaltung. Diese Geisteshaltung ist wahrscheinlich stärker wertzuschätzen als der Umstand, von der einen oder anderen Aussage überzeugt zu werden. Aus ihr kann eine neue Perspektive erwachsen, durch die deutlich wird, dass *sämtliche* Aussagen des Dialogs unzulänglich sind. Sodann erscheint die Suche nach Wahrheit

3 Ebd. Eine weiterführende Diskussion dazu, wie sich das sokratische Erbe auf Mills Leben und Werk auswirkt, bietet die Aufsatzsammlung von Demetriou und Antis, *John Stuart Mill: A British Socrates.*

als höchstes menschliches Streben, obgleich (oder gerade *weil*) diese Wahrheit nie ganz erlangt werden kann. Wenn wir als Leser an der anstrengenden und oftmals scheiternden Suche teilnehmen, wird uns diese Sichtweise wirkungsvoller nahegebracht, als wenn sie uns einfach aufgedrängt würde.[4]

In der Beschäftigung mit Sokrates wiederholt sich dieses Muster noch auf andere Weise. Nebeneffekte erweisen sich als bedeutender als das Vordergründige. Benjamin Franklin etwa betrachtete die sokratische Methode zunächst als eine Trickkiste der Überredungskunst.

> [...] so hielt ich die Methode des Sokrates nicht allein für die passendste für mich, sondern auch für die verwirrendste für diejenigen, gegen welche ich sie in Anwendung brachte. Ich empfand dabei bald außerordentliches Vergnügen; unausgesetzt übte ich mich darin und wusste sehr gewandt selbst mir weit an Verstand überlegene Personen zu Zugeständnissen zu bringen, deren Folgen sie nicht voraussahen. So führte ich sie oft in Verlegenheiten, aus denen sie sich nicht herauswinden konnten, und oft gewann ich einen Sieg, den weder mein Streitobjekt noch meine Gründe verdienten.[5]

Die Dialoge warnen vor einer solchen Auslegung ihrer Prinzipien.[6] Franklin gewann an Einsicht und ließ sie schließlich fallen. Dennoch zog er indirekten Nutzen aus seinen sokratischen Studien. Diese sind schwächer als die von Mill beschriebenen, waren ihm aber doch an einigen Stellen hilfreich:

---

4 Eine ausführliche Darstellung dieser Sichtweise auf die Dialoge findet sich bei Fish, *Self-Consuming Artifacts: The Experience of Seventeenth-Century Literature.*

5 Franklin, *Benjamin Franklins Leben, von ihm selbst beschrieben*, S. 17f.

6 Siehe *Der Staat*, Buch VII, bes. 539b.

> Dieses Verfahren setzte ich mehrere Jahre fort, gab es aber später allmählich auf und behielt nur die Gewohnheit bei, mich mit bescheidenem Misstrauen auszudrücken [...] Ich bin der Ansicht, dass mir diese Gewohnheit von außerordentlichem Nutzen war, wenn ich gelegentlich andere von meiner Ansicht überzeugen und zur Ergreifung von Maßregeln überreden wollte, welche ich an die Hand gab. Da es jedoch der Hauptzweck jeder Unterhaltung ist, zu belehren oder belehrt zu werden, zu überzeugen oder zu überreden, so möchte ich wohl, daß verständige und wohlmeinende Männer ihre Mittel, sich nützlich zu machen, dadurch nicht selber schwächten, daß sie sich in so bestimmter und absprechender Weise ausdrücken, wodurch sie fast allemal das Mißfallen der Zuhörer erregen, einzig und allen den Widerspruch wecken, und jede Absicht vereiteln, für welche die Gabe der Rede einem Menschen verliehen wurde.[7]

Franklins Anmerkungen zur Überredungskunst sind sehr aufschlussreich – wir werden im achtzehnten Kapitel auf sie zurückkommen. Vor allem aber bringe ich Mill und Franklin an, um unser Thema in einen breiteren Kontext zu setzen. Die Zeit, die man im sokratischen Dialog mit anderen oder mit sich selbst verbringt, ist auf jeden Fall lohnend, jedoch jeweils von relativ kurzer Dauer. Die sokratische Methode beinhaltet aber, die eigene Denkweise auch dann zu verändern, wenn sie nicht gerade abgefragt wird. Sie erzeugt eine dauerhaft hilfreiche Geisteshaltung. So ähnlich, als würde man lebenslang eine Kampfsportart erlernen, sie aber nie anwenden. Der Nutzen ist dennoch ständig spürbar, wenn das Erlernte einem zu einer neuen Haltung verhilft.

7 Franklin, *Benjamin Franklins Leben, von ihm selbst beschrieben*, S. 17f.

Die sokratische Ethik. Dieses Buch legt die sokratische Methode daher vielmehr als eine Ethik dar. Platons Dialoge zeigen, wie die Elemente der Methode in einem spezifischen Kontext funktionieren, nämlich in einem langen Gespräch unter vier Augen über eine schwierige moralische Frage. Ein sokratischer Dialog lässt sich aber auch führen, wenn nicht alle Elemente der Methode zum Zuge kommen, und vor allem kann man die Elemente auch einsetzen, wenn man keinen Dialog führt. Das Bemühen um Folgerichtigkeit etwa wird in den Dialogen als formale Methode zur Strukturierung eines Gesprächs dargestellt. Hat man das Prinzip einmal verstanden, so geht der Wert der Folgerichtigkeit jedoch darüber hinaus. Man ist sich ihrer bewusst, auch wenn man keine sokratischen Fragen stellt. Nach zahllosen sokratische Fragen und vielen überzogenen Behauptungen, die durch sie widerlegt wurden, muss man wahrscheinlich nicht mehr darauf bestehen, dass jede neue Behauptung widerlegt wird. Man begreift auch so, worum es geht. Man *weiß* dann, wie leicht manche hochtrabende Behauptung und viele wenig fundierte Aussagen zerlegt werden können, und man denkt und verhält sich entsprechend.

Das Gleiche gilt für das sorgfältige Unterscheiden, das Streben nach Wahrheit und alle anderen Verhaltensweisen und Nebeneffekte der Methode. Sie bringen eine sokratische Ethik hervor, die allgegenwärtig werden kann, die mehr Lebensweise als Technik ist. Es ist nicht so, als würde man ausgerüstet mit sokratischem Wissen darauf lauern, jemanden im Dialog auseinanderzunehmen oder sich selbst in einer solchen sokratischen Auseinandersetzung zu bewähren. Man verhält sich sokratisch, wenn man einfachen Antworten mit Skepsis begegnet, keine immer tiefergehenden Fragen scheut und sich seiner eigenen Unwissenheit bewusst ist. Das sind keine bescheidenen Ziele, denn sie verändern unsere Haltung gegenüber fast allem. Wenn wir uns anschauen, wie diese Haltung in Dialogen zum Tragen kommt, wird sie uns sehr gut nahegebracht, dennoch findet sie sich nicht an erster Stelle in gelegentlichen sokratischen Gesprächen, sondern in der Art und Weise, wie wir tagtäglich mit Problemen umgehen.

Auch bestimmte Lebensgeschichten lassen sich mithilfe der sokratischen Ethik besser verstehen. Es gibt Menschen, die sich über Jahre mit schwierigen Fragestellungen beschäftigen und dabei nie zu einem befriedigenden Schluss kommen. Sie blicken daher oft mit Neid auf andere, die scheinbar schon früh zufriedenstellende Antworten gefunden haben. Keine eigenen Antworten gefunden zu haben, fühlt sich an wie eine unvollendete Arbeit, ein halb gegangener Weg, eine nicht abgeschlossene Prüfung. Die sokratische Sichtweise kehrt diese Wertung um. Denn hier ist die Unzufriedenheit mit den eigenen Antworten ein Zeichen von Tugend. Wer sich zufrieden zurücklehnt, gibt sich einer trügerischen Sicherheit hin, so verlockend oder wohlverdient diese auch erscheinen mag. Der sokratische Weg sucht nach einer anderen Art von Zufriedenheit – eine nämlich, die Ungewissheit, Fehlbarkeit und immer nur vorläufige Überzeugungen aushält. In dieser Sichtweise ist das gute Leben keine Belohnung, die durch stete Mühen erlangt wird. Sondern das Bemühen selbst ist das gute Leben.

4

Die Funktion der sokratischen Methode

Im folgenden Kapitel schauen wir uns die sokratische Methode als Mittel der Selbstbefragung an und entfernen uns von der konkreten Dialogsituation. Mit dieser Sichtweise wird die sokratische Methode für jeden anwendbar, sie ist dann nicht mehr nur ein Werkzeug für Spezialisten. So scheint auch Platon über die Methode gedacht zu haben.

Selbstbefragung. Man ist sich allgemein einig darüber, dass Sokrates uns das Denken lehren wollte. Dennoch finden es manche ungewöhnlich, wenn die sokratische Methode auf die Auseinandersetzung mit sich selbst statt auf die Interaktion mit einem Gegenüber bezogen wird. Die meisten Definitionen des sokratischen Dialogs sprechen von zwei Beteiligten. Doch Sokrates sagt uns, ein Leben, das sich der »Aufsuchung der Weisheit« widmet, bestehe in der »Prüfung meiner selbst und anderer«.[1] Die Selbstprüfung ist also Teil seiner Mission, und die Dialoge vergleichen ausdrücklich, was in einem selbst und was innerhalb eines Gesprächs geschieht. Es sind nämlich zwei Facetten desselben Phänomens.

---

1 *Apologie*, 28E.

SOKRATES: Und Denken, verstehst du darunter eben das wie ich?

THEAITETOS: Was verstehst du darunter?

SOKRATES: Eine Rede, welche die Seele bei sich selbst durchgeht über dasjenige, was sie erforschen will. Freilich nur als ein Nichtwissender kann ich es dir beschreiben. Denn so stellt es sich mir dar, dass, solange sie denkt, sie nichts anders tut als sich unterreden, indem sie sich selbst antwortet, bejaht und verneint. Wenn sie aber langsamer oder auch schneller zufahrend nun etwas feststellt und auf derselben Behauptung beharrt und nicht mehr zweifelt, dies nennen wir dann ihre Vorstellung. Darum sage ich: das Vorstellen ist ein Reden, und die Vorstellung ist eine gesprochene Rede, nicht zu einem andern und mit der Stimme, sondern stillschweigend zu sich selbst.

Theaitetos, 189E–190A

Vergleichen wir diese Stelle mit einer ähnlichen aus Platons *Sophistes* (ein Dialog, in dem Sokrates kaum vorkommt):

GAST: Also Gedanken und Rede sind dasselbe, nur dass das innere Gespräch der Seele mit sich selbst, was ohne Stimme vor sich geht, von uns ist »Gedanke« genannt worden.

Sophistes, 263E

Das Verfahren der Selbstbefragung wird im *Hippias maior* dargestellt.[2] Darin erzählt Sokrates dem Hippias, dass er – Sokrates – Unterstützung bei der Befragung durch einen ungenannten Drit-

2 Ein Dialog, den die meisten Wissenschaftler für echt befinden, obgleich dem gelegentlich widersprochen wird. Vgl. etwa Kahn, »Beautiful and the Genuine«.

ten benötigt. Nach und nach wird (dem Leser, jedoch nicht Hippias) deutlich, dass dieser Dritte ein Alter Ego von Sokrates ist, der sich über diese Figur selbst prüft. Der Fragende ist ein rauer Kerl, der sich spöttisch und respektlos gibt.[3] Hippias ist entsetzt und fragt sich, wer Sokrates wohl so ungnädig behandelt.

> HIPPIAS: Sokrates, wer ist der Mensch? Wie ungeschliffen muss er sein, dass er so gemeine Dinge vorzubringen wagt bei einer ernsthaften Sache?
>
> SOKRATES: Es ist ebenso einer, Hippias, gar kein feiner Mann, sondern so aus dem Haufen, der sich um nichts kümmert, als um das Wahre. Aber antworten müssen wir ihm doch schon. [...]
>
> HIPPIAS: Herakles, was für ein Mensch ist das, Sokrates! Willst du mir nicht sagen, wer er ist?
>
> SOKRATES: Du kennst ihn ja doch nicht, wenn ich dir auch den Namen sage.
>
> HIPPIAS: Dafür kenne ich ihn doch nun schon, dass es ein dummer Mensch ist.
>
> SOKRATES: Schwer ist ihm beizukommen, o Hippias.
>
> *Hippias maior*, 288D, 290E

Sokrates erzählt im Anschluss, wie der Fragesteller vorgeht: Sage ich dies, so sagt er das; sage ich etwas anderes, so lacht er mich aus. Jeg-

3 Eine Darstellung hierzu liefert Woodruff, »Self-Ridicule: Socratic Wisdom«.

liche Antworten will er »nicht nur nicht annehmen, sondern mich gar durchziehen« (289E). Die gegen Sokrates eingesetzten Argumente ähneln jenen, die Sokrates gegen andere verwendet, nur sind sie noch brutaler.

Das Gespräch mit anderen hat sicher klare Vorteile, von denen wir manche weiter unten beleuchten werden. Halten wir für jetzt fest, dass die Dialoge selbst die große Ähnlichkeit zwischen dem Gespräch mit anderen und dem eigenen Nachdenken feststellen. Ersteres kann als Übung für Letzteres betrachtet werden.[4]

Laut denken. Als Zeugen für die Vorteile der sokratischen Methode in der Selbstbefragung können wir Platon selbst heranziehen. Warum hat Platon Dialoge geschrieben, anstatt seine Gedanken einfach darzulegen? Wir wissen es nicht genau, doch gibt es mehrere Theorien zu dieser Frage. Die Dialogform mag vor allem ein dramatisches Mittel sein oder eine Möglichkeit, sich von den Aussagen seiner Figuren zu distanzieren.[5] Ich möchte eine andere Antwort in den Vordergrund rücken: Die Dialogform erlaubt Platon, mit sich selbst zu sprechen.[6] Indem er Gespräche niederschreibt, arbeitet sich Platon durch seine eigenen konkurrierenden Gedankengänge, die er jeweils anderen Personen zuordnet. Auch Mill fand diese Vorstellung plausibel:

4 Siehe Nettleship, *Philosophical Lectures and Remains*, S. 9: »Zwar muss sich die Philosophie nicht immer durch den Dialog zwischen zwei Menschen entwickeln, doch muss ihre Methode im Prinzip darin bestehen; eine Person, die wirklich denkt, beleuchtet die eigenen Ideen, indem sie sich selbst befragt, und sie prüft diese Ideen durch Selbstbefragung; sie tut eben das mit sich selbst, was Sokrates mit anderen tat.« Siehe auch Seeskin, *Dialogues and Discovery: A Study in Socratic Method*, S. 23: »Auch bei der stillen Selbstreflexion hat Platon ein Modell im Sinn, bei dem zwei Menschen Einigung erreichen, bevor sie voranschreiten.«

5 Gut dargestellt werden diese verschiedenen Theorien in Gill, »Dialectic and the Dialogue Form«; Kraut, *Cambridge Companion to Plato*, S. 26ff; Griswold, *Platonic Writings/Platonic Readings*; Seeskin, *Dialogue and Discovery: A Study in Socratic Method*.

6 Sedley drückt es so aus: Die Dialoge »können berechtigterweise so gelesen werden, als würde Platon *laut denken* [...] Sie sind die Äußerung seines eigenen Gedankengangs.« Sedley, *Plato's Cratylus*, S. I (Hervorhebung im Original).

> Was Plato betrifft, so spricht die Wahrscheinlichkeit dafür, dass es eine Zeit in seinem Leben gab, wo er in rein spekulativen Dingen ein wirklich Suchender war, der jede Meinung auf die Probe stellte und mit besonderem Nachdruck die Schwierigkeiten, welche ihnen allen anhaften, hervorhob, dass während dieser Periode viele seiner hervorragenden Dialoge, von den mannigfaltigsten Gesichtspunkten aus, geschrieben wurden, und dass in jedem derselben die Gedankenreihen niedergelegt sind, welche über den betreffenden Gegenstand zuletzt durch seinen Geist gezogen waren.[7]

Behandeln wir die Figuren der Dialoge als Facetten von Platons eigenem Denken, so tritt uns der Wert der Dialoge noch deutlicher vor Augen. Sie erscheinen nämlich als ein Vorbild für etwas, das uns allen offensteht: die Möglichkeit, uns zu bestimmten Dingen selbst zu befragen. Natürlich lassen sich sämtliche philosophische Schriften – etwa eine Abhandlung, ein Aufsatz – als ein Gedankengang auffassen, den der Leser innerlich mitverfolgen soll. Doch gerade die Dialogform eignet sich für diesen Zweck. Frage und Antwort sind Ausdruck des werdenden Gedankens. Ein Aufsatz oder eine Vorlesung dagegen sind Ausdruck des *gewordenen*, ausformulierten Gedankens, bei dem das Ergebnis klar hervortritt und der zu ihm führende Prozess nicht mehr sichtbar ist. Das ist meistens auch absolut legitim. Wenn man sich eine Meinung zu einem Thema gebildet hat und diese mitteilen möchte, ergibt es auf jeden Fall Sinn, die gewonnenen Ansichten darzulegen. Wenn man aber anschaulich machen möchte, wie man dorthin gelangt ist – was also geschieht, bevor man weiß, was man denkt –, so eignet sich hierzu nichts mehr als der Dialog. Denn er illustriert den Lauf der Gedanken. In Platons

7 Mill, *Gesammelte Werke*, Bd. 12, S. 98.

Fall sind die Dialoge im Grunde Studien zum Nachdenken über große Themen. Sie zeigen Platon beim Nachdenken.[8] Das Schreiben eigener kleiner Dialoge mit sich selbst kann eine gute Möglichkeit sein, seine Gedanken zu sortieren und sich die sokratische Methode zu eigen zu machen.

Wenn wir die Dialoge auf diese Weise betrachten, können wir auch gelassener hinnehmen, dass wir in ihnen auf Stellen treffen, die nur schwer miteinander zu vereinbaren sind. In einem Dialog setzt Sokrates das Gute und das Böse mit Wohlbefinden und Schmerz in Beziehung, in einem anderen argumentiert er genau gegenteilig.[9] Oder er tritt in einem Dialog für eine Definition von Tapferkeit ein, die er im anderen angreift.[10] Manche dieser Konflikte kann man durch längere Analyse glattbügeln, in anderen Fällen aber lassen sie sich besser verstehen, wenn man sie als Streitpunkte ansieht, die Platon mit sich selbst hatte.[11] Sokrates ist dann nicht so sehr das Sprachrohr Platons, dem man an dieser Stelle mangelnde Folgerichtigkeit vorwerfen könnte. Sokrates ist einfach die Personifikation des furchtlosen Fragers, der alles auseinandernimmt, was man ihm vorsetzt – und sei es das gestern Gesagte.

Rollen. Betrachtet man Platons Dialoge als »lautes Denken«, so hat dies eine weitere Konsequenz. Die Figuren im Dialog sagen alle

8 So schreibt Paul Woodruff: »Sokrates ist bestrebt, ein Beispiel für Selbstbefragung zu geben, das der gewöhnliche Athener an sich anwenden kann.« Woodruff, »Socrates' Mission«, S. 187. Vgl. hierzu Sedleys Sicht auf Platon: »Wenn wir denken, so stellen und beantworten wir uns eigentlich im Innern Fragen, und unsere Urteile sind das Ergebnis eben dieses Prozesses. Das, was Platon als geäußerte Gespräche dramatisiert, können wir als Leser daher verinnerlichen und so ein Modell für unsere eigenen philosophischen Denkprozesse herausbilden. [...] Die in den Dialogen vorgestellte zwischenmenschliche Diskussion ist nicht die einzige Form, in der solche Gespräche stattfinden können: das innere Gespräch ist eine weitere, wenn nicht sogar grundlegendere Form.« Sedley, *Platos Cratylos*, S. 1f.

9 Vgl. *Protagoras* 351b–358d und *Gorgias* 492d–500d.

10 Vgl. *Protagoras* 360cd und die im *Laches* bei 194d begonnene Diskussion.

11 Ausführlich dargestellt wird diese Idee bei Bett, »Socratic Ignorance«, S. 229.

Dinge, die der Autor denkt, selbst wenn sie ihm am Ende nur die Genugtuung geben, dass sich ihre Ansichten als falsch erweisen. Ein Dialog erscheint daher wie ein Traum, in dem jeder Auftretende für einen Aspekt des eigenen Ichs steht.[12] Diese Sichtweise lässt uns neu darüber nachdenken, ob Sokrates uns als gutes Beispiel dienen sollte. Manche Leser fühlen sich gar von ihm abgestoßen. In einem Aufsatz wird ihm gar eine »grundlos feindselige Haltung« zugeschrieben.[13] Andere werfen ihm Kälte, mangelnde Empathie oder andere Ausprägungen von Unmenschlichkeit vor.[14] Wer möchte schon ein solcher Mensch sein? Wenn aber nun die Figuren des Dialogs Aspekte des eignen Ichs sind, so ist die Frage falsch gestellt. Wir möchten nicht so sein wie der Sokrates aus Platons Dialogen. Aber wir sollten uns wünschen, ihn in uns zu *haben*.

Man kann es auch so formulieren: Psychologen sprechen von der exekutiven Funktion – der kognitiven Fähigkeit, Pläne zu schmieden, Ziele zu verfolgen und Selbstkontrolle an den Tag zu legen. Platon lehrt uns den Wert einer gut ausgebildeten Funktion der sokratischen Methode: der Fähigkeit, sich selbst skeptisch zu befragen. Diese Funktion ist in vielen von uns wenig ausgeprägt. Sie kann vielleicht auch zu stark ausgeprägt sein, dabei ist sie aber sicher kein schwächender, sondern ein gesunder Skeptizismus, der sich Dummheit, Feigheit, Parteilichkeit, Heuchelei, Zorn, Eitelkeit und anderen Dämonen entgegenstellt. Aus sokratischer Sicht sind diese Verhaltensweisen Abwandlungen von Unwissen und mangelndem

12 Dazu sagt Paul Friedländer: »Wie Goethe in Tasso und Antonio, so ist Platon nicht nur in Sokrates [...] sondern zu irgendeinem Grade und auf irgendeine Weise auch in Sokrates' Gegnern.« Und weiter: »Wäre nicht etwas von Kallikles [...] in ihm gewesen, dann hätte er ihn schwerlich mit so imponierender Kraft hinstellen können ...« Friedländer, *Platon*, Bd 1: Seinswahrheit und Lebenswirklichkeit, S. 178.

13 Brennan, »Socrates an Epictetus«, S. 295.

14 Vlastos, *Philosophy of Socrates*, S.16f; Nussbaum, »Chill of Virtue«. S. 39; Nehamas, »What Did Socrates Teach«. S. 281; Brennan, »Socrates and Epictetus«, S. 292f.

Verständnis (wie wir im vierzehnten Kapitel sehen werden). Unser internalisierter Sokrates hält sie im Zaum.[15]

Bleiben wir bei der oben geäußerten Kritik an Sokrates, so hat die Funktion der sokratischen Methode auch eine boshafte Seite. Sie kann auf eine Weise unangenehm sein, wie sie uns der literarische Sokrates vorführt: unnachgiebig, spöttisch, sarkastisch. Eine solche Haltung ist für andere schwer erträglich. Guten Gewissens und ungestraft kann man sie eigentlich nur gegen sich selbst richten. Genauer gesagt sollte man sie gegen die selbstgefälligen und moralisch schwachen Aspekte des eigenen Ichs richten, die eine gnadenlose sokratische Ansprache fordern und womöglich auf nichts anderes reagieren. Aus diesem Grund ist der schärfste in den Dialogen vorkommende Fragesteller das Alter Ego, das Sokrates im *Hippias maior* auf sich selbst loslässt.

Der Sporn. Die Funktion der sokratischen Methode nimmt eine Rolle in unserem Denken ein, die jener von Platons Sokrates in Athen ähneln könnte: Sie will die Wahrheit verkünden, Konventionen hinterfragen, aufwühlen. Dennoch gab es Dinge, die Sokrates nicht gelangen, und Rollen, die er nicht spielen konnte. Dessen war er sich sehr wohl bewusst. Athen hätte nicht überlebt, wenn alle so gewesen wären wie Sokrates, und auch das eigene Ich kann unter ständiger Selbstbefragung nicht überleben. Aber eine Stadt braucht – neben vielen anderen Menschentypen – jemanden wie ihn. Die Funktion der sokratischen Methode im eigenen Ich sorgt für Unruhe. Sie ist Freund und Störer zugleich. Sie deckt die Wahrheit auf und schafft Unbehagen. Und bei vielen bekommt sie am Ende den Schierlingsbecher gereicht.

---

15 Auch hier findet Friedländer die passenden Worte: »Platon hatte [...] mehr zu überwinden, als mancher ahnt. Aber er trug auch den Sokrates in sich, und von den Kämpfen und Siegen, die er zeigt, sind die entscheidenden in ihm selbst geschehen.«, *Platon*, S. 179.

Begreifen wir Sokrates auf diese Weise – als einen Aspekt des Verstandes oder des Ichs –, so werden wir über einige Passagen, in denen er seinen Platz in der Welt beschreibt, neu nachdenken. Die Beziehung zwischen Sokrates und dem Staat kann manchmal als ähnlich (oder stellvertretend) für die Beziehung zwischen der Funktion der sokratischen Methode und dem Ich betrachtet werden.

> Denn wenn ihr mich hinrichtet, werdet ihr nicht leicht einen andern solchen finden, der ordentlich, sollte es auch lächerlich gesagt scheinen, von dem Gotte der Stadt beigegeben ist, wie einem großen und edlen Rosse, das aber eben seiner Größe wegen sich zur Trägheit neigt, und der Anreizung durch den Sporn bedarf, wie mich scheint der Gott dem Staate als einen solchen zugelegt zu haben, der ich auch euch einzeln anzuregen zu überreden und zu verweisen den ganzen Tag nicht aufhöre, überall euch anliegend. [...] Denn wisst ihr nur, ihr Athener, wenn ich schon vor langer Zeit unternommen hätte Staatsgeschäfte zu betreiben, so wäre ich auch schon längst umgekommen, und hätte weder euch etwas genutzt noch auch mir selbst. Werdet mir nur nicht böse, wenn ich die Wahrheit rede. Denn kein Mensch kann sich erhalten, der sich sei es nun euch oder einer anderen Volksmenge tapfer widersetzt, und viel Ungerechtes und Gesetzwidriges im Staate zu verhindern sucht, sondern notwendig muss, wer in der Tat für die Gerechtigkeit streiten will, auch wenn er sich nur kurze Zeit erhalten soll, ein zurückgezogenes Leben führen, nicht ein öffentliches.
>
> *Apologie*, 30E–31A

Es scheint abwegig, diese Passage als Beschreibung einer Situation in unserem Innern zu deuten – wenn Platon nicht auch schon in *Der Staat* einen ausführlichen und berühmten Vergleich zwischen dem Staat und der Seele gezogen hätte.[16] Die äußere Verfasstheit als Metapher für die innere heranzuziehen, ist für ihn und seine Leser kein befremdlicher Gedanke. Ich glaube sogar, dass die Wirkung dieser Metapher, mag sie auch halb unbewusst sein, dafür verantwortlich ist, dass die Geschichte von Sokrates so viele Menschen über so lange Zeit inspiriert hat. Der Geist mag Metaphern, die ihn betreffen. (Manchmal ist man gar versucht zu vermuten, dass ihn das allein beeindruckt.) Die Geschichte des Sokrates ist die Geschichte unseres eigenen konfliktreichen Verhältnisses zur Vernunft und zu unseren starken oder auch schwächeren Neigungen. Wir wissen alle, wie es ist, unter Athenern zu leben, über ihre Ignoranz und Vermessenheit erschrocken zu sein. Wir wissen, wie es sich anfühlt, wenn einem Feindseligkeit entgegenschlägt, da man ihnen diese Dinge offenlegt. Wir wissen es, ohne uns mit jemand anderem darüber auszutauschen.

Hat eines Vorrang? Weiter oben hieß es, Sokrates widme sich »der Prüfung meiner selbst und anderer«. Was hat nun Vorrang? Ist die eigene Befragung wichtiger, oder die der anderen? Wir haben Beispiele dafür gesehen, dass Sokrates die Selbstprüfung als natürlich ansah. Eine andere Gelehrtentradition ist jedoch der Ansicht, dass das Gespräch mit anderen die primäre philosophische Tätigkeit darstellt. Die Dialoge lassen in beide Richtungen genügend Beweise zu, dass beide Lesarten vernünftig sind.[17]

---

16 Dieser Vergleich ist nachzulesen in *Der Staat* 368C–369A, 420C–442C, 543C–578B. Erörtert wird er in Blössner, »City-Soul Analogy«.

17 Siehe etwa *Protagoras* 347e–348a; Robinson, *Plato's Earlier Dialectic*, S. 77; Fink, *Development of Dialectic from Plato to Aristotle*, S. 2. Wer Textbelege für beide Richtungen nachlesen möchte, findet in A. G. Long, *Conversation and Self-Sufficiency in Plato* ein ausgezeichnetes Werk, das sich ganz diesem Thema widmet.

Anstatt diesem Interpretationsproblem also weiter nachzugehen, sollten wir es einfach vom Standpunkt der Praktikabilität betrachten. Es kommt sehr selten vor, dass wir jemanden von etwas überzeugen können, indem wir ihn mit Fragen in die Enge treiben. Tatsächlich ergibt sich kaum die Möglichkeit, in Echtzeit in einen sokratischen Dialog zu treten. Sokrates dagegen hat fast immer äußerst kooperative Gesprächspartner, die eine übertriebene Bereitschaft zeigen, seinen Argumenten zu folgen.[18] Man hat fast den Eindruck, man würde einem Zauberer zuschauen, der seine Tricks mit Statisten aus dem Publikum vorführt. Und man kann deshalb nicht überrascht sein, wenn das echte Leben sich weniger kooperativ zeigt. Die meisten Menschen mögen keine sokratischen Fragen: Wenn wir unser Gegenüber ständig auffordern, das Gemeinte zu definieren, stehen wir bald ohne Gesprächspartner da. Letztendlich hat auch das echte Leben nicht mit Sokrates kooperiert, und er musste es verlassen.

Die Verinnerlichung der sokratischen Methode dagegen und die sokratische Überprüfung des eigenen Denkens können wir uns ohne größere Gefahr zur Routine machen. Sie wird dann zu einer Denkgewohnheit, mit der wir die Welt interpretieren und unsere Reaktionen auf sie formen. Es ist sicher nicht *einfacher*, die sokratische Methode selbst anzuwenden, statt sie im Gespräch zum Einsatz zu bringen. Tatsächlich ist es um einiges schwieriger. Die Fehler in den Ansichten anderer zu erkennen, fällt uns oft nicht schwer. Sie in den eigenen zu erkennen, ist eine viel schwierigere Herausforderung. Es ist wie beim Sport. Mit einem Trainer ist es einfacher, man kann es aber auch alleine schaffen. Die sokratische Befragung

18 »Gelehrte, die versucht haben, der sokratischen Methode zu folgen, werden bemerkt haben, wie bedeutend der Umstand ist, dass Platon in der Lage war, sowohl die Antworten als auch die Fragen niederzuschreiben.« Flew, *Dictionary of Philosophy*, Eintrag zu »Socratic method«.

gleicht auch in einem zusätzlichen Sinne körperlicher Ertüchtigung: Sie ist gut für uns, aber sie ist anstrengend bis unangenehm. Aus diesem Grund ist nichts so verbreitet wie geistige Trägheit.

5

Frage und Antwort

Eine Philosophie, so meint man, ist ein System von Ideen, das Antworten auf fundamentale Fragen gibt. Die sokratische Philosophie tut das nicht. Mit ihr setzen wir auf eine Entwicklung, nicht auf ein Ergebnis. Sokrates kommt zwar zu verschiedenen Einsichten, doch sind diese allesamt vorläufig (wie wir im vierzehnten Kapitel sehen werden). Er analysiert Dinge in Dialogen, die voranschreiten, am Ende aber nie bei bestimmten Antworten stehenbleiben. Die *Frage* ist die Einheit der sokratischen Praxis, sie ist ihre Währung – das ist die erste Voraussetzung, über die wir uns klarwerden müssen. Die sokratische Methode unterscheidet sich von anderen Lehren und Denkweisen zuallererst in diesem einfachen Punkt: Wer sie anwendet, lehrt nicht, erläutert nicht, kritisiert nicht, erzählt nicht, sondern – fragt. Ein großer Teil dieses Buchs handelt davon, was Fragen tun, wie sie gestellt werden, und was sie in uns hervorrufen. Das folgende Kapitel jedoch möchte die Frage an sich betrachten.

Fragen vs. Antworten. Wir haben bereits mögliche Gründe kennengelernt, warum Platon die Dialogform gewählt hat. Eine weitere Frage wäre, warum er diese ohne Antworten enden lässt. Er hätte doch, wie es in moderneren Werken üblich ist, ein Vorwort schreiben können, in dem er seine Vorgehensweise erklärt. Eine solche erläuternde Einleitung hätte Tausende Seiten wissenschaftlicher Texte unnötig gemacht, die Vermutungen über Platons Absichten anstellen. Und damit ist eigentlich schon erklärt, wie weise es von ihm war, *kein* Vorwort zu verfassen. Und wir finden darin einen entscheidenden Hinweis auf seine allgemeine Methode: Platon und sein Sokrates mögen Fragen und die Wachheit des Geistes, die sie hervorrufen.

Die Haltung des Autors Platon entspricht der Haltung der Figur Sokrates. Platon tritt nicht hervor und erklärt, was er denkt. Er versteckt sich hinter seinen Figuren und lässt seine Leser fragend zurück. Er erschafft einen Protagonisten, der ebenso keine Antworten liefert, sondern seine Mitmenschen anregt, gründlicher nachzudenken und zu hinterfragen, was sie glauben und wie sie leben. Impliziert ist damit: Unser Verstand arbeitet am schärfsten, wenn wir einer Frage nachgehen, und nicht etwa, wenn wir eine Antwort gefunden haben. Die Dialoge verhelfen uns beständig in diesen Geisteszustand und halten uns dort. Wenn wir uns auf die in den Dialogen angebotenen Lehren einlassen, bewahren wir uns diese Wachheit nicht nur während ihrer Lektüre. Wer sich die sokratische Methode zu eigen macht, denkt in Fragen, kann mit Unsicherheit umgehen und weiß eine Suche zu schätzen, die kein Ende hat.

Im zweiten und vierten Kapitel war die Rede davon, dass die sokratische Methode schlechte Angewohnheiten des sich selbst überlassenen Geists korrigieren kann. Die bedeutende Rolle des Fragens kann als ein Beispiel hierfür betrachtet werden. Hier ist die schlechte Angewohnheit nämlich das leidenschaftliche Festhalten an Meinungen. Es verschafft uns eben ein gutes Gefühl, wenn wir wissen, was wir denken. Wenn Menschen sich der Philosophie zuwenden, wollen sie in der Regel noch mehr von diesem guten Gefühl: Sie möchten sich in ihrem Denken bestätigt sehen, sie verlangen nach Sicherheit. Sokrates macht da aber nicht mit – was zuerst einmal frustrierend ist. *Was ist denn das für eine Philosophie?* Seiner Ansicht nach besteht unser dringendstes Problem darin, dass wir sicher sind, obwohl wir es nicht sein sollten, und dass wir zu wissen glauben, was wir nicht wissen. Die Philosophie des Sokrates ist kein Katalog von Glaubenssätzen. Sie ist eine Tätigkeit. Die sokratische Methode ist kein geeigneter Weg, die eigene Meinung zu verfestigen. Sie verändert unsere Beziehung zu den eigenen Meinungen. Sie ersetzt das Verlangen, sie zu vertreten, durch das Verlangen, sie zu überprüfen.

Denkweise. Was eine Frage *ist* und wie sie als Instrument des Denkens funktioniert, lässt sich auf verschiedene Weise betrachten. Eine von einer Person an eine andere gerichtete Frage ist im Allgemeinen eine Aufforderung, etwas zu sagen oder zu tun. Es gibt einfache Fragen, die geringe Anforderungen stellen. Sokratische Fragen aber gehören nicht dazu. Sie drängen. Ihre Formulierung und Beantwortung ist wie das Betätigen einer Pumpe. Es ist Arbeit. Und es kann passieren, dass dabei verborgene Überzeugungen hervorgeholt werden, die uns selbst überraschen. Die richtigen Fragen können unser Verständnis weit über den Anfangspunkt hinaus vergrößern. Ein stetiger Tropfen von Fragen kann ein Glas füllen oder eine Schlucht aushöhlen. Fast jedes Gedankengebäude lässt sich als das Ergebnis vieler solcher Fragen ansehen, die gestellt und beantwortet wurden, und als ein Denkmal für die fortschreitende Kraft dieses Prozesses, der ja oftmals innerhalb einer Person abläuft. Dabei kann der Prozess des Fragens und Antwortens sowohl eine schöpferische Kraft als auch eine Kraft der Widerlegung und Verfeinerung des schon Dagewesenen sein.

Fragen sind, mit einem Wort, *produktiv*, und das auf eine Weise, wie es Behauptungen nie sein können. Dennoch besteht ein Großteil unseres Denkens aus Meinungen und Reaktionen, aus Sorgen und Hoffnungen, aus Genugtuung und Bedauern – und all das wird halbverbal und doch mehr oder weniger in Aussagen ausgedrückt.

Der sokratische Ansatz bringt weniger Aussagen und mehr Fragen mit sich, und das sind vor allem Fragen zu Dingen, die wir in unserer gewohnten Denkweise voraussetzen. Wenn wir in Aussagen denken und reden, lernen wir nichts. Wenn wir in Fragen denken und reden, können wir lernen. Wenn jemand etwas sagt, das wir ablehnen, können wir Fragen stellen, anstatt unsere Ablehnung zu äußern. Was bedeutet das Gesagte? Ist es folgerichtig? Gibt es einen guten Vergleich? Und wenn wir etwas sagen, das *der andere* ablehnt, so verteidigen wir es nicht, sondern stellen ebenfalls Fragen. (Was meine *ich* damit?) Wir geben das Behagen auf, das wir dabei empfinden mögen, starke Meinungen zu vertreten, und erhalten im Gegenzug die Möglichkeit, zu besser fundierten Ansichten zu gelangen.

Eine Frage setzt den Angesprochenen unter Druck. Wenn wir uns selbst Fragen stellen, setzen wir uns selbst unter Druck, und das ist gut so. Das Behaupten von Meinungen ist das Gegenteil, denn es lässt Druck ab. Es ist unangenehm, unter Druck zu stehen, und die meisten Menschen denken und reden daher in Meinungen. Doch ein Verstand, der keinem Druck ausgesetzt ist, neigt dazu, lasch und korrumpierbar zu werden. Der wahre sokratische Dialog ist eine Übung, in der intensiver Druck herrscht: Man steht unter Zugzwang. Dabei kann der Druck jederzeit auf ein gesundes Level gebracht werden. Manche Menschen haben gefährlich niedrigen Blutdruck, bei anderen dagegen ist der sokratische Druck zu gering. Er kann angehoben werden, indem man mehr in Fragen denkt.

Jedes Mal, wenn wir gute Fragen stellen und beantworten, vertieft sich unser Verständnis. Man öffnet den Blick für die andere Seite und erkennt Schwächen auf der eigenen Seite. Man sieht komplexere Zusammenhänge. Wer eine sokratische Haltung pflegt, wird das als Vorteil betrachten. Und wird nicht begeistert sein, wenn andere – besonders bei wichtigen Themen – vorschnelle Urteile äußern, die keine Erkenntnisse eröffnen, da sie an der Oberfläche bleiben. Man wünscht sich eine richtiggehende Debatte und möchte sich mit Menschen austauschen, deren Worte einen debattenähnlichen Denkprozess offenbaren. Doch dieser Wunsch ist nicht so leicht erfüllbar. Öffentliche Kommentatoren werden einem unerträglich, da sie keinerlei inneren oder äußeren sokratischen Druck kennen. Es ist, als wäre man hungrig auf der Autobahn unterwegs und habe absolut keine Lust auf Fast Food. Dann bleibt einem nur, sehr lange auszuhalten, den üblichen Weg zu verlassen oder sich selbst Essen zuzubereiten.

Fasst man die sokratische Methode auf diese Weise auf, so wirkt sie einfach und alles andere als exotisch. Alles, was die Methode sonst noch beinhaltet, dreht sich im Grunde darum, mehr und bessere Fragen zu stellen.[1]

Tempo. Die sokratische Methode eilt nicht. Die Fragen schreiten in kleinen Schritten voran, und jede Frage behandelt nur einen kleinen Abschnitt des Themas. Mancher fragt sich schon, ob sich die Aufmerksamkeitsspanne seit Platons Tagen so erheblich verringert hat, oder aber ob Platon wusste, wie aufreibend eine solche Aneinanderreihung kleinteiliger Fragen sein kann. Die Antwort lautet: Platon hatte dies sehr wohl im Blick, da er den Vorwurf in die Dialoge eingebaut hat.

> KALLIKLES: Aber Sokrates ist immer so, Gorgias, dass er geringfügige und nichtswürdige Dinge ausfragt und widerlegt.
>
> GORGIAS: Aber was macht es dir aus? Auf alle diese Weise kommt ja das nicht auf deine Rechnung, Kallikles, sondern lasse du nur den Sokrates zeigen, wie er will.

---

1 Eingehender diskutiert wird Platons Sympathie für das Frage-und-Antwort-Format in Robinson, *Plato's Earlier Dialectic*, S. 65ff.

> KALLIKLES: So frage denn deine Kleinigkeiten und Jämmerlichkeiten, wenn es dem Gorgias so gut dünkt.
>
> *Gorgias*, 497BC

Das kleinteilige Fragen ist also Absicht. Es ist nach Sokrates' Ansicht der beste Weg, sich der Wahrheit anzunähern. Und dieser Weg will vorsichtig beschritten sein. Der Leser wünscht sich manchmal mehr Zielstrebigkeit und möchte auf den Punkt kommen, da man schon ahnt, was als Nächstes kommen wird. Doch so rasch laufen Gedanken eben nicht ab. Man weiß nie, wohin sie führen. Eine Felswand erklimmt man, indem man mit den Händen nach dem nächsten Halt sucht. Genauso macht es Sokrates. Er sucht sich einen Halt, oftmals einen gewöhnlichen Vergleich, und betastet ihn, bis er ihn vollends begriffen hat. Erst dann sucht er sich den nächsten. Es gibt einen gesunden Kontrast zwischen den großen Themen eines Dialogs und den kleinen Schritten, mit denen er sich ihnen annähert.

Die kleinschrittigen Fragen haben außerdem den Vorteil, dass sie das Verfassen und Verfolgen sokratischer Dialoge erleichtern. Das ist auch deswegen hilfreich, weil die Methode in anderen Hinsichten schwierig ist und dort nicht vereinfacht werden kann. Das Formulieren von Fragen erfordert Einfallsreichtum. Man muss sich hypothetische Fälle ausdenken, mit denen sich Druck auf das vom Gegenüber Geäußerte ausüben lässt – oder eben auf das, was man selbst gesagt hat. Beim Hörer oder Leser erfordert das Konzentration. Manchmal lässt sich schwer auf Anhieb beurteilen, ob ein logischer Zusammenhang stimmig ist. Außerdem sind die Themen eines Dialogs oft sehr breit und komplex. Dann sind zumindest die Fragen, die den Verlauf des Gesprächs bilden, nicht in gleicher Weise breit und komplex. Sie unterteilen den Gedankengang in klare Schritte. Und wenn an einer Stelle etwas falsch läuft, lässt sich leichter nachvollziehen, wo es gehakt hat. Aus all diesen Feststellungen lassen sich Lehren zum Führen einer Diskussion über schwierige Themen ziehen. Was logisch herausfordernd ist, sollte nicht noch rhetorisch herausfordernd sein. Je schwieriger die behandelte Frage, desto wichtiger ist es, sie in klaren und bedachten Worten zu besprechen.

Kleinteilige Fragen haben außerdem den Vorteil, alles zu entschleunigen. Das ist unter anderem wichtig, da die Wahrheit ja oftmals eher kompliziert ist. Komplexes lässt sich nicht rasch überfliegen. Will man ein Argument wirklich verstehen – warum jemand dieses oder jenes denkt, oder ob sich das Gesagte halten lässt –, so muss man es auseinandernehmen wie einen Apparat und es anschließend wieder zusammenfügen. Jede kleine Schraube muss gelöst werden. Die sokratische Methode verlangt zudem intellektuelle Empathie, da ein Problem immer auch aus der Perspektive des anderen angeschaut wird. Man mag vielleicht meinen, man könne die andere Position auf Anhieb erfassen oder sie habe ohnehin nicht viel Gehalt. Aber das stimmt oft nicht, und es dauert eine ganze Weile, bis man wirklich verstanden hat, was der andere meint. Das Stellen vieler kleiner Fragen ist hier eine nützliche Angewohnheit oder Regel. Wir fragen und hören zu und drängen nicht darauf, auf den Punkt zu kommen.

Das Gleiche gilt auch abseits des Zuhörens, wann immer wir mit einem Thema noch nicht vertraut sind – also eine von Sokrates oder irgendwoher stammende Idee erst noch nachvollziehen müssen. Es dauert oft gar nicht so lange, bis wir das Thema soweit verstanden haben, dass wir es wiedergeben können. Doch erst die sokratische Entschleunigung sorgt dafür, dass wir einen Sinn dafür bekommen, was es bedeutet, eine Sache wirklich zu begreifen. Manche Menschen (ja vielleicht wir alle) behandeln Ideen wie Touristen die Werke in einem Museum: Sie haben auf alle Bilder einen Blick geworfen und glauben nun, sie würden sie kennen. Ein gutes Gemälde aber muss man eingehend, mehrmals und vor allem ohne Eile studieren, um wirklich zu erfassen, was es uns sagen will. Sokrates betrachtet Ideen wie ein Kunstkenner ein Gemälde, und er fordert seine Zuhörer oder Leser auf, dasselbe zu tun.

Das langsame Voranschreiten der Fragen hat noch etwas Gutes. Sokrates sagt uns, dass ihm an der Psyche gelegen ist – und meint damit seine eigene, die seines Gesprächspartners und (zwangsläufig, aber nicht ausgesprochen) auch die der Leser. Zu dieser Fürsorge kann auch gehören, den Verstand in einem gewissen Tempo arbeiten zu lassen. Das langsame Fortschreiten der Dialoge ist ein implizites Argument zur optimalen Gangart von Sprechen und Denken. Jede Persönlichkeit hat ihr eigenes Tempo. Sokrates zeigt stets Sinn für Gelassenheit, und dazu gehört auch der langsame Rhythmus seines Vorgehens. Er hat es nie eilig.

Kreuzverhör. Sokratische Fragen haben eine weitere Stellschraube: Sie lassen sich unterschiedlich offen formulieren. Manchmal stellt Sokrates Fragen, die auf hundert verschiedene Arten beantwortet werden könnten. Er möchte herausfinden, was sein Gesprächspartner denkt, und der Austausch beginnt zunächst unverfänglich. Im Laufe der Unterhaltung legt sich der Befragte dann auf eine Aussage fest, die immer weiter eingegrenzt wird. Die Fragen sind nicht mehr offen gestellt, sondern verlangen oftmals ein »Ja« oder »Nein« als Antwort: »Würdest du X zustimmen?« oder »Können wir uns auf Y einigen?« So wird der Dialog zum Kreuzverhör. Der amerikanische Jurist John Wigmore nannte das Kreuzverhör »den besten rechtlichen Apparat zur Aufdeckung der Wahrheit, der jemals erfunden wurde«.[2] Offenbar dachte Sokrates, dasselbe gelte für die Philosophie. Warum?

---

2 Wigmore, *Evidence in Trials at Common Law*, $1367.

Schauen wir uns die Regeln an, die für die Durchführung eines Kreuzverhörs gelten. Die Regeln vor Gericht und im sokratischen Dialog ähneln sich auf viele Weise. Zunächst einmal müssen alle Fragen beantwortet werden, solange sie nicht unangebracht sind. Man darf also nicht einfach entgegnen: »Dazu möchte ich nichts sagen.« Zweitens muss ein Zeuge vor Gericht schwören, die Wahrheit zu sagen, und genau das gilt auch für die sokratische Befragung: Sage, was du denkst. (Mehr dazu im zehnten Kapitel.) Drittens darf der Vernehmende Suggestivfragen stellen – Fragen also, die ihre Antwort schon implizieren, nach dem Muster: »Stimmt es, dass …?« oder »Würden Sie bestätigen, dass …?« Suggestivfragen lassen keinen Raum für ausweichende Antworten. Sie zwingen den Zeugen, auf den Punkt einzugehen. In einem Kreuzverhör lassen sich Zeugen auf die Probe stellen, ihre Schwächen offenbaren und ihre Geheimnisse aufdecken. Daher ist es das überlegene Verfahren, um die Glaubwürdigkeit und die Ansichten eines Zeugen oder jeder anderen Person zu prüfen.

Doch haben Suggestivfragen auch Nachteile. Denn der Frager übernimmt das Denken, der Zeuge bestätigt oder verneint nur. Das ist so nicht durchgehend gewünscht, denn man möchte ja herausfinden, was der Zeuge denkt. Hierzu würde man eher die direkte Befragung nutzen, bei der keine Suggestivfragen erlaubt sind. Der Zeuge darf frei sprechen und beantwortet die Fragen so gut wie möglich. Das Kreuzverhör kommt erst *danach* zum Einsatz. Genauso verfährt Sokrates: Er geht das Thema ruhig an und stellt einfache Fragen, bis er das Gesagte genau verstanden hat. Erst dann kommt das Kreuzverhör.

In einem Gespräch geäußerte Suggestivfragen haben außerdem den Nachteil, dass sie unser Gegenüber in die Defensive drängen. Die meisten Menschen mögen es nicht, ins Kreuzverhör genommen zu werden. Wer dazu gedrängt wird, X zu sagen, wehrt sich umso mehr, X auszusprechen oder auf andere Weise mit dem Befrager zu kooperieren. Um erträglich zu sein, erfordern Suggestivfragen guten Willen auf beiden Seiten. Zudem sollten sie geschickt und freundlich formuliert werden, um ihnen an Vehemenz zu nehmen – ein Ratschlag, der vor Gericht natürlich weniger zählt. Sokrates bemüht sich stellenweise, jedoch nicht immer, diesen Ton zu finden. Welche Rolle die richtige Ansprache spielt, hängt davon ab, ob man jemand anderen oder sich selbst herausfordern möchte.

Das kontradiktorische Verfahren. Man kann das eben Gesagte auch aus einem anderen Blickwinkel betrachten. Ein Kreuzverhör vor Gericht findet in der Regel statt, wenn ein von der Gegenseite benannter Zeuge befragt wird. Der Anwalt und der Zeuge gehören streitenden Parteien an. Eine kontradiktorische Vernehmung ist absolut üblich, doch wenn sich keine streitenden Parteien, sondern Gesprächs*partner* gegenüberstehen, ist ein solches Vorgehen natürlich nicht konstruktiv. Kontradiktorisches *Denken* – das Übernehmen der Gegenseite im *eigenen* Denken – ist dagegen sehr unüblich und äußerst konstruktiv. Die meisten von uns schauen auf die Welt, um sich in ihrem Denken und ihren gewünschten Wahrheiten bestätigt zu sehen. Unsere Wahrnehmung hat sich über die Zeit wohl dahin entwickelt, dass wir alles, was uns hilft, für das Beste halten. Womöglich gibt es aber auch andere Gründe für motiviertes Denken, Bestätigungsfehler und zahllose andere Formen chronischer Fehleinschätzungen. In jedem Fall beschäftigt sich der sich selbst überlassene Geist nicht gerne damit, diese aufzuspüren.

Die sokratische Methode wirkt hier als Gegenmittel. Sie ermöglicht erst gutes Regieren in unserem inneren Staat. Im Ich muss es eine Oppositionspartei geben, die gegen das argumentiert, was wir zu wissen glauben. Der verinnerlichte Sokrates ist ein ehrwürdiger Gegner. Insoweit handelt es sich hier um eine Wiederholung des im vierten Kapitel Gesagten. In *diesem* Kapitel soll es nun vor allem um die Methode gehen, mit der dieser Gegner vorgeht. Nämlich nicht mit Sabotage oder Selbsthass, sondern einzig und allein mithilfe, mehr oder weniger harter, Befragung. Im eigenen Ich wie im Parlament muss es Fragestunden geben.

Sokrates stellt besonders gerne Überzeugungen infrage, die für seine Gesprächspartner feststehend sind. Daraus ergibt sich ein weiterer guter Grund, warum wir eine gegnerische Partei in unserem Denken benötigen. Denn so wird unsere Identifikation mit den von uns gehegten Ansichten durchbrochen. Wir alle treffen falsche Annahmen über die Welt und über uns selbst – Ansichten, die keiner sokratischen Überprüfung standhalten würden und dieser meist gar nicht unterzogen werden. Es handelt sich um halbbewusste Ideen, die wir für feststehend und wahr halten und deshalb nicht mehr im Blick haben. Durch die sokratische Befragung wird der Vorhang gelüftet. Eine Überzeugung, die zu offensichtlich oder unantastbar erschien, um sie einer Überprüfung zu unterziehen, wird auf einmal forsch hinterfragt. Solange sie auf dem Prüfstand steht, ist sie nicht mehr so sehr Teil von uns. Bis dahin hat sie durch uns gesprochen, dann sprechen wir zu ihr. Kontradiktorisches Denken lässt uns auf Abstand von unseren Vorurteilen und Erwartungen gehen.

Platons spätere Dialektik. Die frühen Dialoge Platons wenden die sokratische Methode an, diskutieren diese jedoch nicht. In den späteren Dialogen wird sie dagegen mehr erörtert und weniger angewandt. Platons Ansichten haben sich bis dahin offenbar gewandelt, und wir können nicht sicher sein, ob seine späteren Kommentare zur sokratischen Methode wirklich dem entsprechen, was Sokrates in den früheren Dialogen tut. Dennoch sollten wir einen kurzen Blick darauf werfen, was Platon in seinen späteren Werken über die Methode sagt, denn hier wird deutlich, welche Bedeutung er dem Prozess von Frage und Antwort gibt.

Bei Platon hat der Ausdruck »Dialektik« zu verschiedenen Momenten seines Schreibens eine jeweils etwas andere Bedeutung.[3] Allgemein jedoch steht »Dialektik« für die Verfolgung der Wahrheit durch Frage und Antwort. Platons späterer Sokrates nennt sie den Weg zur Erkenntnis.

> SOKRATES: Wer aber könnte am besten über dieses Geschäft des Gesetzgebers die Aufsicht führen und seine Arbeit beurteilen, hier sowohl als unter den Barbaren? Nicht der, der sie auch gebrauchen soll?
>
> HERMOGENES: Ja.
>
> SOKRATES: Ist das nun nicht der, welcher zu fragen versteht?
>
> HERMOGENES: Allerdings.
>
> SOKRATES: Und derselbe doch auch zu antworten?
>
> HERMOGENES: Ja.
>
> SOKRATES: Und der zu fragen und zu antworten versteht, nennst du den anders als einen Dialektiker?
>
> HERMOGENES: Nein, sondern so.
>
> *Kratylos*, 390BE

In *Der Staat* beschreibt Sokrates eine ideale und gerechte Gesellschaft, die von Philosophen regiert wird. Deren wichtigste Eigen-

3 Siehe Robinson, *Plato's Earlier Dialectic*, Kap. 6, bes. S. 69f; Kahn, *Plato and the Socratic Dialogue*, Kap. 10.

schaft ist die Fähigkeit, Fragen zu stellen und zu beantworten. Dieses Können wird als der Weg zur Wahrheit angesehen – eine Wahrheit, die nicht nur die Moralphilosophie, sondern alle wichtigen Themen betrifft. Sokrates befragt an dieser Stelle Glaukon.

> Wenn du daher deine eigenen Zöglinge zu künftigen Staatsmännern, denen du jetzt bloß in Gedanken Erziehung und Unterricht gibst, einmal in der Wirklichkeit erzögest, so würdest du nicht zugeben, denke ich, dass sie ohne Rede und Antwort wie Figuren im Staate die Herrschaft führen und über die wichtigsten Angelegenheiten höchsten Orts entscheiden.
>
> Gewiss nicht, sagte er.
>
> Du wirst ihnen also gesetzlich auferlegen, dass sie sich ganz besonders in ihrer Jugend mit dieser Wissenschaft hier befassen, durch die sie am gründlichsten zu fragen und zu antworten imstande sein werden?
>
> Ja, antwortete er, ich will das Gesetz aufstellen, und zwar in Verbindung mit dir!
>
> Scheint dir nun nicht, fragte ich, dass die Dialektik uns wie ein Schlussstein auf den Wissenschaften liegt, und dass über diese hinaus keine andere Wissenschaft mehr mit Fug gestellt werden kann, sondern dass hier die Grenze für alles, was Wissen heißt, erreicht ist?
>
> Ja, sagte er, mir wenigstens scheint es so.
>
> *Der Staat*, 534DE

Platon behandelt die Dialektik nicht nur als Methode, sondern als ein philosophisches System, in dem man dem Wesen der Dinge durch eine Untersuchung per Frage und Antwort auf den Grund geht.[4] In diesem Buch soll es nicht um Philosophenkönige, die von ihnen erkannten Wahrheiten oder die späten Ansichten Platons gehen. Dennoch zeigen uns diese Textstellen, dass der Prozess von Frage und Antwort eine lebenslange Faszination auf Platon ausübte. Mag sein, dass er ihn in höherem Alter anders interpretierte, dennoch war er stets zentral für seine Sicht auf die Welt.

Nebeneffekte. Die sokratische Befragung führt zu einem intelligenteren Umgang mit einem Thema. Sie bewirkt, dass wir weniger schnell Schlussfolgerungen ziehen und viele andere Formen von Unüberlegtheit ausgebremst werden. Aber im Gegenzug verzichtet man auf die Befriedigung, sich schnell eine Meinung zu bilden und damit in der Regel auch sicher zu sein, dass man recht hat. Das ist der sokratische Handel, und er ist mit einem Risiko verbunden. Anstatt sich über zu vieles sicher zu sein, kann man sich auch über zu wenig sicher sein. Bei der Entscheidung, welchen Irrtum wir eher riskieren sollten, ruft man sich am besten ins Gedächtnis, wer eigentlich mehr Schaden anrichtet oder mehr Gutes bewirkt: diejenigen, die behaupten, alle Antworten zu haben, oder diejenigen, die diesen Anspruch nicht erheben. Sicher gibt es Beispiele für beide Seiten. Mit Blick auf die Geschichte wage ich jedoch die Behauptung, dass die skeptischeren Parteien hier besser abschneiden.

Der sokratische Handel wird dann besorgniserregend, wenn ihn nicht beide Seiten eines Disputs eingehen. Wir wünschen uns sicher alle, er würde öfter und auch von unseren Gegnern akzeptiert.

4 Siehe hierzu Janssens, »Concept of Dialectic in the Ancient World«, S. 175f; Robinson, *Plato's Earlier Dialectic*, S. 71–75.

Aber wir befürchten natürlich, immer die Unterlegenen zu sein, wenn wir schwierige Fragen stellen, unsere Gegner aber nicht. Das Ganze sieht dann nach einseitiger Abrüstung aus. Nachdenkliche sokratische Persönlichkeiten werden von Nazitypen überrannt, die keine Zweifel kennen und Horden von Anhängern haben. Es wird uns gehen wie bei Yeats: »Den Besten fehlt jede Überzeugung, die Schlechtesten sind von intensiver Leidenschaft erfüllt.« Wenn man sich der Dinge nicht absolut sicher ist, wofür kämpft man dann, wenn Feinde auftauchen?

Ich nehme stark an, dass wir für eben das kämpfen, für das wir schon immer gekämpft haben. Aber wir tun es mit mehr Sinn für die Komplexität des Themas und mit größerem Verständnis für die Gegenseite. Die wahren Sokratiker unter uns macht dieses Wissen nicht hilflos, sie werden eher empört sein, wenn es heißt, Kampfgeist erfordere Dummheit, grobe Vereinfachungen und Schwarz-Weiß-Denken. Denn im Grunde befinden wir uns ja im ständigen Kampf gegen eben diese Phänomene – zusätzlich zu den Themen, die im Vordergrund besprochen werden. Wir kämpfen für die Liebe zur Wahrheit, auch wenn wir kein Monopol auf sie beanspruchen. Und wem das zu blutleer klingen sollte – wie etwas, für das niemand in den Krieg gehen oder sterben würde –, dem seien nicht nur Sokrates' Worte, sondern auch sein Beispiel ans Herz gelegt.

6

Der Elenchus (Gegenbeweis)

Der Elenchus (*Elénchus,* mit Betonung auf der zweiten Silbe, das dazugehörige Adjektiv ist *elenchisch*) ist ein von Sokrates verwendetes Verfahren, wobei er den Begriff nicht direkt nennt, sondern Umschreibungen gibt. Die vorrangige Bedeutung des Wortes ist »Suche«, wobei durch seine Etymologie auch Konnotationen wie Prüfung, Widerlegung oder Gegenbeweis, Beschämung und Lächerlichkeit mitspielen. An manchen Stellen wird »Elenchus« als Oberbegriff für eine Widerlegungstechnik verwendet, von der der sokratische Elenchus eine Sonderform bildet. Wieder andere meinen, die Anwendung des Elenchus *sei* die sokratische Methode. Ich halte Letzteres für falsch – dennoch zeigt sich darin, wie zentral der Elenchus für die Dialoge ist.

Trotz seines ungewöhnlichen Namens ist der Elenchus keine undurchschaubare Idee. Es handelt sich vielmehr um eine nützliche, bekannte, jedoch spärlich angewandte Technik in der Auseinandersetzung über schwierige Themen. Das folgende Kapitel erklärt, wie diese Technik in den Dialogen zum Einsatz kommt. Im siebzehnten und achtzehnten Kapitel wird dann gezeigt, wie man selbst einen Elenchus herstellt.

Beispiele. Der sokratische Elenchus kann sehr verschieden definiert werden, und manche Experten meinen gar, das Verfahren nehme zu viele Formen an, um überhaupt eindeutig bestimmt werden zu können. Dennoch sei hier skizziert, welchen Zusammenhang der Begriff für gewöhnlich beschreibt: Wir stellen eine Behauptung auf. Sokrates erlangt unsere Zustimmung zu einer anderen, scheinbar unverknüpften Feststellung. Anschließend zeigt er, oftmals überraschend, dass der Punkt, den wir soeben als zutreffend bestätigt haben, nicht zu dem zuvor Behaupteten passt. Kurz gesagt: Sokrates bringt uns dazu, uns selbst zu widersprechen.

Der Elenchus wird oft subtil eingesetzt – oder zumindest erkennt man ihn nicht immer gleich und kann ihn leicht überlesen. Hier folgt ein einfaches Beispiel aus dem Dialog, den wir uns im dritten Kapitel in einfacher Umschreibung angeschaut haben. Zur Erinnerung: Sokrates hat Laches gefragt, was er unter Tapferkeit verstehe.

> LACHES: So dünkt sie mich denn eine gewisse Beharrlichkeit der Seele zu sein, wenn ich doch das in allem sich Findende von der Tapferkeit sagen soll.
>
> SOKRATES: Das musst du allerdings, wenn wir uns die Frage wirklich beantworten wollen. Dieses ist mir indes deutlich, dass doch nicht jede Beharrlichkeit, glaube ich, dir als Tapferkeit erscheint. Ich schließe es aber hieraus, das nämlich weiß ich doch, dass du die Tapferkeit unter die vortrefflichen Dinge rechnest.
>
> LACHES: Davon halte dich überzeugt, unter die allervortrefflichsten.
>
> SOKRATES: Also ist die Beharrlichkeit mit Verstand wohl gut und vortrefflich?
>
> LACHES: Allerdings.

SOKRATES: Wie aber die mit Unverstand? Ist diese nicht im Gegensatz von jener schädlich und verderblich?

LACHES: Ja.

SOKRATES: Vortrefflich also, wolltest du behaupten, wäre was so schädlich ist und verderblich?

LACHES: Keineswegs wäre das recht, o Sokrates.

SOKRATES: Also wirst du auch nicht zugeben, dass eine solche Beharrlichkeit Tapferkeit ist, da sie ja nicht vortrefflich ist, die Tapferkeit aber etwas vortreffliches.

LACHES: Richtig.

Laches, 192BD

Verfolgen wir den Elenchus nach: Laches meint, Tapferkeit sei Beharrlichkeit (Aussage 1). Sokrates erhält daraufhin seine Zustimmung zu Aussage 2: Tapferkeit ist vortrefflich. Und damit fällt Laches' Definition in sich zusammen, da Aussage 1 und Aussage 2 – wie er erst nach einer Weile merkt – nicht miteinander vereinbar sind. Sokrates bringt ihn dazu zuzustimmen, dass Beharrlichkeit manchmal »schädlich und verderblich« ist, was bedeutet, dass sie nicht »vortrefflich« ist, was wiederum bedeutet, dass sie keine Tapferkeit ist. Man beachte, dass Sokrates die Zustimmung seines Gesprächspartners erhält, indem er ihm Fragen stellt wie: *Hast du nicht dieses gesagt? Und denkst du nicht auch jenes? Widersprechen sich dann dieses und jenes nicht?* Dieses Vorgehen spielt eine große Rolle, denn es bedeutet, dass Laches am Ende sich selbst widersprochen hat und ihm nicht von Sokrates widersprochen wurde. Damit hat er das Problem selbst hervorgebracht.

Wenn Sokrates eine Unstimmigkeit feststellt, muss mindestens eine Äußerung fallengelassen oder revidiert werden. Es ist nicht immer klar, welche Äußerung das ist. Im obigen Beispiel *hätte* Laches auch sagen *können*: »Na schön – vielleicht ist Tapferkeit doch nicht immer vortrefflich«. Aber das geschieht selten.[1] Man kann berechtigterweise frustriert sein von diesem Muster der Dialoge: Jemand stellt Behauptung X auf – Sokrates belegt, dass sie mit nachfolgender Behauptung Y unvereinbar ist – der Angesprochene lässt seine Behauptung fallen, anstatt sie abzuwandeln. Vielleicht sollte es öfter einmal andersherum laufen, was im Prinzip durchaus möglich wäre. Sokrates aber sorgt meist dafür, dass Aussage Y eine stärkere Überzeugungskraft hat als die vorangegangene Aussage X.

Sokrates wendet den Elenchus in allen frühen Dialogen an. Im *Gorgias* etwa meint Kallikles, das gute Leben sei vor allem lustvoll. Sokrates greift diese Ansicht nicht direkt an. Stattdessen fragt er Kallikles, ob denn auch ein »Knabenschänder«[2] ein gutes Leben führe, da dieser doch seine Lust befriedige.[3] Kallikles will das nicht bejahen, spricht sich aber auch nicht dagegen aus. Er versucht, der Frage auszuweichen. Sokrates führt ihn daraufhin zu einem weiteren, weniger abstoßenden Widerspruch. Er fragt Kallikles, ob die »Törichten und Feigherzigen« schlechte Menschen seien. Kallikles bejaht dies. Und schon hat Sokrates ihn da, wo er ihn haben wollte, und kann seinen Elenchus abschließen: Können Feige und Dumme ebenso Lust empfinden wie Tapfere und Kluge? (Ja.) Aha: Dann haben also schlechte Menschen ebenso viel Gutes in sich wie gute, denn beide empfinden dieselbe Lust. Damit ist erwiesen, dass das Gute und das Lustvolle nicht dasselbe sind. Kallikles muss seine

---

1 Siehe etwa *Charmides* 164C; *Gorgias* 482DE.

2 *Gorgias* 494E.

3 Ausführlich behandelt wird das Thema in Kahn, »Drama and Dialectic in Plato's Gorgias« 3, S. 80.

Anfangsbehauptung modifizieren: Das Angenehme und Lustvolle ist gut, doch sind manche Vergnügungen besser als andere. Und von da geht es weiter.

Scham und Schande. Ob Sokrates' letztes Argument wirklich logisch stimmig ist, wurde vielerorts erörtert.[4] Davon unabhängig sollte man berücksichtigen, dass die von Sokrates vorgebrachten Argumente bei jemand anderem als Kallikles vielleicht nicht als Beweise gegolten hätten. Kallikles *hätte* ja auch antworten können, er habe kein Problem mit Knabenschändern oder Feiglingen. Doch diese Option stand ihm nicht offen: Er war durch seine Überzeugungen oder auch die Furcht vor Schande in die Enge getrieben. Der Beweis, mit dem Sokrates Kallikles widerlegt, ist nur so stark wie diese Zwänge. Wenn Sokrates einen anderen Kallikles zu einer anderen Zeit an einem anderen Ort vor sich gehabt hätte, so hätte er wahrscheinlich andere Beispiele benötigt, um seinen Elenchus anzubringen.

Schande kann auf zweierlei Art in die sokratische Befragung hineinspielen.[5] Zum einen kann es einen Partner des sokratischen Dialogs zu einem Zugeständnis zwingen, das dieser nur unter Schande verweigern würde.[6] Scham und Schande können aber auch durch die Meinung anderer hervorgerufen werden. Die Anlässe für diese Reaktion variieren je nach Zeit und Ort, und ihre Verhältnismäßigkeit hängt davon ab, wie rational die Gemeinschaft geprägt ist.[7] Diesen Aspekt sollte man unbedingt berücksichtigen,

---

4 Das Argument enthält eine von Kallikles nicht bemerkte Schwachstelle: Sokrates wendet den Ausdruck »gut« mal auf Menschen, mal auf Empfindungen an. Es bleibt offen, ob diese Unklarheit hätte beseitigt werden können. Siehe Kahn, »Drama and Dialectic in Plato's Gorgias« 3, S. 82; Santas, *Socrates*, S. 270–78.

5 Zur Rolle von Scham für das elenchische Argument siehe Woodruff, »Socrates and the Irrational«, S. 132–35 und 143–46; Kahn, *Plato and the Socratic Dialogue*, S. 134ff.

6 Siehe Kahn, »Vlasto's Sokrates«, 1:173.

7 Herausgearbeitet wird dieser Aspekt bei Woodruff, »Socrates and the Irrational«, S. 133.

wenn man seine eigene Folgerichtigkeit oder die eines anderen infrage stellt. Die Furcht vor dem, was andere Menschen sagen und denken, hat für Sokrates keinen Platz in der moralischen Argumentation. Im Gegenteil, sie stellt eine Bedrohung für die aufrichtige Überprüfung dar und muss von diesem Prozess ferngehalten werden. Glaubt man dagegen, dass die anderen recht haben, stehen die Dinge anders. Denn dann empfindet man im Grunde Schande vor sich selbst, und die Ansichten der anderen rufen einem diese ins Gedächtnis.

Schande oder Scham kann auch als Reaktion auf die eigene fehlende Folgerichtigkeit in der sokratischen Befragung auftreten.[8] Dann ist sie unabhängig von Zeit und Ort oder davon, wie rational die Gemeinschaft agiert. Es handelt sich dann vielmehr um das Unbehagen, das einen befällt, wenn man feststellt, dass man nicht weiß, wovon man spricht, oder dass man sich zu sicher war, obwohl man es nicht hätte sein dürfen. Es ist eine hausgemachte Form der Scham, ein Konflikt im eigenen Ich, den Menschen in allen Zeiten und in allen Situationen gleichermaßen empfinden können. Das eigene Unbehagen zeigt uns, dass wir Fortschritte machen.

Unterschiedliche Absichten. Ein Elenchus kann für die in einem Dialog Befragten ganz unterschiedliche Auswirkungen haben. Zum einen kann er offenlegen, dass sie eben nicht glauben, was sie zu glauben behaupten – dass sie nicht wissen, was sie zu wissen glauben. Ihre Überzeugungen lassen sich nicht halten. Diese Art des Elenchus wirkt »purgativ« oder reinigend, da er uns von Einbildungen befreit. Falschannahmen werden durch das ehrlichere Gefühl der Unwissenheit ersetzt.[9]

8 Woodruff, S. 144f.
9 Woodruff, »Skeptical Side of Plato's Method«, S. 26ff.

Skeptiker haben eine Vorliebe für den purgativen Elenchus, da sie keine Beweise anstreben, sondern vor allem das falsche Gefühl von Sicherheit aus dem Weg schaffen möchten. (Mehr dazu im sechzehnten Kapitel.) Manchmal sieht es so aus, als verfolge auch Sokrates dieses Ziel, und sicher hat es stellenweise diese Wirkung auf den Leser. Doch kann man Sokrates' Absichten auch ganz anders einordnen. Ihm ist nicht nur daran gelegen, bei seinen Gesprächspartnern Unsicherheit hervorzurufen. Er möchte, dass sie sich widerlegt fühlen, was nicht ganz das Gleiche ist. Denn vielleicht möchte er damit auch die Wahrheit anderer Annahmen herausstellen.[10]

Dieser letzte Punkt führt uns zu einer zweiten Verwendung des Elenchus: Er wird auch benutzt, um *Anfechtungen* eines Wahrheitsanspruchs abzuwehren. In diesem Fall sagt Sokrates, dass er X für wahr hält, und zeigt dann, dass jeder, der X leugnet, am Ende sich selbst widerspricht. Man spricht hier von einem »defensiven« Elenchus, der eine Behauptung stützen will, indem er zeigt, wie schwer es ist, sie zu widerlegen. Es geht hier nicht darum, die Unwissenheit eines anderen zu offenbaren.[11] Ein Elenchus kann also auch eine Behauptung stützen, indem die Unmöglichkeit aufgezeigt wird, das Gegenteil zu behaupten. Auch hierfür liefert der *Gorgias* ein Beispiel. Sokrates verwendet einen Elenchus, mit dem er zeigen will, dass es schlimmer ist, Unrecht zu tun, als es zu erleiden. Dabei beansprucht er nicht unbedingt, dass seine Aussage wahr ist, aber er sagt, dass es niemandem gelungen ist, mit Erfolg das Gegenteil zu behaupten:

> Denn ich bleibe immer bei derselben Rede, dass ich zwar nicht weiß, wie sich dies verhält, dass aber von denen, die ich ange-

10 Siehe Woodruff, »Expert Knowledge in the Apology and Laches«, S. 107.

11 Woodruff, »Skeptical Side of Plato's Method«, S. 26, 28f.

> troffen, wie auch jetzt, keiner imstande gewesen ist, etwas anderes zu behaupten, ohne dadurch lächerlich zu werden.
>
> *Gorgias,* 509A

Die sokratische Methode kann also nicht nur aufzeigen, dass großspurige Behauptungen (von anderen oder uns selbst) am Ende meist in sich zusammenfallen. Sie kann auch eingesetzt werden, um eine Idee zu verteidigen. Nicht zuletzt lässt sich mit dem Elenchus eine Interpretation überprüfen – damals womöglich die Deutung eines Orakelspruchs, heute das Verständnis eines Texts –, indem man sie ins Gegenteil setzt.

Folgerichtigkeit und Wahrheit. Der Elenchus bleibt vor allem ein Instrument zur Widerlegung von Behauptungen. Das erscheint auf den ersten Blick nicht besonders spannend: Wer möchte schon immer nur darauf hinweisen, was alles falsch ist? Ist es nicht besser, etwas aufzubauen, als immer nur niederzureißen? Aus sokratischer Sicht sind dies aber zwei Seiten einer Medaille. Mill drückt dies am besten aus:

> Es ist heutzutage Mode, die negative Logik, diejenige, welche Schwächen in der Theorie oder Irrtümer in der Praxis aufdeckt, ohne ihrerseits positive Wahrheiten aufzustellen, gering zu achten. Als letztes Resultat wäre allerdings eine derartige Kritik armselig genug, aber als ein Mittel, irgendeine positive Kenntnis oder Überzeugung, die dieses Namens wert ist, zu erlangen, kann man sie nicht hoch genug schätzen, und bis man sie wieder zum Gegenstand eines systematischen Unterrichts macht, wird in allen Gebieten der Spekulation, außer den mathematischen und naturwissenschaftlichen, die Zahl der Denker eine geringe und das Durchschnittsmaß geistiger Kraft

> ein niedriges bleiben. In allen anderen Fragen kann von einer wirklichen Kenntnis nicht die Rede sein, solange man nicht infolge fremder Nötigung oder aus eigenem Antrieb den ganzen geistigen Prozess durchgemacht hat, den ein ernstlicher Meinungskampf mit wirklichen Gegnern erfordert hätte.[12]

Aus den Worten spricht Hochachtung für die sokratische Methode als wirkungsvolle Kunst der Widerlegung. Beherrschen wir diese nicht, können wir nicht damit rechnen, der Wahrheit näherzukommen.

Dennoch, Sokrates tritt auch für positive Überzeugungen ein. Diese werden wir im vierzehnten Kapitel kennenlernen. Es gibt eine lebhafte Diskussion darüber, woher diese Überzeugungen stammen und ob sie nicht gerade durch den Gebrauch des Elenchus entstehen. Manche Stimmen verneinen dies und meinen, jegliche affirmative Überzeugung müsste eine andere Quelle haben, da der Elenchus allein den Zweck habe, die Unvereinbarkeit von Aussagen zu belegen.[13] Es werde offenbart, dass jemand im Grunde nicht weiß oder glaubt, was er dachte – daraus ergibt sich jedoch nicht, welche Überzeugung denn nun die richtige ist (da beide falsch sein könnten). Sokrates widerlege also primär Überzeugungen, doch daraus ließe sich nichts Bejahendes schließen. Andere wiederum – allen voran Vlastos – vertreten eine andere Ansicht: Sie glauben, dass Sokrates gerade durch die Verwendung des Elenchus zu Erkenntnissen gelangt.[14] Wie kann das sein?

Zunächst einmal ist es so, dass Sokrates an manchen Stellen so spricht, als würde der Elenchus die Richtigkeit der Aussage belegen, mit der ein Widerspruch aufgezeigt wurde. Nehmen wir etwa

12 Mill, *Gesammelte Werke*, 1. Band, S. 45.

13 Siehe Grote, *Plato and the Other Companions of Socrates*, S. 292.

14 Vlastos, *Socratic Studies*, S. 17–29. Einen Überblick über die zahlreichen Reaktionen auf Vlastos Theorie gibt Wolfsdorf, »Socratic Philosophizing«.

die weiter oben erwähnte Behauptung, dass es schlimmer sei, jemand anderem (ungestraft) Unrecht zu tun, als selbst Unrecht zu erleiden. Sokrates' Gesprächspartner an dieser Stelle ist Polos, der dieser Aussage nicht zustimmt, dessen Argumente aber durch andere Feststellungen seinerseits untergraben werden – wir haben es also mit einem klassischen Elenchus zu tun. Im Anschluss kommt es zu folgendem Wortwechsel:

> SOKRATES: Stritten wir nun nicht eben hierüber, Freund, indem du den Archelaos glücklich priesest, der das ärgste Unrecht getan, und dennoch keine Art von Strafe erlitten hat, ich aber das Gegenteil meinte, dass, sei es nun Archelaos oder wer sonst für sein Unrechttun nicht gestraft werde, dieser ganz vorzüglich vor allen Menschen für elend zu halten sei, und immer der Unrechttuende für elender als der Unrechtleidende, und der nicht Gestrafte als der Gestrafte. War das nicht, was ich behauptete?
>
> POLOS: Ja.
>
> SOKRATES: Und ist nicht bewiesen, dass dies mit Recht behauptet wurde?
>
> POLOS: Ersichtlich.
>
> *Gorgias*, 479E

Mit Blick auf die Wirkungsweise eines Elenchus mag dieser Austausch verblüffen. Sokrates zeigt, dass Polus sich widerspricht, wenn er auf seiner Annahme beharrt. Aber ist damit schon bewiesen, dass Sokrates recht hat? Zunächst einmal hat er doch nur offenbart, dass Polos zwei sich widersprechende Dinge glaubt. Er hat nicht klargestellt, welche Annahme fallengelassen werden muss. Nehmen wir an, Polos gesteht ein, dass er seine ursprüngliche Behauptung nicht halten kann. Damit ist immer noch nichts bewiesen. Wenn sich ein Argument gegen meine Ansicht als falsch erweist, ist damit meine Ansicht doch nicht bewiesen. Zumindest scheint es so.

Es gibt Stimmen, die obige Behauptung aus dem *Gorgias* als Sonderfall einordnen.[15] Denn normalerweise widerlegt Sokrates, was andere sagen, beansprucht damit aber nicht, irgendetwas bewiesen zu haben. Nehmen wir dennoch an, wir müssten obige Passage rechtfertigen. Vlastos hat dafür folgende Lösung: Aus sokratischer Sicht besitzen wir alle zumindest einige wahre Überzeugungen. Etwa, weil sie uns angeboren sind (wie Sokrates im *Menon* nahelegt), oder aber, weil unser Bewusstsein uns zumindest stellenweise zutreffende Einblicke erlaubt.[16] In beiden Fällen kommen von uns gehegte falsche Überzeugungen, wenn ihnen denn nur scharf genug nachgegangen wird, mit unseren wenigen Wahrheiten in Konflikt. Wenn wir nun zu einem Urteil kommen, das nicht im Widerspruch zu unseren anderen Überzeugungen steht, dann ist dieser fehlende Konflikt – also die Vereinbarkeit oder Folgerichtigkeit – der Beweis, dass das Urteil wahr ist. Es hat sich durchgesetzt.

Sokrates' persönliche Mission besteht in dieser Theorie im Sammeln von Wahrheiten, die allmählich zunehmen, je mehr vereinbare Ideen er findet. Und während nun seine Sammlung stimmiger Überzeugungen wächst, wird es auch einfacher für ihn, Falschbehauptungen zu entdecken und auszumerzen. Wenn dann jemand wie Polos ankommt und eine gegenteilige Position vertritt,

15 Siehe etwa Kraut, »Comments on Gregory Vlastos, ›The Socratic Elenchus‹«, und Benson, *Socratic Wisdom*, S. 57–95, das zahlreiche Beispiele für den Elenchus bespricht, wobei nur selten klare Belege dafür gefunden werden, dass dieser zu affirmativen Schlussfolgerungen führt.

16 Diese Ansicht vertritt Woodruff, »Socrates and the Irrational«, S. 145f.

wird diese widerlegt, weil sie nicht mit dem übereinstimmt, was Polos, oder auch Sokrates, sonst noch denkt. Damit hat ein weiterer Herausforderer von Sokrates' Glaubenssätzen es nicht geschafft, ihnen die Stirn zu bieten, und die Wahrscheinlichkeit, dass sie richtig sind, ist noch ein wenig gestiegen. Hat eine Aussage unter verschiedenen Bedingungen Bestand, so steigt das Vertrauen in sie. Der Elenchus wird so zu einem Instrument der Wahrheitsfindung, und nicht nur zur Widerlegung der Aussagen anderer. Er kann kumulative Übereinstimmung erzeugen.

Dieser Mechanismus ist überaus beruhigend, denn er vergrößert unser Wissen und stärkt das Vertrauen in dieses Wissen – mit Schneeballeffekt. Damit befördert der Elenchus die Bildung des Ichs. Er treibt uns an, unser moralisches Gewissen zu entdecken. Es kommt zu einem Konflikt zwischen unseren Überzeugungen, und wir müssen entscheiden, an welchen wir festhalten und welche wir fallenlassen, wie bei einem inneren Wetteifern, aus dem Ideen als Gewinner oder eben Verlierer hervorgehen. Nach vielen Runden dieses Wettstreits versteht man sich selbst besser.[17] Die sokratische Methode hilft uns, der am Apollotempel von Delphi eingravierten Aufforderung zu folgen: Erkenne dich selbst.[18]

Diese Theorie erklärt auch, wieso Sokrates sagen kann, er wisse nichts, und dennoch zu bedeutenden Themen Überzeugungen hat: Etwa, dass Unrecht tun schlimmer ist als Unrecht erleiden. Diese Überzeugungen sind nichts, was er wirklich *weiß*. Sie erscheinen ihm nur wahr, weil sie bisher allen Überprüfungen standgehalten haben. Es kann immer noch ein stichhaltiges Argument oder ein scharfer Gegner auftauchen und zeigen, dass die von Sokrates vertretenen Überzeugungen nicht zusammenpassen. Vereinbarkeit ist

---

17 Siehe Brickhouse und Smith, »Socrates' Elenctic Mission«, S. 126f.

18 Vgl. hierzu Brickhouse and Smith, *Plato's Socrates*, S. 101f.

der Wahrheitstest, doch klärt sie eine Frage nie ein für allemal. Ansichten können wir nur provisorisch pflegen, und wir müssen ständig Suchende nach Bestätigung oder Widerlegung sein.

Folgerichtig und falsch. Aber wie verlässlich *ist* Folgerichtigkeit als Prüfstein für Wahrheit? Wieder gilt die von Vlastos geäußerte sokratische Vermutung, dass jeder von uns zumindest ein paar wahre Überzeugungen hat – grundlegende moralische Eingebungen, die verlässlich sind. Falschannahmen werden diesen am Ende immer widersprechen – zumindest, wenn sie von Sokrates untersucht werden. Dieser Gedanke ist für viele Bereiche extrem produktiv. Das bedeutet aber nicht unbedingt, dass er in allen Bereichen zutrifft. Es ist eine interessante Frage, ob moralisch abstoßende Ideen nicht auch in sich stimmig sein können, und das nicht nur in horizontaler, sondern auch vertikaler Richtung, und dann selbst die entschlossensten Bemühungen abgewehrt werden können, einen Widerspruch aufzuzeigen.[19] Platon lässt Sokrates dieses grundlegende Problem anschneiden:

> KRATYLOS: [...] Und der beste Beweis, dass er das Rechte nicht verfehlt hat, ist der, es würde ihm nicht alles so zusammenstimmen. Oder hast du nicht bemerkt in deinem eigenen Vortrage, wie alle Worte auf dieselbe Weise und in derselben Beziehung gebildet waren?
>
> SOKRATES: Mit dieser Verteidigung, mein guter Kratylos, ist es nun wohl nichts. Denn wenn [...] [er] sich zuerst geirrt, her-

19 Rorty vermutet Ähnliches, wenn er darauf hinweist, dass natürlich niemand mit Eichmann oder Suslow sein Brot brechen würde, aber es durchaus vorstellbar sei, dass auch diese Männer sich Geschichten über sich selber und ihr Tun erzählen, die den Geschichten ähneln, die Orwell oder Trilling sich über ihr Leben zurechtgelegt haben und die jeder andere Mensch über sich erzählt. *Philosophy as Cultural Politics*, S. 67f.

> nach alles andere nach diesem ersten eingerichtet und genötigt hat, damit übereinzustimmen, so ist es wohl kein Wunder, wie bei Figuren bisweilen auch der erste nur ein kleiner und unmerklicher Fehler ist, wenn alles übrige gar viele, was aus dem ersten folgt, unter sich übereinstimmt. Daher muss eben über den Anfang jeder Sache jedermann die genaueste Überlegung anstellen und die genaueste Untersuchung, ob er richtig gelegt ist oder nicht, und dann, wenn dieser gehörig geprüft ist, das Übrige so darstellen, wie es aus ihm folgt.
>
> *Kratylos*, 436CE

Wir alle können uns wahrscheinlich an Diskussionen mit Personen erinnern, deren Ansichten schrecklich, aber dennoch in sich stimmig waren. Die Frage ist nun, ob diese logische Konsequenz wirklich gegeben war, oder ob uns nur das Talent eines Sokrates fehlte, eventuelle Unvereinbarkeiten aufzudecken. Eine Antwort auf dieses Problem war schon im antiken Athen schwer zu finden, und sie ist es heute noch. Wir leben in polarisierten Zeiten. Und das aus dem Grund, dass verschiedene Menschen verschiedene Grundannahmen über die Welt hegen. Die sokratische Frage dreht sich nicht nur darum, ob unsere vordergründigen Ansichten mit unseren tieferen Überzeugungen übereinstimmen. Es geht auch darum, ob unsere tiefen Überzeugungen in sich stimmig sind. Je näher wir diesen kommen und ihre Folgerichtigkeit infrage stellen, desto leidenschaftlicher verteidigen wir sie. Deswegen kommt es auch so selten – oder nie – vor, dass eine sokratische Befragung eine plötzliche politische Umkehr hervorruft. Langsame Veränderungen aber sind möglich.

Man mag den Eindruck haben, dass obige Erläuterungen vor allem für den Umgang mit unseren Gegnern gedacht sind. Wenn wir feststellen, dass deren Behauptungen nicht zu ihren innersten

Überzeugungen passen, heißt das jedoch noch lange nicht, dass wir sie zur Einsicht bringen können. Sokrates würde uns in diesem Punkt wahrscheinlich recht geben. Doch er würde dasselbe über *unsere* scheinbar kohärenten Überzeugungen sagen. Denn man tappt leicht in die Falle, dass eine sokratische Befragung, wenn sie denn nur geschickt und gut durchgeführt wird, alle in unserem Umfeld auf unsere Meinung oder politischen Ansichten einschwören könnte. Ein wichtiges erstes Ziel der sokratischen Praxis ist es, solche Einbildungen abzulegen. Das eigentliche und erste Objekt unseres Skeptizismus sind nicht die anderen, sondern wir.

Um es noch umfassender auszudrücken: Wenn alle Menschen eine sokratischere Haltung annehmen würden, könnte man auf die Idee kommen, dass sie nach und nach vollkommen einig werden, da doch alle auf dem Grund derselben großen Wahrheiten nach Übereinstimmung streben. Aber nein, davon können nur Marsianer träumen.

Hier auf der Erde erscheint dieses Szenario unwahrscheinlich. Dennoch, eine Welt, in der die sokratische Methode Allgemeingut wäre – so unvorstellbar auch das ist –, wäre doch immerhin eine große Verbesserung. Denn wir würden eher damit rechnen, auch einmal falsch zu liegen oder etwas missverstanden zu haben. Eine solche Einstellung steigert die gegenseitige Toleranz und die Wahrscheinlichkeit, im Gespräch Fortschritte zu erreichen. Anmaßende Selbstsicherheit würde bei Erwachsenen unangenehm auffallen und mit Unwillen begegnet, und die Jugend würde sich empören über solch sokratisch inkorrektes Verhalten. Das wären, verglichen mit dem Traum von vollkommener sokratischer Harmonie, nur kleine Verbesserungen und dennoch enorme Errungenschaften, verglichen mit dem jetzigen Zustand. Auch wenn es jene Welt nie geben mag, sollten doch ihre gelegentlichen Vorposten in dieser Welt nicht zu viel verlangt sein.

Selbstprüfung. Eben ging es um Skeptizismus, den wir gegen uns selbst anwenden: Wie lässt sich also ein Elenchus bei uns selbst anbringen? In einer Hinsicht ist dies nicht oder kaum möglich, in einer anderen Hinsicht ist es machbar, aber schwierig. Beginnen wir mit erster Situation: Zwischen Gesprächspartnern funktioniert der Elenchus wie eine Falle. Sokrates bringt sein Gegenüber dazu, einer Äußerung zuzustimmen, die zunächst unproblematisch wirkt, im Rückschluss dann aber in Konflikt zu einer früheren Äußerung seines Gesprächspartners tritt. Diese Falle lässt sich aber nur legen, wenn man den Widerspruch, der sich durch die Frage ergibt, schon vorausahnt. Sokrates erlangt die Zustimmung für eine unvereinbare Behauptung, da er weiß, wohin er gelangen will – sein Gesprächspartner aber kennt das Ziel nicht. Das funktioniert gut, wenn man vorausschauender agiert als sein Gegenüber, alleine aber ist es nicht zu bewerkstelligen: Man kann sich schließlich nicht selbst auf die Schliche kommen.

Aber auch wenn man diesen klassischen Elenchus nicht auf das eigene Denken anwenden kann, so lässt sich doch seine Eigenschaft nachbilden. Elenchisch denken bedeutet, zwischen dem, was man aktuell äußert, und dem, wovon man im Innersten überzeugt ist, nach Widersprüchen zu forschen. Diese Suche lässt sich jederzeit durchführen. Man schaut sich die eigenen Überzeugungen an und verfolgt ihre Implikationen so weit es eben geht, bis an die Schmerzgrenze. Man überprüft sie mit Extremfällen, betrachtet sie aus verschiedenen Perspektiven und überlegt sich, was man über seine Ansichten denken würde, wenn Gewinner- und Verliererseite vertauscht würden. Und so geht es immer weiter, auch mit anderen Fragen, die wir im achtzehnten Kapitel und an anderen Stellen kennenlernen werden.

Sich selbst wirkungsvoll solcherlei Fragen zu stellen, ist schwer. Wir alle haben blinde Flecken und beherrschen es meisterhaft, diese zu ignorieren. Unsere Widersprüche fallen anderen ins Auge, während wir oft blind für sie sind. Kluge Menschen meinen, sie wären besser gewappnet gegen diese Mechanismen, dabei unterliegen sie ihnen oftmals am heftigsten. Ihr Einfallsreichtum macht es ihnen leicht, ihre Ansichten in eine harmonische Form zu bringen. Aus diesem Grund sind die Klügsten nicht dafür bekannt, auch die Moralischsten und Vorbildlichsten zu sein.

Die Antwort auf diese Probleme wurde im vierten Kapitel erörtert und ist ein übergeordnetes Thema dieses Buchs: Es geht darum, eine Funktion der sokratischen Methode im eigenen Verstand zu entwickeln, die skeptisch ist und hartnäckig bleibt. Inwiefern kann der Elenchus dazu beitragen? Nun, er gibt uns einfach ein besseres Gefühl dafür, wie viel Mühe die Herausbildung der Funktion der sokratischen Methode erfordert. Ein verinnerlichter Sokrates muss eine Tätigkeit verrichten, die zwei Menschen viel leichter und auch eleganter erledigen können. Wendet jemand den Elenchus im Gespräch mit jemand anderem an, so ist die Aufdeckung von Ungereimtheiten oft weniger schmerzhaft. Konflikte werden auf Umwegen ans Licht gebracht, und der Angesprochene stimmt jedem Schritt des Weges zu. Ein wohlwollender Gesprächspartner treibt den Prozess sanft voran und vermittelt das Gefühl, dass man gemeinsam an einem Problem arbeitet. Wenn es aber kein wirkliches Gegenüber gibt, gibt es auch niemanden, der den Prozess auf diese Weise vorantreibt oder abschwächt. Der Elenchus muss dann möglicherweise durch rohe Gewalt ersetzt werden.

Eine sokratische Haltung gegenüber dem eigenen Denken ist damit ein Geisteszustand, den man als heldenmütig bezeichnen könnte. Im vierten Kapitel hieß es, die Selbstanwendung der sokratischen Methode sei wie Sport ohne Trainer. Jetzt stellt sich heraus, dass es eher danach aussehen könnte, sich selbst zu operieren. Es handelt sich um eine viel herausforderndere Aufgabe, als diese geistige OP von jemand anderem durchführen zu lassen – sowohl praktisch gesehen als auch in Bezug auf eine Betäubung, an die nicht zu denken ist. Es gibt niemanden, der den Schnitt führt, wenn einem selbst der Mut fehlt. Dieser Vergleich ist natürlich extrem, aber genauso extrem ist der sokratische Prozess, wenn er denn ernst genommen wird. Die beste Entschädigung – also die beste Möglichkeit, die sokratische Selbstuntersuchung erträglich zu machen – ist eine gutmütige Akzeptanz der eigenen Fehlerhaftigkeit. Im vorigen Teil dieses Kapitels klang an, dass eine solche Haltung uns erträglicher für unsere Mitmenschen macht. Doch erleichtert sie auch die Auffindung der Wahrheit, da wir nicht mehr so verzweifelt an unseren eigenen Ansichten kleben. Man gewöhnt sich nicht nur an die Vorstellung, dass man oftmals Unrecht hat, sondern auch öfter Unrecht hat, als man denkt (noch eine widerlegte Annahme). Damit wird es weniger schmerzhaft, den nächsten Versuch zu starten.

7

Folgerichtigkeit

Wir haben nun gesehen, wie der Elenchus funktioniert: Er widerlegt eine Äußerung, indem er aufzeigt, dass sie mit einer anderen vom Sprecher gehegten Überzeugung unvereinbar ist. Das folgende Kapitel wird diese Folgerichtigkeit oder Konsequenz noch eingehender beleuchten, da sie wirklich zentral für die sokratische Methode ist. Wir werden uns anschauen, warum Sokrates so großen Wert auf Folgerichtigkeit legt, in welchem Verhältnis diese zur Wahrheit steht und warum mangelnde Folgerichtigkeit uns manchmal als kein so arges Problem erscheint wie ihm (und ob es das nicht lieber sollte).

Innere Kritik. Man nimmt leicht an, dass ein Philosoph – ein Sokrates – uns dazu bringen möchte, seine Überzeugungen als die unseren zu übernehmen. Doch die sokratische Methode verfolgt andere Absichten. Oder aber man vermutet, dass Sokrates unsere Aussagen angreift, weil sie nicht mit den Fakten übereinstimmen oder moralisch zu verurteilen sind. Auch das entspricht nicht ganz der sokratischen Methode. In ihrer klassischen Form beinhaltet die sokratische Methode zuallererst eine interne Kritik. Sie überprüft, ob wir kohärent denken und wirklich alles glauben, was wir zu glauben meinen. Sokrates sagt uns nicht, dass wir unrecht haben: Er zeigt uns, dass *wir* glauben, dass wir unrecht haben. Das erklärt auch die Wichtigkeit der vielen Pausen, in denen Sokrates die Zustimmung seines Gesprächspartners erfragt: »Ist es nicht so, dass ...?« Dieses Nachhaken mag sinnlos erscheinen, ist es aber sicher nicht, da Sokrates doch das Ziel verfolgt, seinem Gegenüber aufzuzeigen, dass dieser mit sich selbst uneinig ist.

Dieser letzte Punkt trifft den Kern des Elenchus: Sokrates benutzt die Ansichten des Befragten als Hauptquelle seiner Argumente. In einem Dialog fragt ihn ein unbeteiligter Zuhörer, was denn falsch sei an der von Theaitetos geäußerten Theorie, und Sokrates antwortet, dass es ihm darum gar nicht gehe.

> SOKRATES: Offenbar hast du großes Wohlgefallen an solchen Reden, Theodoros, und bist sehr gut, dass du glaubst, ich wäre gleichsam ein Schatzkasten von Behauptungen und dürfte ohne Mühe nur eine herausnehmend sagen, dass sich dies wiederum nicht so verhielte. Wie es aber wirklich damit zugeht, merkst du nicht, dass nämlich keine dieser Behauptungen von mir ausgeht, sondern immer von dem, der sich mit mir unterredet, ich aber weiter nichts weiß als nur dieses wenige, nämlich die Rede eines anderen Weiseren aufzufassen und gehörig zu behandeln. Und so will ich es auch jetzt mit diesem versuchen, nicht aber selbst etwas sagen.
>
> *Theaitetos*, 161AB

Sokrates stellt sich hier übertrieben passiv dar. Es stimmt zwar, dass er widerlegt, was seine Gesprächspartner sagen, indem er mit deren Zugeständnissen arbeitet. Doch er schlägt ja die Worte vor, denen sie zustimmen sollen, und diese Vorschläge erfordern eigenes Zutun. Dennoch nimmt er natürlich die Überzeugungen seines Gegenübers als *Ausgangspunkt* und bewegt sich in ihrem Rahmen, während er die Unterredung vorantreibt. Wenn man ihm entgegnet, dass man ihm nicht zustimmen kann, findet er etwas anderes, das man bejaht und ihm sodann für seine weitere Argumentation dient.[1] Wenn seine Gesprächspartner am Ende in die Klemme geraten, so besteht diese Klemme aus Thesen, von denen sie überzeugt sind oder überzeugt zu sein meinten – selbst wenn sie, bevor sie danach gefragt wurden, gar nicht wussten, dass sie diese Überzeugungen hegen. Sokrates legt ihnen Fallstricke, die mit ihrer Zustimmung gezogen, aber nicht von ihnen selbst gefertigt wurden.

Universalität. Die Anwendung innerer Kritik im Rahmen der sokratischen Methode ist eine Erklärung dafür, warum sich das Verfahren bis heute gehalten hat. Denn sie legt uns allen dieselbe Macht in die Hände. Sie erfordert keine große Theorie und wenig philosophisches Wissen oder Faktenkenntnis, dafür aber Einfallsreichtum und Geschick. Man muss wissen, wie man zuhört, man muss sich gute Fragen ausdenken können und voraussehen, wohin eine Aussage führt und wo sie in Konflikte gerät. Das Material, an dem man die Methode durchführt, ist aber ausschließlich im Gesprächspartner oder in einem selbst vorhanden. Und wie in der Kampfkunst kann auch ein Schmächtiger gewinnen, wenn es ihm gelingt, das Gewicht seiner Gegner gegen sie einzusetzen. Deren Forderungen greifen ins Leere, weil ihre Schlussfolgerungen nicht tragen.

Zudem kann die innere Kritik immer und überall angewandt werden – es müssen nicht erst bestimmte Umstände oder Überzeugungen in Kraft treten. Sokrates strebt einen Wettkampf zwischen Aspekten des eigenen Ichs an, und dieser Wettkampf kann jederzeit abgehalten werden. Es ist, als würde man ein Instrument

1 Bei Richard Robinson heißt es dazu: »Die Kunst des Elenchus besteht darin, Prämissen zu finden, an die der Antwortende glaubt, dabei aber das Gegenteil seiner These nach sich ziehen.« Robinson, *Plato's Earlier Dialectic*, S. 15.

nicht mit einer Stimmgabel stimmen, sondern überprüfen, ob es in sich gestimmt ist. Die Anwendung dieser Stimmtechnik ist universal: Jeder kann sie an sich oder jemand anderem testen, ob nun 400 v. Chr. oder heute.

Unvereinbarkeit und Wahrheit. Warum nun ist Unvereinbarkeit für Sokrates ein so ernstes Problem? Inkonsequenz bedeutet ja zunächst einmal nur, dass man sich irrt. Man hat etwa zwei Überzeugungen, die sich in einem eindeutigen Widerspruch befinden: Sie können nicht beide richtig sein. Damit glauben wir offensichtlich etwas, das falsch ist, oder aber unsere Aussage, beides zu glauben, kann nicht richtig sein. In diesem Sinne ist innere Unvereinbarkeit kein besonderes Problem, sondern eher eine (sehr wirkungsvolle) Art der Beweisführung. Will man eine Behauptung widerlegen, so muss man aufzeigen, dass sie mit irgendetwas nicht vereinbar ist – mit den Fakten, mit den Regeln der Logik oder mit den eigenen Überzeugungen. Diese letzte Art von Widersprüchlichkeit holt Sokrates am liebsten ans Licht, und das auf sehr überzeugende Weise. Wenn uns jemand demonstriert, dass unsere Ansichten im Widerspruch zu neuen Informationen stehen, dann können wir die aktuellen Daten anzweifeln. Stehen dagegen unsere eigenen Überzeugungen im Widerspruch zueinander, so trifft uns das viel direkter. In diesem Fall können wir den Autor der aktuellen Studie nicht einfach abtun.

Die Überprüfung der Folgerichtigkeit von Aussagen bremst die Befürchtung, dass wahr und falsch zur Disposition stehen. Eben diese Angst kann einen nämlich manchmal beschleichen, wenn man sich lange mit sokratischen Fragen beschäftigt. Die sokratisch angelegte Suche nach der Wahrheit ist quälend. Sokrates ist ein Meister der Widerlegung, und man weiß kaum noch, an welche Grundüberzeugungen man sich halten kann. Nicht widerlegte Schlussfolgerungen sind provisorisch und eventuell *noch* nicht widerlegte Schlüsse. Zumindest aber die Aufdeckung des Falschen ist endgültig. Äußert man zwei Dinge, die nicht beide richtig sein können, so liegt man falsch. Für den sokratischen Praktiker kann dieses sichere Erkennen des Irrtums beruhigend und sogar willkommen sein. Man holt sich eben seine Gewissheiten, wo man sie kriegen kann.

Die Feststellung, dass Inkonsequenz immer mit einem Denkfehler einhergeht, muss jedoch abgeschwächt werden. Zum einen geht es bei Sokrates um widersprüchliche Überzeugungen. Widersprüche anderer Art aber können manchmal sehr wohl nebeneinander bestehen und sind dann im Grunde nicht wirklich unvereinbar. So ist es zum Beispiel durchaus möglich, dass zwei politische Maßnahmen nicht folgerichtig erscheinen und dennoch von einer Person vertreten werden, da sie einen vernünftigen Kompromiss zwischen verschiedenen Interessen darstellen. Zum anderen ist nicht immer strenge Folgerichtigkeit vonnöten, um eine Anschauung zu stützen. Denn manchmal – oder auch des Öfteren – halten wir an moralischen Überzeugungen fest, die nicht logisch begründet sind. Sokrates würde auch diese Überzeugungen hinterfragen und prüfen, ob sie wirklich Hand und Fuß haben, teilweise aber gibt auch er an, Rat von Gottheiten oder einer Art inneren göttlichen Stimme zu erhalten.[2] Auch diese Zusammenhänge sind hier nicht Thema.

Das Problem der Unvereinbarkeit im sokratischen Sinne entsteht hauptsächlich dann, wenn zwei Überzeugungen geäußert werden, die nicht beide richtig sein können. Man versucht, ein Thema zu erörtern, man möchte zutreffende Dinge sagen, kann sie aber in keine rechte Ordnung bringen. So als würden bei einer Bilanz falsche Zahlen herauskommen. Etwas stimmt nicht. Wenn einem das nichts ausmacht, sei es so – doch warum erstellt man dann überhaupt eine Bilanz? Wünscht man sich Klärung und strebt man nach

2 Siehe etwa *Apologie* 23AB, 31CD und die Darstellung in Woodruff, »Socrates and the Irrational«.

Vernunft, so ruft ein Widerspruch Unbehagen, ja gar Beschämung hervor. Tut es das nicht, dann sollte Sokrates vielleicht noch einmal tätig werden.

Die Bedeutung der Folgerichtigkeit liegt in dem Prinzip begründet, das den Kern des sokratischen Projekts bildet. Ein Moralsystem kann nach vielen solcher Grundwerte ausgerichtet sein: Gleichheit, Nützlichkeit, Freiheit und so weiter. Sokrates stellt die *Wahrheit* voran: die Suche nach Wahrheit, die Liebe zur Wahrheit und das Aussprechen der Wahrheit (so gefährlich Letzteres manchmal auch sein kann).

> SOKRATES: Was also andern Menschen für Ehre gilt, lasse ich gern fahren, und will der Wahrheit nachjagend, versuchen wirklich so sehr ich nur kann als der Beste sowohl zu leben als auch, wenn ich dann sterben soll, zu sterben, ermuntere aber auch die übrigen Menschen alle, soweit ich kann.
>
> *Gorgias*, 526DE

Passagen wie diese zeigen, dass Sokrates glaubte, dass Wahrheiten in moralischen Fragen gefunden werden können, die nicht nur Ansichten oder Meinungen sind. Man kann die sokratische Methode auch ohne diesen Hintergrund effektiv anwenden, doch eine tiefergehende Beschäftigung mit ihr wird uns zumindest mit diesem Aspekt konfrontieren. Sokrates hegt eine seltene Kombination aus Überzeugungen: Das Vertrauen, dass Wahrheit existiert, gepaart mit der Demut, diese nicht oder nur teilweise zu kennen. (Man bedenke, wie deutlich sich diese Paarung heutzutage umgekehrt hat.) Auch deswegen spielt die Probe auf Folgerichtigkeit eine so große Rolle: Denn sie zeigt nicht nur, dass man unrecht hat. Sie zeigt auch, dass man unrecht haben *kann*. Und aus falschen Antworten auf moralische Fragen können auch richtige oder bessere werden.

Genauso wie wir uns durch nicht folgerichtiges Denken von guten Antworten entfernen, können wir uns ihnen durch folgerichtiges Denken annähern.

Die Psyche im Blick. Wir haben nun gesehen, wie mangelnde Folgerichtigkeit aufzeigt, dass ein Gedankengang nicht stimmig sein kann. Doch für Sokrates signalisiert diese Unvereinbarkeit noch mehr. Wie ein Fleck auf dem Röntgenbild weist sie auch darauf hin, dass etwas *in uns* nicht in Ordnung sein kann. Für Sokrates sind innere Widersprüche eine Art moralische Krankheit. Oben hieß es, die sokratische Befragung sei damit vergleichbar, ein Instrument in sich stimmig zu bekommen. Dieser Vergleich stammt von Sokrates. Kallikles behauptet, es sei gut, wenn man unrecht tut, ohne dafür belangt zu werden. Sokrates erlangt sein Einverständnis zu verschiedenen anderen Punkten, die mit dieser Behauptung in Konflikt stehen, und gibt für den Fall, dass es Kallikles nicht gelingen sollte, diesen Widerspruch aufzulösen, folgende Warnung:

> Entweder also, widerlege jener das, was ich eben behauptete, dass also unrecht tun und nicht dafür bestraft werden nicht das ärgste aller Übel sei, oder wenn du dies unwiderlegt lässt, bei dem Hunde, dem Gott der Ägypter, so wird Kallikles niemals mit dir stimmen, o Kallikles, sondern dir misstönen das ganze Leben hindurch. Und ich wenigstens, du Bester, bin der Meinung, dass lieber auch meine Lyra verstimmt sein und misstönen möge, oder ein Chor, den ich anzuführen hätte, und die meisten Menschen nicht mit mir einstimmen, sondern mir widersprechen mögen, als dass ich allein mit mir selbst nicht zusammenstimmen, sondern mir widersprechen müsste.
>
> *Gorgias,* 482BD

Das sind härtere Worte, als wir heute im Falle mangelnder gedanklicher Konsequenz gebrauchen würden. Sie liegen in Sokrates' Urteil über ein gutes Leben begründet: Wenn jemand von zwei Dingen überzeugt ist, die nicht beide richtig sein können, so muss dieser Mensch nicht ganz bei Sinnen oder halb verrückt sein. Er kann im Grunde nichts wirklich denken, sondern sich nur einbilden, etwas zu denken. Es fehlt ihm die Selbsterkenntnis, und er macht sich damit unwissentlich lächerlich.

> SOKRATES: Hieraus nun sieh, welches eigentlich die Natur des Lächerlichen ist.
>
> PROTARCHOS: Sprich nur.
>
> SOKRATES: Es ist also eine Schlechtigkeit, die ihren Namen von einer gewissen Geistesverfassung hat, und zwar von der gesamten Schlechtigkeit der Teil, welcher den entgegengesetzten Zustand enthält des von dem delphischen Spruch ausgedrückten.
>
> PROTARCHOS: Meinst du das ›Kenne dich selbst‹, o Sokrates?
>
> SOKRATES: Allerdings. Und offenbar ist doch sich selbst nie zu erkennen das Gegenteil von jenem in dem Spruch ausgedrückten.
>
> *Philebos*, 48CD

Menschen, die auf diese Weise mit sich selbst nicht im Reinen sind, haben nach sokratischer Sicht auch ganz praktische Probleme. Ihre inneren Konflikte hindern sie daran, entschlossen zu handeln, oder aber lassen sie gefährlich werden, wenn sie es dennoch tun. Daher folgende Bemerkung, die Sokrates zu den Auswirkungen von innerer Ungerechtigkeit macht:

> Auch wenn sie einem Einzigen innewohnt, wird sie, denke ich, das alles schaffen, was sie ihrer Natur nach bewirkt, fürs erste wird sie ihn unmächtig machen, weil er mit sich in Zwiespalt und uneinig ist, sodann sich selbst und den Gerechten verhasst. Nicht wahr?
>
> *Der Staat*, 352A

Die sokratische Methode beinhaltet also, dass man verstärkt über Folgerichtigkeit nachdenkt und mehr als üblich auf sie achtet.

Die Bedrohung der eigenen Persönlichkeit durch Widersprüche sollte nicht als ein fernes philosophisches Problem betrachtet werden. Für viele Menschen ist sie unmittelbar und dringlich. Denn sie führen ein Leben, das nicht mit ihren – wie auch immer gearteten – tieferen Überzeugungen in Einklang steht. Sie fühlen sich verloren, festgefahren oder anderweitig unglücklich. Und sie fragen sich, warum das so ist. Sokrates würde ihr Befinden erklärlich und natürlich finden. Dennoch würde er darin ein ernsthaftes Problem sehen, auch wenn die betroffene Person dieses nicht in vollem Umfang wahrnimmt. In gewisser Weise wiegt das Problem dann noch schwerer. Es ist ein erschreckender Zustand, der der Demenz ähnelt. Im vierzehnten Kapitel werden wir uns eingehender mit diesem Punkt befassen. In jedem Fall sollten wir uns über eins nicht täuschen: Gedankliche Konsequenz ernster zu nehmen – und zwar nicht nur in der Theorie, sondern auch in der Praxis – kann sehr einschneidend sein: konstruktiv und aufschlussreich, verstörend und schmerzhaft. Wenn er einmal voll in Gang gekommen ist, lässt der Motor der sokratischen Untersuchung die Dinge nicht dort, wo er sie vorfindet.

Widerstand. Ein Widerspruch wirft uns nicht immer so aus der Bahn, wie es nach Sokrates' Ansicht der Fall sein sollte. Den Vorwurf, wir würden inkonsequent argumentieren, können wir auch einfach abschütteln. Diese Reaktion lässt sich auf verschiedene Weise deuten. Zunächst einmal kann es natürlich sein, dass die Kritik einfach nicht überzeugt und wir den, oft gar nicht in Worte zu bringenden, Eindruck haben, dass der Beweis für unsere Inkonsequenz nicht stichhaltig ist. Manchmal stimmt dieses Gefühl: Unsere Intuition sagt uns, dass die Logik nur scheinbar greift. Ein Beispiel hierfür taucht zu Beginn des *Phaidon* auf, als Sokrates und Kebes über den Freitod sprechen. Sokrates gibt zu, dass Selbstmord verwerflich ist, obgleich er an anderer Stelle gesagt hat, dass es Zeiten und Orte gebe, da der Tode dem Leben vorzuziehen sei. Kebes macht ihn auf diesen Widerspruch aufmerksam und bekommt folgende Antwort:

> Es kann freilich so scheinen, unvernünftig zu sein, sprach Sokrates, aber es hat doch auch wieder einigen Grund. Denn was darüber in geheimen Lehren gesagt wird, dass wir Menschen wie in einer Feste sind und man sich aus dieser nicht selbst losmachen und davongehen dürfe, das erscheint mir doch als eine gewichtige Rede und gar nicht leicht zu durchschauen. Wie denn auch dieses, o Kebes, mir ganz richtig gesprochen scheint, dass die Götter unsere Hüter und wir Menschen eine von den Herden der Götter sind. Oder dünkt es dich nicht so?
>
> Allerdings wohl, sagte Kebes.
>
> Also auch du würdest gewiss, wenn ein Stück aus deiner Herde sich selbst tötete, ohne dass du angedeutet hättest, dass du wolltest, es solle sterben, diesem zürnen und, wenn du noch eine Strafe wüsstest, es bestrafen?

> Ganz gewiss, sagte er.
>
> Auf diese Weise nun wäre es also wohl nicht unvernünftig, dass man nicht eher sich selbst töten dürfe, bis der Gott irgendeine Notwendigkeit dazu verfügt hat, wie die jetzt uns gewordene?
>
> *Phaidon*, 62BC

Das Argument mag uns heute nicht mehr beeindrucken, doch zeigt es eine mögliche Antwort auf eine Inkonsequenz: Sie lässt sich unter noch nicht vollständig geklärten Bedingungen auflösen. Wegen dieser Aussicht ist es manchmal vernünftig, zeitweise an scheinbar widersprüchlichen Überzeugungen festzuhalten – insbesondere, wenn die infrage gestellte Ansicht sich schon sehr lange und erfolgreich gehalten hat. Mill schreibt hierzu:

> Das Fassungsvermögen der großen Menge müsste anders geschult und entwickelt sein, als dies bisher der Fall gewesen ist, ehe man von ihr fordern könnte, sie solle in ihrer eigenen Fähigkeit, Beweisgründe zu würdigen, ein solches Vertrauen setzen, um bei dem ersten durch Argumente unterstützen Angriff, dem sie logisch keinen Widerstand entgegenzusetzen vermag, praktisch geübte Prinzipien aufzugeben, in welchen sie geboren und erzogen ist, und welche die Grundlage der meisten gegenwärtig in der Welt zu recht bestehenden Einrichtungen bilden.[3]

Mill trat dafür ein, dass Frauen dieselben Rechte haben sollten wie Männer. Dabei war ihm bewusst, dass seine Argumente bei seinem Publikum nur schwer unterzubringen waren. Und gleichzeitig be-

3 Mill, *Die Hörigkeit der Frau*, Berlin 1869, S. 5f.

fand er, dass sie nur mühsam akzeptiert werden *sollten*: Menschen dürften ihre Lebensweise nicht leichtfertig aufgeben, nur weil jemand ein Argument vorbringt, dem sie nichts entgegnen können. Denn vielleicht hat ja die alte Gewohnheit mehr Sinn als das neue Argument und sie sind nur nicht gut darin, sie zu verteidigen.

Doch natürlich kann auch das Gegenteil der Fall sein, und damit ergibt sich ein echtes Problem: ein tatsächlicher Widerspruch in unseren Ansichten. Und wir weigern uns, diesen zu erkennen, weil wir eigentlich mit unserer Sicht der Dinge gut und bequem leben. Man ist gewohnt, das zu denken, was man denkt, man ist deswegen nie in Schwierigkeiten geraten und misstraut daher jedem Argument, das die eigenen Überzeugungen in Zweifel ziehen will. Hier nun ist der Verstand klüger als das Gefühl, und das Gefühl muss nachziehen. (Eben diesen Vorgang meinte auch Mill, als er die obige Bemerkung schrieb.) Es braucht Zeit und Übung, bis der Verstand in die Festung der Überzeugung eindringen kann, falls dies überhaupt geschieht. Auch Sokrates erkannte diese Schwierigkeit:

> KALLIKLES: Ich weiß nicht, wie mir wirklich gut vorkommt, was du sagst, Sokrates, es geht mir aber doch wie den meisten, ich glaube dir nicht sonderlich.
>
> SOKRATES: Jene zweifache Liebe eben, die du in der Seele hast, o Kallikles, zum Volk und zum Jüngling steht mir entgegen, aber vielleicht, wenn wir öfter und besser dasselbe erwägen, wirst du überzeugt werden.
>
> *Gorgias*, 513C

Es fällt unter Umständen schwer, diese beiden Situationen auseinanderzuhalten. Man sieht zwar den Konflikt im eigenen Denken, *empfindet* ihn aber nicht als Problem. Man weiß nicht genau, ob die Logik nicht stimmig ist oder ob man vielleicht schwer von Begriff ist. Der sokratische Weg besteht nun darin, den Gedankenweg weiterzuführen, bis einem der Fehler offenbar wird oder man seine Folgen begreift. Dabei spielt eher Ausdauer als logisches Denkvermögen eine Rolle. Die Dialoge sind Übungen in diesem Durchhaltevermögen. Die meisten von uns geben auf und schieben das Problem zur Seite. Für Sokrates kommt das nicht infrage.

Gleichgültigkeit gegenüber folgerichtiger Logik. Immer wieder mal trifft man auf Menschen, deren Einstellung über den oben beschriebenen Widerstand hinausgeht. Sie entgegnen uns geradeheraus, Folgerichtigkeit spiele für sie keine Rolle. Zur Untermauerung dieser Gleichgültigkeit ziehen sie womöglich (und manchmal fälschlicherweise) Ralph Waldo Emerson oder Lewis Carroll heran, oder aber sie behaupten, ihre Haltung habe etwas mit Quantenmechanik oder mit philosophischen Argumenten zu tun, nach denen keine objektiven Wahrheiten erlangt werden können.

Diesen Zeitgenossen begegnet man am besten im guten sokratischen Geist – und gratuliert ihnen dazu, mit Problemen abgeschlossen zu haben, die so viele Menschen über so lange Zeit aufgewühlt haben. Man kann sich erkundigen, ob sie bereit wären, ein paar Fragen zu beantworten, und sie dann auf Unvereinbarkeiten aufmerksam machen. Totale Gleichgültigkeit gegenüber Widersprüchen kommt einer Missachtung der Vernunft gleich, die sich manche tatsächlich zur Haltung machen, die aber am Ende nur sehr schwer zu verteidigen ist. Gesprächspartner mit einer solchen Einstellung werden der Befragung irgendwann ausweichen, genauso wie es die Figuren in Platons Dialogen manchmal tun.

Wenn unser Gegenüber behauptet, gedankliche Konsequenz sei ihm nicht wichtig, stellt sich fast immer heraus, dass etwas anderes dahintersteckt. Womöglich reden sie auf einer Ebene der metaphysischen Abstraktion, die so nebulös ist, dass sie eigentlich niemand nachvollziehen kann. Oder aber sie definieren Folgerichtigkeit beziehungsweise Vereinbarkeit auf unübliche Weise. Vielleicht vertreten sie auch die Ansicht, eine Aussage könne sowohl wahr als auch falsch sein, da sie eben auf eine Weise wahr und auf eine andere Weise falsch sein könne. Dann handelt es sich nicht um einen echten Widerspruch, sondern die Aussage wurde nicht präzise genug formuliert. Was auch immer die Hintergründe für die behauptete Gleichgültigkeit sein mögen, die Reaktion darauf bleibt dieselbe: Sokrates prüft, ob sein Gegenüber es wirklich ernst meint. Geht der Angesprochene nicht darauf ein, wehrt er die Forderung nach Vereinbarkeit weiterhin ab und möchte der Argumentation nicht folgen, so hat er doch Anrecht auf diese Position und verdient womöglich Mitgefühl.

Anwendbarkeit. Das Bemerkenswerte an der Folgerichtigkeit ist die *Kraft*, die sie als Wert oder Ziel hat. Wird dieses Ziel nämlich mit der Strategie der sokratischen Befragung verknüpft, so werden Ideen nicht nur auseinandergenommen, sondern genauso befördert. Ein schlechter Gedanke zerschlägt sich, ein guter bestätigt sich. Eine Lebensweise wird abgelegt, um eine bessere zu entwickeln. Folgerichtigkeit ist für jede Entscheidung relevant, die wir treffen, sei sie bedeutend oder banal. Das Streben nach Vereinbarkeit macht die sokratische Methode zum hilfreichen Instrument in allen möglichen Situationen – auch in denen, die wir nicht mit Moralphilosophie in Verbindung bringen. Plutarch schreibt hierzu:

> Sokrates pflegte, ohne Bänke hinzustellen, ohne sich auf ein Katheder zu setzen, ohne seinen Schülern eine gewisse Stunde für den Unterricht oder den Spaziergang zu bestimmen, sondern, wie sich's eben traf, beim Spiele, in Trinkgesellschaf-

> ten, auf Feldzügen, den Geschäften auf dem Markt, je endlich selbst im Gefängnis und beim Austrinken des Giftbechers seine Philosophie vorzutragen; und er zeigte zuerst, dass diese sich mit allen Umständen, Lagen und Geschäften des Lebens sehr gut vertrage.[4]
>
> Plutarch, *»Ob ein Greis die Verwaltung eines Staates führen könne«*

Eine ermunternde, aber auch stutzig machende Beschreibung. Denn an die meisten Fragen gehen wir heran, ohne die Philosophie in den Blick zu nehmen – zumindest nicht bewusst. Und wir vermissen sie auch nicht, denn man meint leicht, philosophische Fragen würden im Alltag keine Rolle spielen. Ein Großteil der wissenschaftlichen Beiträge, die zur aktuellen Philosophie zählen, entspricht diesem Urteil. Aus sokratischer Sicht aber ist die Philosophie für so gut wie alles relevant, egal wie bedeutend oder unbedeutend eine Sache erscheinen mag. Es geht nicht um spezielle Probleme, für die sich einige interessieren und andere nicht. Philosophieren bedeutet, sorgfältig darüber nachzudenken, ob man wirklich glaubt, was man sagt, und ob wahr ist, was man sagt. Es ist das Bemühen, aufmerksam zu bleiben.

---

4 Plutarch, »Ob ein Greis die Verwaltung eines Staates führen könne«, in: *Moralische Abhandlungen*, Bd. 6, Frankfurt 1795, S. 403f.

8

Systole und Diastole

Ein Dialog wirkt ganz anders, wenn man ihn nicht als einen Austausch über ein bestimmtes Thema, sondern als eine Denkweise betrachtet. Man setzt quasi für das Thema die Variable X, und der Dialog wird zu einem Beispiel, wie sich Dinge allgemein analysieren lassen. Alfred Hitchcock würde sagen, wir behandeln das Dialogthema wie einen MacGuffin: Es treibt die Handlung an, ist aber nicht von übergeordneter Bedeutung. Im *Laches* etwa geht es um die Definition von Tapferkeit, aber wir lesen den Text nicht vornehmlich, um etwas über Tapferkeit zu erfahren, sondern um Argumentationsmuster kennenzulernen.

In diesem Kapitel geht es um ein solches, von Sokrates häufig verwendetes Argumentationsmuster. Es beginnt damit, dass eine Behauptung aufgestellt wird. Sokrates bittet seinen Gesprächspartner nun, das Prinzip dahinter zu nennen – die Prämisse also, die zu der Annahme führt. Und daraufhin stellt er Fragen, die belegen, dass das Prinzip entweder zu eng gefasst ist, da es Dinge auslässt, die es abdecken sollte, oder aber zu weit gefasst, da es Dinge einschließt, die es nicht einschließen sollte. Sokrates' Gegenüber verfeinert seine Aussagen immer weiter und versucht, der Wahrheit näherzukommen. Vielleicht wird sie nie ganz erreicht, aber am Ende ist man ihr näher als zu Beginn. Und eben dieser einfache Prozess kann unser Denken ungemein verbessern. Er ist leicht zu verstehen, wird aber selten angewandt. Sokrates nutzt ihn in jedem Dialog.

Systole und Diastole. Die sokratische Methode macht ständigen Gebrauch von zwei Verstandesleistungen. Die Erste besteht darin, Ähnlichkeiten zwischen scheinbar unterschiedlichen Dingen zu erkennen, die Zweite darin, Unterschiede zwischen scheinbar ähnlichen Dingen zu erkennen. Sokrates sagt oftmals so etwas wie »Du triffst zu viele Unterscheidungen« oder »Du triffst zu wenige Unterscheidungen«. Zum ersten Kommentar passen Situationen wie diese:

- Sein Gesprächspartner gibt Beispiele für Tapferkeit oder einen anderen Begriff. Sokrates erwidert, dass er keine Beispiele will, sondern eine Definition, die alle Gemeinsamkeiten dieser Beispiele beinhaltet.

- Sein Gesprächspartner schlägt eine Definition für etwas vor. Sokrates stellt daraufhin einen Fall dar, welchen die Definition nicht umfasst, aber wahrscheinlich umfassen sollte. Die Definition muss also erweitert werden.

- Sein Gesprächspartner spricht über zwei Dinge, als wären sie voneinander verschieden. Sokrates wendet ein, dass sie im Grunde dasselbe sind, wenn man sie nur richtig versteht.

Schauen wir uns an, was diese Situationen gemeinsam haben: Sokrates verlangt in allen, dass weniger Unterscheidungen getroffen werden. Dinge, die als verschieden betrachtet werden, möchte er als eins betrachten. Er stellt ihre Gemeinsamkeiten in den Vordergrund.

Zur zweiten Forderung – nämlich weniger Unterscheidungen zu treffen – würden dann Situationen wie diese zählen:

- Sein Gesprächspartner liefert eine Definition für etwas. Sokrates macht auf einen Fall aufmerksam, den die Definition einschließt, aber eher nicht einschließen sollte. Die Definition muss also enger gefasst werden.

- Sein Gesprächspartner schlägt eine Definition vor. Sokrates wendet ein, dass ein Schlüsselwort in dieser Definition mehrdeutig ist, und bittet um Klärung, welche Bedeutung gemeint ist.

- Sein Gesprächspartner behauptet, zwei Begriffe seien dasselbe. Sokrates erwidert, sie seien im Grunde dasselbe, wenn man sie nur richtig versteht.

Die Gemeinsamkeit dieser Situationen besteht darin, dass Sokrates *mehr* Unterscheidungen verlangt. Er möchte, dass wie ein und dasselbe behandelte Dinge voneinander unterschieden werden. Er legt Wert auf sorgfältige Unterscheidungen.

Hilfreich wäre nun ein Begriffspaar für diese beiden gedanklichen Operationen. Ich werde mich an das Griechische anlehnen und im ersten Fall von einer *Systole* sowie im zweiten Fall von einer *Diastole* sprechen, wobei Systole »zusammenziehen« und Diastole »ausdehnen« bedeutet. In der Medizin bezeichnen die Begriffe die zwei Aktionsphasen des Herzens – keine schlechte Assoziation, finde ich, denn bezogen auf unser Thema sind sie quasi der hin- und herschwingende Rhythmus der sokratischen Analyse.

Die angewandte Systole. Beginnen wir mit der Systole: Wenn Sokrates seinen Gesprächspartner um eine Definition für einen Begriff bittet, gibt dieser oftmals zunächst Beispiele, um die Bedeutung des Wortes zu umschreiben. Sokrates erwidert dann aber, dass er keine Beispiele möchte, sondern eine Definition, auf die alle Beispiele zutreffen. So geht es im *Laches* um die Bedeutung des Begriffs Tapferkeit. Laches meint, Tapferkeit im Feld bedeute, standhaft zu bleiben, auch wenn die Gegner auf einen zurollen. Sokrates ist sich nicht sicher, ob das ein gutes Beispiel für Tapferkeit ist, aber vor allem findet er, dass Laches nicht auf die richtige Weise geantwortet hat. Sokrates wollte etwas anderes:

> SOKRATES: Das ist nun eben, was ich meinte, ich wäre Schuld daran, dass du nicht recht geantwortet hast, weil ich dich nicht recht gefragt habe, denn ich wollte nicht nur erfahren, welches die Tapferen im Fußvolke wären, sondern auch in der Reiterei und in Allem, was zum Kriege gehört, und nicht nur die im Kriege, sondern auch die Tapferen in den Gefahren zur See, ferner auch die, welche in Krankheiten und in Armut und in der Staatsverwaltung tapfer sind, ja noch mehr, nicht nur, die gegen den Schmerz tapfer sind und gegen die Furcht, sondern auch die gegen Begierden und Lust stark sind anzukämpfen, und sowohl Stand haltend als umwendend. Denn es sind doch Einige, o Laches, auch in diesen Dingen tapfer?
>
> LACHES: Gar sehr, o Sokrates.
>
> SOKRATES: Tapfer also sind alle diese, aber Einige beweisen in der Lust, Einige in Schmerzen, Einige in der Begierde, Einige in der Furcht ihre Tapferkeit, Andere aber dagegen, meine ich, Feigheit eben hierin?
>
> LACHES: Allerdings.
>
> SOKRATES: Was ist wohl jede von diesen? Danach fragte ich. Noch einmal also versuche zuerst die Tapferkeit zu erklären, was doch sie in allem diesem dasselbige ist.

Laches, 191CE

Hier haben wir ein klassisches Beispiel für systolisches Denken. Sokrates möchte eine Eigenschaft begreifen, und das beinhaltet, alle Merkmale zu erfassen, die zu dieser Eigenschaft gehören. Man kann sich nicht nur einen Fall anschauen und über diesen sinnieren. Sondern es sind alle Fälle in den Blick zu nehmen und Worte zu finden, die in allen Fällen gelten. Man muss weniger Unterscheidungen treffen und die Dinge wie durch eine Weitwinkellinse betrachten. Viele der Dialoge beginnen mit einem solchen Austausch[1]: Sokrates möchte sich vom Einzelfall wegbewegen und zu einem Prinzip gelangen, das auf einer höheren Ebene für sämtliche Einzelfälle steht.

Werkzeuge zur Eliminierung von Unterscheidungen. Die Systole kommt auf vielerlei Weise in den Dialogen vor. Immer beginnt es damit, dass jemand behauptet oder unterstellt, zwei Dinge seien unterschiedlich. Sokrates erwidert daraufhin, dass sie eigentlich ein und dasselbe sind. Auch hier liefert uns der *Laches* ein gutes Beispiel. Nicias sagt, Mut bedeute das Wissen darum, welche zukünftigen Ereignisse man fürchten muss und welche nicht. Sokrates möchte diese Behauptung in eine umfassendere umwandeln: Dinge, die man fürchten muss, sind Abwandlungen des Bösen, und Dinge, die man nicht fürchten muss, können mit dem Guten gleichgesetzt werden. Tapferkeit ist also das Wissen um das künftige *Gute und Böse* (damit ist der Begriff um einiges weiter gefasst als zu Beginn). Aber halt: Wenn man weiß, was Gut und Böse in der Zukunft bedeuten, so muss man auch ihre Bedeutung im Allgemeinen kennen, denn die hängt nicht davon ab, ob sie in der Zukunft oder in der Vergangenheit auftreten. Tapferkeit ist dann also nicht die Kenntnis von Gut und Böse in der *Zukunft*, sondern die Kenntnis

1 Siehe etwa *Theaitetos* 146CE, *Menon* 71C–72C

von Gut und Böse im Allgemeinen (erneut wird der Begriff weiter gefasst). Und wenn das wahr ist, dann scheint Tapferkeit dasselbe zu sein wie Weisheit oder Tugend (noch weiter gefasste Konzepte). Halten wir fest, was in diesem Abschnitt passiert: Sokrates hebt eine Unterscheidung nach der anderen auf, indem er kleinere Kategorien unter größere fasst.

Sokrates bringt systolische Argumente aber auch auf andere Weise vor. Im *Protagoras* argumentiert er, dass Weisheit und Besonnenheit dasselbe sein müssen. Warum? Weil verschiedene Dinge nicht dasselbe Gegenteil haben können, das Gegenteil von Weisheit und das Gegenteil von Besonnenheit aber dasselbe sind: Dummheit. Später spricht Sokrates über zwei Situationen, die unterschiedlich zu sein scheinen: die Kenntnis der richtigen Handlungsweise und die Versuchung, ihr entgegen zu handeln. Wieder meint Sokrates, dass es nur so aussieht, als gäbe es hier zwei Dinge – besseres Wissen und Versuchung. In Wirklichkeit gibt es nur eines: Wissen oder Nichtwissen. Wenn wir der Versuchung erliegen, bedeutet das, dass wir die Konsequenzen unseres Handelns nicht *wirklich* verstehen. (Ausführlicher diskutiert wird dieses Thema im vierzehnten Kapitel.)

Alle diese Argumente drücken etwas Ähnliches aus. Gemeint sind Dinge wie: Denke nicht zu eng, erfinde keine unwesentlichen Unterscheidungen, lass dich nicht von falschen Unterscheidungen in die Irre führen. Versuche, vieles als eines zu betrachten. Eben das ist systolisches Denken.

Diastole. Die entgegengesetzte Denkweise ist die Diastole. Zwei Dinge wirken ähnlich, Sokrates aber zeigt, dass sie es nicht sind. Wir haben schon gehört, wie er Laches um eine Definition von Tapferkeit bittet, die *sämtliche* Fälle umfasst, in denen wir von Tapferkeit sprechen würden. Laches schlägt also einen allgemeinen Begriff vor: Tapferkeit meint eine Beharrlichkeit der Seele. Sokrates wendet ein, diese Definition sei zu weit gefasst, da sie Fälle einschließt, die sie nicht einschließen sollte. Denn ist Beharrlichkeit nicht manchmal auch dumm? Und dann wäre sie doch keine Tapferkeit, oder? Laches stimmt dem zu und überarbeitet seine Definition: Tapferkeit ist eine *kluge* (oder »weise«) Beharrlichkeit der Seele. Das Gespräch geht wie folgt weiter:

> SOKRATES: Lasse uns also sehen, ist es die in etwas gewissem oder die in allen Dingen verständige, sie seien groß oder klein. Wie wenn Jemand in überlegter Verwendung des Geldes beharrlich ist, wohl wissend, dass er durch das Ausgeben gewinnen wird, möchtest du diesen tapfer nennen?
>
> LACHES: Beim Zeus, ich nicht.
>
> SOKRATES: Wie aber wenn ein Arzt, den sein Sohn oder sonst ein mit der Lungenentzündung Behafteter bäte, er solle ihm zu essen oder zu trinken geben, sich doch nicht erweichen ließe, sondern auf der Weigerung beharrte?
>
> LACHES: Keineswegs.
>
> *Laches*, 192E–93A

Laches erkennt, dass seine Definition von Tapferkeit genauer sein muss, da sie nicht zutreffende Fälle umfasst. Bewiesen wurde dies durch die einfache Probe: Hier ist ein Fall, den deine Definition einschließt, aber kein Beispiel für Tugend ist. Wolltest du diese Situation einschließen? Nein? Dann versuche es nochmal. Formuliere eine engere Umschreibung.

Im *Gorgias* tritt das gleiche Muster auf.[2] Sokrates fragt, was Rhetorik sei, und Gorgias antwortet, es sei die Kunst des Redens. Schön, aber reden nicht auch Ärzte mit ihren Patienten? Ist das auch »Rhetorik«? (Nein. Also ist hier eine Diastole, eine Trennung, eingetreten.) Worin liegt dann der Unterschied? Gorgias erwidert, die Rhetorik, anders als die Medizin, beinhalte ausschließlich das gesprochene Wort. Auch damit ist Sokrates nicht zufrieden. Denn ein Gespräch über Mathematik könnte ja auch nur das gesprochene Wort beinhalten. Ist Mathematik etwa Rhetorik? (Nein, ist sie nicht. Wieder eine Diastole.) Gorgias bringt nun an, der Unterschied sei, dass die Rhetorik ein Diskurs über die wichtigsten menschlichen Angelegenheiten sei, die Mathematik aber nicht. Sokrates gibt sich auch damit nicht zufrieden: Schließlich hält jeder seine eigene Angelegenheit für die wichtigste. Die Behauptung muss differenziert werden. (Noch mehr Diastole.) Gorgias schlägt vor: In der Rhetorik gehe es darum, Menschen, die Macht haben, durch Überzeugung zu beeinflussen. Das reicht mir vorerst aus, sagt Sokrates: Jetzt können wir darüber diskutieren, *wovon* die Rhetorik die Menschen überzeugt.

Werkzeuge zum Treffen von Unterscheidungen. Schauen wir uns die von Sokrates verwendeten diastolischen Techniken einmal genauer an. Sein Gesprächspartner versucht zu definieren, was Rhetorik bedeutet, und bietet an: »ein Diskurs«, »ein Diskurs, der nicht von materiellen Ergebnissen abhängt« oder »ein Diskurs über die wichtigsten Dinge«. Wie zuvor nennt Sokrates Dinge, die unter diesen Begriff fallen, aber nicht passen. Manchmal sind seine Beispiele historisch, manchmal zitiert er alltägliche Fälle. Auch durch einen hypothetischen Fall kann eine Diastole eingefordert werden. An anderer Stelle im *Gorgias* argumentiert Polus, Macht sei die Fähigkeit,

2 450AC–453B.

mit anderen Menschen zu machen, was man will. Sokrates hält das für zu einfach und beweist dies mit einem Gedankenexperiment.

> SOKRATES: O Bester, was ich dir jetzt sagen will, das nimm doch recht vor. Wenn ich auf vollem Markte mit einem Dolch unter dem Arm zu dir spräche: O Polos, zu einer wunderbaren Gewalt und Herrschaft bin ich jetzt gelangt. Denn wenn es mir gefiele, dass irgendeiner von diesen Menschen, die du hier siehst, sogleich sterben sollte, so wird der tot sein, von dem es mir gefällt. Und wenn, dass einem der Kopf müsste eingeschlagen werden, so würde er sogleich eingeschlagen sein, und wenn einem das Kleid zu zerreißen, so wäre es zerrissen. So viel Macht habe ich in dieser Stadt. Wenn du es dann bezweifeltest, und ich dir den Dolch zeigte, so würdest du mir vielleicht sagen: Ja auf diese Art, Sokrates, kann jeder Macht haben. Auf diese Weise müsste auch jedes Haus abbrennen, was dir einfiele, und die Athener Schiffswerften und Galeeren und alle Schiffe, die der Stadt oder Einzelnen gehören. Aber das heißt nicht mächtig sein, auf diese Art tun, was einem gut dünkt. Oder meinst du?
>
> POLOS: Nein, so freilich nicht.
>
> *Gorgias*, 469DE

Sokrates zeigt, dass die Fähigkeit zu töten, die wir ja alle haben (jeder kann sich ein Messer besorgen), keine wirkliche Macht darstellt, da wir sicher nicht besser dran sind, wenn wir diese einsetzen: Wir tun Unrecht und werden dafür bestraft. Als Polos von der Macht sprach, tun und lassen zu können, was man wolle, dachte er dabei an einen Einsatz von Macht, für den man *nicht* bestraft wird. Doch Sokrates wollte die Lücke in Polos' Argumentation finden: Macht ist nur dann sinnvoll, wenn der, der sie anwendet, dadurch ein besseres Leben hat. Im Anschluss nun kann Sokrates Fragen dazu stellen, welche Handlungsweise uns wirklich ein besseres Leben verschafft, und so setzt der Dialog sich fort. Der Dialogauszug illustriert die Bedeutung von hypothetischen Beispielen in der sokratischen Befragung. Man kann extreme Fälle konstruieren, die den Finger auf die Wunde legen und sofort Zustimmung hervorrufen. Es braucht vielleicht ein wenig Einfallsreichtum, um diese Beispiele zu ersinnen, sie müssen jedoch nicht realistisch sein. Sondern sie müssen nur aufzeigen, dass ein Prinzip in eine Richtung führen kann, die der Vertreter des Prinzips nicht wünschenswert finden kann.

Diastolische Argumente verwenden noch weitere Techniken. Sokrates weist etwa auf logische Konflikte hin, die entstehen, wenn man zwei verschiedene Dinge als dieselben betrachtet. Kallikles bringt im *Gorgias* vor, das Gute und das Lustvolle seien dasselbe (genauso wie das Schlechte und Qualvolle). Sokrates erwidert, dies könne nicht richtig sein: Gut und schlecht seien Gegensätze, lustvoll und qualvoll jedoch nicht, denn diese beiden Gefühle stünden in manchen Fällen in Verbindung. Damit sei erwiesen, dass das Gute und das Lustvolle zwei verschiedene Ideen sein müssen. Eben dieses Ergebnis stellt Sokrates noch mit einem anderen Ansatz heraus, den wir im sechsten Kapitel kennengelernt haben: Dumme und Feige sind schlechte Menschen, ja? (Ja, das sind sie.) Aber auch sie können Lust empfinden, oder? (Sicherlich.) Also müssen das Gute und das Lustvolle verschieden sein. Am besten versteift man sich hier nicht auf die Frage, wie überzeugend Sokrates' Argumente sind. Sie haben ihre Schwächen. Beachtenswert ist jedoch, dass Sokrates immer die Zustimmung seines Gegenübers erfragt, bevor er einen Schritt weitergeht. Weist der Gesprächspartner das Gesagte von sich, so gibt Sokrates weitere Erläuterungen oder versucht es mit einem anderen Argument. Auch im Gespräch mit uns würde er so verfahren.

Wissen, womit man es zu tun hat. Systolische und diastolische Argumente sind Mittel, mit denen wir uns der Wahrheit annähern. Wir stellen fest, dass etwas so oder so ist, oder dass es ein Beispiel für etwas anderes ist: Das ist mutig, das ist ungerecht, das ist berechtigt, das ist unangemessen. Systole und Diastole zwingen uns nun dazu zu erklären, was wir meinen, und zu prüfen, ob unser Urteil stimmt. Statt das Gesagte einer solchen Analyse zu unterziehen, könnte man auch einfach entgegnen, man wisse doch, womit man es zu tun habe und könne sich das alles sparen. Bei den meisten Menschen ist dies ein gängiges Denkmuster. Mill würde diese Haltung dem *intellectus sibi permissus* zuordnen – dem sich selbst überlassenen Geist. Sie wirkt überzeugend, ist aber äußerst anfällig für Irrtümer.

Doch manchmal lässt auch Sokrates seine Gesprächspartner »wissen, womit sie es zu tun haben«. Das muss er auch, denn sonst käme die Suche nach einer Definition kaum in Gang. Wenn man keine Beispiele für Tapferkeit nennen kann, die man für richtig hält, wie soll man dann wissen, welche Fälle eine Definition abdecken muss? Es gibt die Meinung, Sokrates habe sich in solchen Widersprüchen verfangen.[3] Denn er behaupte, wenn man ein Wort wie »Tapferkeit« oder »Tugend« nicht definieren könne, wisse man auch nicht, was Tapferkeit und Tugend sind. Und eben das könne nicht stimmen, denn es komme doch sehr wohl vor, dass wir Beispiele für einen Begriff finden, ohne ihn definieren zu können. Der angenommene Vorrang der Definition wird – ob zu Recht oder nicht – als *Socratic Fallacy* beziehungsweise sokratischer Irrtum bezeichnet.[4] Der Autor dieser Kritik warnt vor einem Sokrates, der jungen Leuten beibringt, dass sie nicht wissen können, ob Täuschung falsch ist, bis sie das Wort definieren. Und wenn sie keine Defini-

3 Geach, »Plato's Euthyphro«, Robinson, *Plato's Earlier Dialectic*, S. 53.

4 Geach, »Plato's Euthyphro«, S. 371.

tion finden, denken sie am Ende noch, Täuschung sei in Ordnung, und verwandeln sich in die dreißig Tyrannen, die Athen terrorisierten und zum Teil Sokrates' Schüler gewesen waren.

Ein erschreckendes Szenario. Doch die meisten Forscher glauben, dass hier missverstanden wurde, warum Sokrates nach Definitionen verlangt.[5] Denn er meinte damit nicht, dass man nichts über X wisse, bis man eine Definition von X geben könne. Definitionen sind Sokrates deshalb wichtig, weil wir schwierige Themen mit ihrer Hilfe gepackt bekommen. Sie versetzen uns in eine Expertenposition. Ohne Definition wissen wir mehr als nichts, doch es fehlt uns an Klarheit. Wir meinen zu wissen, womit wir es zu tun haben, können damit aber auch falsch liegen und sollten uns daher nicht auf unseren ersten Eindruck verlassen. Die meisten großen und kleinen Fehltritte werden von Menschen begangen, die von vorneherein wissen, womit sie es zu tun haben. Auch wenn wir nicht gleich eine wasserdichte Definition eines Begriffs geben können, so können wir doch *provisorisch* feststellen, dass dieses oder jenes Beispiel es recht gut trifft. Wir gelangen zu einer Arbeitshypothese, die uns richtig erscheint, da wir sie überprüft haben und bisher nichts gegen sie spricht, die wir aber aufzugeben bereit sind, wenn ein überzeugendes Argument gegen sie auftaucht. Die sokratische Haltung erlaubt eben auch Verallgemeinerungen, die sogar ungenügend sein können – solange man sich bewusst ist, worum es sich bei ihnen handelt, und beschlossen hat, dass Besseres momentan nicht erreicht werden kann. Was Sokrates nicht ertragen kann, sind dagegen Verallgemeinerungen, die man für richtig hält, ohne zu verstehen, wo ihre Fehler liegen.[6]

5 Siehe etwa Santas, »Socratic Fallacy«, Beversluis, »Does Socrates Commit the Socratic Fallacy?«

6 Eine (im Geiste) sokratische Verteidigung der Verallgemeinerung findet man in Schauer, *Profiles, Probabilities and Stereotypes.*

Der begrenzte Einsatz unmittelbarer Eindrücke fügt sich in Sokrates' Handlungsweise. Er ist gerne bereit, mit Laches Beispiele für Tapferkeit auszutauschen, ohne zu einer konkreten Definition von Tapferkeit zu gelangen. Dahinter steht Sokrates' Ansicht, dass Moralthemen zwar in gewichtige Fragen gefasst werden, es aber auch leichtere Fragen gibt, die man als Einstieg in das Thema nutzen kann. Die leichten Fragen erweisen sich womöglich als schwerer als gedacht, doch das gute sokratische Urteil besteht darin zu wissen, wann sich die Mühe lohnt. Sokrates ist an manchen Stellen bereit, die intuitive Vorstellung zu nutzen, wenn die Analyse keine zufriedenstellenden Ergebnisse liefert. Im *Charmides* etwa gelingt es ihm und seinen Gesprächspartnern nicht, eine Definition von Besonnenheit[7] zu finden. Sokrates resümiert ihre Versuche und gibt Charmides folgenden Ratschlag:

> SOKRATES: Und dennoch hat die Untersuchung, wie gutmütig und gar nicht hart wir auch gegen sie gewesen sind, die Wahrheit nicht finden können, sondern ihr dergestalt Hohn gesprochen, dass sie uns, was wir durch ewiges Zugeben und Zudichten als das Wesen der Besonnenheit aufgestellt hatten, dieses zuletzt höchst übermütig als etwas ganz Unnützes gezeigt hat. [...]

7 Der griechische Begriff *sophrosyne* wird mit »Besonnenheit« oder »Gelassenheit« übersetzt. Es steckt aber auch »Beherrschtheit« darin (ganz nach dem Geschmack der Spartaner), ein mögliches Gegenteil wäre *mania*. Mill merkt in *Grote's Plato* an, *sophrosyne* gehöre zu den am schwierigsten zu übersetzenden Wörtern des Griechischen: Übersetzungen wie »Selbstbeherrschung« oder »Mäßigung« ließen unberücksichtigt, dass der Besonnene sich nicht zu seinen Charaktereigenschaften zwingen muss. Außerdem würden Konnotationen wie »Maß«, »Vernunft«, »Zurückhaltung« und »Nüchternheit« mitschwingen, wobei kein einzelner Begriff den gesamten griechischen Bedeutungsumfang nachbilden könne. (Mill, *Grote's Plato*, S. 408.)

> Auch glaube ich gar nicht, dass es sich wirklich so verhält, sondern nur, dass ich ein schlechter Forscher bin, die Besonnenheit aber gewiss ein großes Gut ist, und du, wenn du es besitzest, sehr glücklich. Sieh also zu, ob du es etwa besitzest und der Besprechung gar nicht bedarfst. Denn besitzest du es, so wollte ich dir lieber raten, mich nur für einen Schwätzer zu halten, der unfähig ist, etwas ordentlich zu erforschen in einer Untersuchung, dich selbst aber, je besonnener du bist, für desto glückseliger.
>
> *Charmides*, 175D–176A

Charmides tritt in dem Dialog als Jugendlicher auf. Der echte Charmides war Schüler des echten Sokrates und ein Onkel von Platon. Es heißt, er habe später zu den dreißig Tyrannen gehört.

Platonische Begriffseinteilung. In den späteren Dialogen verwendet Sokrates eine Methode zur Definition, durch die Begriffe in immer kleinere Kategorien unterteilt werden. Obgleich es eher mit Platon als mit Sokrates in Verbindung gebracht wird, lohnt sich ein kurzer Blick auf das Verfahren, denn es steht in Zusammenhang mit unserem Thema. Die platonische Begriffseinteilung definiert ein Konzept, indem man es einer von zwei Kategorien zuordnet und diese Kategorie dann immer weiter unterteilt. Im *Sophistes* können wir ein Beispiel hierfür nachlesen: Es wird definiert, was ein Angler ist. Die Begriffsfindung zieht sich über mehrere Seiten und wird dann (nicht von Sokrates) folgenderweise zusammengefasst:

> GAST: Nun also sind wir, du und ich, von der Angelfischerei nicht nur über den Namen einig, sondern haben auch die Erklärung über die Sache selbst zur Genüge erlangt. Denn von der gesamten Kunst war die eine Hälfte die erwerbende, von

> der erwerbenden die bezwingende, von der bezwingenden die nachstellende, von der nachstellenden die jagende, von der jagenden die im Wasser jagende, von der im Wasser jagenden war der ganze untere Abschnitt die Fischerei, von dieser ein Teil die verwundende, von der verwundenden die Hakenfischerei, und von dieser hat uns die Art vermittelt einer von unten nach oben gezogenen und den Fisch daran hängenden Wunde, den der Tat selbst nachgebildeten Namen der Angelfischerei erhalten.
>
> *Sophistes*, 221AC

Das Verfahren wird im Anschluss zur Definition eines Sophisten und (im folgenden Dialog) eines Staatsmanns verwendet.[8]

Die Erklärung eines Konzepts durch die Einteilung in immer kleinere Kategorien wird auch als *Dihairesis* bezeichnet. Der Ansatz steht in Verbindung mit Platons Ideenlehre. Platon nahm offenbar an, dass die Inhalte einer Kategorie durch eine naturgegebene Ordnung zusammengehalten werden. Heute glauben das die wenigsten, und kaum jemand würde mithilfe der *Dihairesis* Dinge definieren wollen. Dennoch lässt sich einiges über einen Gegenstand lernen, wenn man ihn auf diese Weise betrachtet, da die Einteilung uns zwingt, ihn mit anderen zu vergleichen und Unterschiede und Gemeinsamkeiten herauszustellen.

Lassen wir aber Platons metaphysische Ansichten beiseite, da sie den Rahmen unseres Themas sprengen würden. Dennoch können wir das Verfahren der Dihairesis als eine Abwandlung von Systole und Diastole ansehen. Hierzu passt folgender Kommentar, den Sokrates im *Phaidros* zu dem Verfahren gibt:

---

8 Dargestellt in Lesley Brown, »Division an Definition in the Sophist«.

> SOKRATES: Hiervon nun bin ich selbst meinesteils ein Liebhaber, o Phaidros, von diesen Teilungen und Zusammenfassungen nämlich, um sowohl reden als auch denken zu können, und wenn ich von irgend einem anderen der Ansicht bin, dass ich damit das zur Einheit und zur Vielheit sich Bestimmende einzusehen vermöge, dem gehe ich nach, auf dem Fuß ihm folgend als einem der Götter.[9] Ob ich jedoch diejenigen, die es zu leisten vermögen, richtig bezeichne oder nicht, das weiß ein Gott, ich nenne sie aber bis jetzt Dialektiker.
>
> *Phaidros*, 266BC

Die Gedanken aus diesem Kapitel finden sich hier auf andere Weise ausgedrückt: Die Systole behandelt viele Dinge als eins, die Diastole ein Ding als viele Dinge. Im vorigen Kapitel haben wir erfahren, das Platon dem Prozess von Frage und Antwort ein Leben lang zugetan war. Gleiches gilt für seine Faszination für das systolische und diastolische Verfahren. Mit der Weiterentwicklung seiner Ideen hat er es auf neue Zwecke ausgerichtet.

9 Eine Anspielung auf Homers *Odyssee*.

9

Analogien

Sokrates unterhält sich über gewichtige und abstrakte Themen wie: Was ist ein gutes Leben? Was ist Wissen? Was ist Gerechtigkeit? Dabei vermeidet er aber, in gewichtigen und abstrakten Worten zu sprechen. Er verwendet Beispiele, um aufzuzeigen, ob eine Feststellung zu halten ist oder nicht. Sokrates setzt besonders gern Analogien ein, mit denen er abstrakte Probleme mit alltäglichen, uns bekannteren Situationen vergleicht. Analogien sind keine Argumente, sie weisen lediglich auf Parallelen hin. Doch sie können Argumente überzeugender und Gedankengänge klarer machen. Dieses Kapitel schaut sich an, wie Sokrates Analogien herstellt und wie er mit ihnen verfährt.

Analogien mit Leerstelle. Sokrates verwendet des Öfteren unvollständige Analogien, um ein Gespräch voranzubringen. Er beginnt eine Analogie, die sein Gesprächspartner zu Ende führen soll. Wie wir inzwischen wissen, fragt Sokrates im *Laches*, was Tapferkeit bedeute. Sein Gegenüber nennt ihm ein Beispiel. Sokrates erklärt daraufhin, dass er keine Beispiele möchte, sondern eine Definition, die alle Beispiele umfasst. Er verwendet dazu eine Analogie:

> SOKRATES: Ich meine es so, als wenn ich fragte, was wohl die Geschwindigkeit ist, was sie nämlich sowohl im Laufen ist, als in der Musik, im Reden, im Lernen und in vielen andern Din-

gen, und fast haben wir sie ja in allem, wovon nur der Mühe lohnt zu reden, sowohl in den Verrichtungen der Hände als der Füße, des Mundes und der Stimme oder auch des Verstandes. Oder meinst du nicht auch so?

LACHES: Allerdings.

SOKRATES: Wenn nun jemand mich fragte, wie erklärst du dieses, o Sokrates, was du in allen Dingen Geschwindigkeit nennst, so würde ich sagen, dass ich dieses, das in kurzer Zeit vieles vollbringt, Geschwindigkeit nenne, sowohl in der Stimme als im Lauf und in allen andern Dingen.

LACHES: Sehr gut wäre dieses erklärt.

SOKRATES: Versuche also auch du, o Laches, so die Tapferkeit zu erklären, welches wohl dieselbe ist in der Lust und Unlust und allen andern Dingen, worin wir sagten, dass sie statt habe, sie Tapferkeit genannt wird.

Laches, 192AB

Sokrates stellt eine Analogie mit drei ihrer vier Elemente auf: Wir haben: 1. Beispiele für Geschwindigkeit und 2. eine Definition der Geschwindigkeit; und wir haben 3. Beispiele für Tapferkeit, doch es fehlt 4. eine Definition der Tapferkeit. Laches kann nun die Lücke füllen.

Dieses Muster kehrt in anderen Dialogen wieder. Im *Theaitetos* fragt Sokrates, was Wissen sei. Ihm wird geantwortet, Wissen umfasse Wissenschaften wie die Geometrie und Handwerk wie die Schuhmacherei. Sokrates meint, dies sei eine schlechte Antwort: Genauso gut könne man sagen, Lehm sei etwas, das von Ziegelstreichern wie von Töpfern verwendet würde. Eine bessere Antwort wäre dagegen: Lehm ist mit Feuchtigkeit gemischte Erde.[1] Was wäre nun eine entsprechende Definition für Wissen?

Diese Analogien dienen unter anderem als Werkzeuge zur Klärung, die Sokrates anwendet, um das Verständnis seines Gegenübers voranzubringen, ohne eine abstrakte Erklärung einsetzen zu müssen. Analogien funktionieren auch deswegen so gut, weil uns ein Vergleich unmittelbar einleuchtet, noch bevor (oder gar *ohne* dass) wir zu einer Erklärung gelangen. Sie veranschaulichen statt zu erläutern. Anstatt zu sagen »Bitte verallgemeinere deine Aussage«, spricht Sokrates in Beispielen und sagt »Mach es doch so«.

Gespräche mit Lücke. Oben vorgestellte Analogien können für vielerlei Zwecke eingesetzt werden. Im vorigen Kapitel war die Rede davon, dass Sokrates sich mit Gorgias über die Bedeutung der Redekunst unterhält. Nehmen wir uns das Gespräch nun nochmals vor und untersuchen, wie Sokrates Analogien einsetzt, um die Argumentation voranzubringen. Nachdem ihm Gorgias vorgestellt worden ist, kommt es zu folgendem Wortwechsel:

> SOKRATES: Sehr wohl gesprochen. Frage ihn also, Chairephon.
>
> CHAIREPHON: Was soll ich ihn fragen?
>
> SOKRATES: Was er ist.
>
> CHAIREPHON: Wie meinst du das?

1 *Theaitetos* 147AC.

> SOKRATES: Wie wenn er nun einer wäre, der Schuhe verfertigte, er dir dann gewiss antworten würde, er wäre ein Schuhmacher.
>
> *Gorgias*, 447D

Gorgias antwortet, er sei Redner, woraufhin Sokrates seine analogische Befragung fortsetzt:

> SOKRATES: Wohlan denn, da du behauptest, in der Redekunst ein Meister zu sein, und auch einen Andern zum Redner machen zu können, auf welches denn unter allen Dingen bezieht sich die Redekunst so wie doch die Weberei auf Verfertigung der Gewänder? Nicht wahr?
>
> *Gorgias*, 449D

(Ja.) Und Musiker erschaffen Melodien? (Ja.) Was bringen dann Redner hervor? Gorgias antwortet, sie würden Reden verfertigen und dabei mit Worten arbeiten. Sokrates erwidert, es gebe viele Tätigkeiten, die mit Reden und Worten zu tun hätten: Mathematiker sprächen in Worten über Zahlen, Astronomen sprächen in Worten über Sterne.[2] Redner aber würden Reden und Worte doch offenbar für etwas anderes einsetzen – aber was? An dieser Stelle gehört die Analogie ergänzt, und Gorgias' Antwort lautet: für die wichtigsten Dinge. Wie schon erwähnt, reicht das Sokrates nicht aus, denn fast jeder würde doch glauben, sich mit dem Wichtigsten zu beschäftigen. Also kommt eine andere Analogie zum Einsatz: Möchte die Stadt Athen Hilfe bei einem Bauprojekt, so wendet sie sich an einen Baumeister um Rat. Einen Redner aber konsultiert man weswegen?[3] Wieder eine Leerstelle, die Sokrates' Gegenüber versuchen soll zu füllen.

---

2 *Gorgias* 451C.

3 *Gorgias* 455BC.

Man beachte, wie der Gesprächspartner in die Fragestellung einbezogen wird. Die erste Analogie ist keine große Herausforderung: Jemand, der Schuhe fertigt, nennt man einen Schuhmacher. Wie wirst *du* genannt? Gorgias wird ermuntert, bei einem Spiel mitzumachen, das recht locker und einfach wirkt. Er antwortet, und schon steckt er mittendrin. Die Analogien werden komplizierter und zudringlicher: Wir wissen, was ein Schuhmacher und ein Baumeister herstellen. Nun sage uns, was fertigst *du*?

Dieser Fragestil ist ein gutes Beispiel dafür, wie Sokrates das Einfache und Alltägliche als Einstieg in schwierige und ungewohnte Themen nimmt. Man beginne mit dem, was man kennt: mit Unterscheidungen und Beispielen, derer man sich sicher ist. Welche Zusammenhänge leuchten ein, bei welchen hakt es? Wenn jemand Schwierigkeiten hat, uns die Antwort zu geben, über die wir gerne sprechen würden, so führen wir ihm am besten vor, wie seine Antwort in einem leichter zu erfassenden Zusammenhang wirken würde.

Erweiterte Vergleiche. Die Analogien waren bisher recht einfach. Sie funktionieren nach dem Muster: A ist für B, was C für D ist. Aber Sokrates wendet gerne auch kompliziertere Vergleiche an. So kann eine abstrakte Idee erklärt werden, indem man sie Punkt für Punkt mit einer konkreten Sache gleichsetzt. Ein Beispiel hierfür findet sich im *Protagoras*: Sokrates sieht Wissen als eine Art Nahrung an und geht dem Vergleich über mehrere Berührungspunkte nach.

Aber wovon nährt sich die Seele, Sokrates?

Von Wissenswertem freilich, sprach ich. Dass also nur nicht der Sophist uns betrüge, Freund, was er verkauft uns anpreisend, wie Kaufleute und Krämer mit den Nahrungsmitteln für den Körper tun. Denn auch diese verstehen selbst nicht, was wohl

> von den Waren, welche sie führen, dem Körper heilsam oder schädlich ist, loben aber alles, wenn sie es feil haben, noch auch verstehen es die, welche von ihnen kaufen, wenn nicht einer etwa ein Arzt ist, oder ein Lehrer der Gymnastik. Eben so auch die, welche mit Wissenswertem in den Städten umherziehen, und jedem der Lust hat, davon verkaufen und verhökern, loben freilich alles, was sie feil haben, vielleicht aber, mein Bester, mag auch unter ihnen so mancher nicht wissen, was wohl von seinen Waren heilsam oder schädlich ist für die Seele, und eben so wenig wissen es die, welche von ihnen kaufen, wenn nicht etwa einer darunter in Beziehung auf die Seele ein Heilkundiger ist.
>
> *Protagoras,* 113DE

Sokrates stellt die Ähnlichkeiten zwischen körperlicher und seelischer Nahrung heraus. Dabei ist zu beachten, dass eine solche Analogie noch kein Beweis ist. Die Tatsache, dass Wissen in mancher Hinsicht wie ein Lebensmittel ist, bedeutet nicht, dass es sich nicht in anderer Hinsicht deutlich davon unterscheidet. Doch die These wird umso überzeugender, je mehr anschauliche Parallelen sich finden. Dabei ist Anschaulichkeit kein Argument, doch es kommt als eines daher und wirkt ebenso überzeugend. Es ist daher angebracht, auf der Hut zu sein und auf eine sorgsame Verwendung von anschaulichen Vergleichen zu achten.

Sokrates verfolgt die Analogie weiter, doch nun in umgekehrter Richtung: Er beschreibt, in welcher Hinsicht sie hinkt.

> Verstehst du dich nun darauf, was hiervon heilsam oder schädlich ist, so kannst du unbedenklich Wissenswertes kaufen vom Protagoras sowohl, als von jedem anderen, wo aber nicht, so siehe wohl zu, du Guter, dass du nicht um dein Teuerstes würfelnd ein gefährliches Spiel wagst.

> Denn überdies noch ist weit größere Gefahr beim Einkauf der Kenntnisse als bei dem der Speisen. Denn Speisen und Getränke, die du vom Kaufmann oder Krämer eingehandelt hast, kannst du in andern Gefäßen davon tragen, und ehe du sie essend oder trinkend in deinen Leib aufnimmst, sie zu Hause hinstellen, und auch dann noch einen Sachverständigen herbeirufend beratschlagen, was davon du essen und trinken sollst und was nicht, und wie viel und wann, so dass es bei dem Einkauf nicht viel bedeutet mit der Gefahr. Wissen aber kannst du nicht in einem andern Gefäß davon tragen, sondern hast du den Preis bezahlt, so musst du es in deine Seele selbst aufnehmend lernen, und hast deinen Schaden oder Vorteil schon weg, in die du gehst.
>
> *Protagoras,* 313E–314B

Hier zeigt sich, wie die Ausarbeitung einer Analogie zu einem Wendepunkt führen kann. Zwei Dinge sind sich in vielerlei Hinsicht ähnlich, ja, aber dann unterscheiden sie sich in diesem letzten, wichtigen Punkt. Zu derselben Erkenntnis hätte man auch ohne Analogie kommen können. Sokrates hätte auch sagen können, dass man vorsichtig sein sollte, wem man zuhört, weil es schwer ist, eine schlechte Idee wieder zu verlernen, wenn man sie übernommen hat. Aber die Analogie ist deutlicher, indem sie einen Kontrast aufbaut: Man stelle sich vor, wie viel mehr Gefahren schlechte geistige Kost birgt als ein Nahrungsmittel.

Die Deutlichkeit kann auch dadurch gesteigert werden, dass sich die zwei Analogien anbieten: Mit welcher lässt sich ein Gegenstand besser erklären? Was gleicht oder unterscheidet sich in Bezug auf welche Analogie? Auch hier liefert der *Protagoras* ein gutes Beispiel. Sokrates beginnt:

Eben dieses also setze mir doch genauer auseinander, ob die Tugend eins zwar ist, doch aber Teile von ihr sind die Gerechtigkeit und die Besonnenheit und die Frömmigkeit, oder ob alles, was ich jetzt genannt habe, nur verschiedene Namen sind für eine und dieselbe Sache. Das ist es, was ich noch vermisse.

Sehr leicht, sagte er, ist dies ja zu beantworten, Sokrates, dass von der Tugend die eins ist, dieses Teile sind, wonach du fragst.

Ob wohl auf die Art, sprach ich, wie die Teile des Gesichtes Teile sind, Mund und Nase und Augen und Ohren? Oder so, wie Goldstücke gar nicht unterschieden sind eins vom andern und vom Ganzen, als durch Größe und Kleinheit?

Auf jene Art scheint es mir, Sokrates, wie die Teile des Gesichtes sich zum ganzen Gesicht verhalten.

Protagoras, 329CE

Die Analogie erzwingt eine Klärung. Sokrates bittet Protagoras, sich für einen der beiden Vergleiche zu entscheiden, und seine Wahl führt dazu, dass er erklären muss, welches Verhältnis zwischen Abstrakta wie mehreren Tugenden besteht. Sein Urteil ist eindeutig: Sie sind wie die Teile eines Gesichtes. Sokrates verfolgt die Analogie weiter:

Also dies sind auch Teile der Tugend, fragte ich, Weisheit und Tapferkeit?

Freilich vor allen Dingen, sprach er, und der größte sogar ist die Weisheit unter diesen Teilen. Und jeder von ihnen, sagte ich, ist etwas anderes als der andere?

Ja.

Hat auch jeder seine eigene Verrichtung, wie im Gesicht das Auge nicht ist wie die Ohren noch seine Verrichtung dieselbe, und überhaupt kein Teil wie der andere ist, weder der Verrichtung nach, noch sonst, ist nun ebenso auch von den Teilen der Tugend keiner wie der andere, weder an sich selbst noch auch seine Verrichtung? Oder muss nicht offenbar die Sache sich so verhalten, wenn sie doch unserm Beispiel ähnlich sein soll?

Sie verhält sich auch so, Sokrates, sagte er.

Darauf sprach ich: Also ist keiner von den andern Teilen der Tugend wie die Erkenntnis, oder wie die Gerechtigkeit, oder wie die Besonnenheit, oder wie die Frömmigkeit?

Nein, sagte er.

Protagoras, 329E–330B

Die Teile der Tugend sind wie die Teile des Gesichtes, aber das bedeutet eben auch, dass die Teile der Tugend sich in ihrer Funktion *unterscheiden*, genauso wie Augen und Ohren. Beide Fälle ähneln sich in ihren Unterschieden.

Argumentative Analogien. Wie gesagt, ein Vergleich ist kein Argument, kann aber so eingesetzt werden, dass er so wirkt. Die Gesprächsteilnehmer im *Gorgias* fragen schließlich auch Sokrates, was denn *für ihn* Rhetorik ist. Er antwortet, es handle sich eher um ein Handwerk als um eine Kunst. Und um eine recht zwielichtige Fertigkeit. Er stützt diese Behauptung durch eine Analogie: Die Kochkunst macht Nahrungsmittel schmackhaft, auch wenn sie nicht gesund sind. Die Redekunst sei eine Art Schmeichelei und Täuschung, ganz anders etwas als die Medizin oder Heilkunst, die tatsächlich gut *ist*, aber nicht immer angenehm. Die Kosmetik oder »Putzkunst« ist nach Sokrates eine Ausprägung desselben Musters: Sie lässt uns gesund erscheinen, auch wenn wir es nicht sind. Sie spiegelt Eigenschaften vor, die nur durch gesunde Lebensweise und »Turnkunst« erreicht werden können. Die Rhetorik ist da ähnlich – und an dieser Stelle fordert Sokrates nicht länger seine Gesprächspartner auf, die Analogie zu ergänzen, sondern tut es selbst:

> Um nun nicht weitläufig zu werden, will ich es dir ausdrücken wie die Geometer, denn nun wirst du ja wohl schon folgen können, nämlich dass wie die Putzkunst zur Turnkunst, so die Kochkunst zur Heilkunst, oder vielmehr so, wie die Putzkunst zur Turnkunst, so die Sophistik zur Gesetzgebung, und wie die Kochkunst zur Heilkunst, so die Redekunst zur Rechtspflege.
>
> *Gorgias*, 465C

Wie schon weiter oben hätte Sokrates seinen Standpunkt auch ohne Analogie äußern können. Er hätte einfach sagen können, dass sich Rhetoriker gerne anbiedern. Die Analogie stärkt seine Aussage, da die Parallele sehr anschaulich ist und die abstrakte Behauptung an sinnlich wahrnehmbare, bekannte Dinge knüpft. Die Analogie spricht die Intuition des Hörers an, sie nutzt eher den unmittelbaren Eindruck als die Vernunft. Und die harsche Kritik wird indirekt angebracht: Sokrates nennt die »Putzkunst« (das Bemühen, sich durch Schminke und Kleidung herauszuputzen oder aufzuhübschen) »verderblich«, »betrügerisch, unedel und unanständig«. Gegenüber den Eitlen kann er sich gefahrlos so unerbittlich geben, von ihnen wird es in seiner Zuhörerschaft nicht viele geben. Doch schließt die von ihm gezogene Parallele ja ein, dass er die Rhetorik ebenso abstoßend findet. Die Passage mag logisch nicht ganz überzeugen, doch nutzt sie (ironischerweise) eine ziemlich geschickte Rhetorik.

Widerstand. Wenn Sokrates sein Gegenüber auffordert, eine Analogie zu vervollständigen, unterstellt er, dass die in der Analogie zusammengebrachten Dinge sich ähneln. Das muss aber nicht so sein. Manchmal ist die beste Antwort auf eine Analogie, die ihr angeblich zugrunde liegende Ähnlichkeit anzuzweifeln. Eine solche Reaktion erleben wir, als Sokrates sich im *Charmides* mit Kritias über die Bedeutung der Besonnenheit austauscht. Sokrates setzt seine üblichen analogischen Tricks ein, Kritias aber geht nicht darauf ein.

> SOKRATES: Und wenn du mich weiter fragtest nach der Baukunst, als der Erkenntnis des Bauens, was für ein Werk, ich behauptete, dass die uns bewirkte, so würde ich sagen, Wohnungen. Und so auch mit den übrigen Künsten. Ebenso etwas musst nun auch du von der Besonnenheit, da du behauptest, sie sei die Erkenntnis seiner selbst zu sagen wissen, wenn du gefragt wirst: Kritias, die Besonnenheit als die Erkenntnis seiner selbst, was für ein schönes und ihres Namens würdiges Werk bewirkt sie uns denn? So komm nun und sage es.
>
> Aber Sokrates, sagte er, du untersuchst nicht richtig. Denn diese Erkenntnis ist ihrer Natur nach den übrigen nicht ähnlich, wie auch nicht die übrigen alle untereinander, du aber führst deine Untersuchung als wären sie einander ähnlich. Denn sage mir, sprach er, wo gibt es wohl von der Arithmetik oder von der Messkunde ein solches Werk, wie das Haus von der Baukunst oder das Kleid von der Webekunst, oder dergleichen

> Werke, deren einer viele von vielen andern Künsten aufzeigen könnte? Hast du mir etwa auch von diesen ein solches Werk zu zeigen? Das wirst du gewiss nicht haben.
>
> *Charmides*, 165D–166A

Sokrates versucht es weiter, wird aber mit einer ähnlichen Erwiderung abgewiesen und gibt die Taktik schließlich auf. Platon tut gut daran, einen Fall aufzuzeigen, in dem die sokratische Analogie auf diese Weise scheitert. So wird uns bewusst, dass Analogien wie Beobachtungen aussehen, tatsächlich aber Behauptungen aufstellen. Bleibt die Behauptung derart unter der Oberfläche, geht man oftmals effektiver vor, da diese Vorgehensweise nicht zu einer direkten Überprüfung einlädt. Die eingeläutete Analogie fordert den Gesprächspartner auf, die Richtigkeit der Parallele zu bestätigen und sie zu vervollständigen. Würde man stattdessen fragen, ob es überhaupt eine Parallele gibt, könnte sich daraus eine ganz andere Diskussion ergeben. Die Passage aus dem *Charmides* zeigt, dass eine Analogie durchaus angezweifelt werden kann.

Warum Analogien? Analogien kommen bei Sokrates also routinemäßig zum Einsatz. Platon war sich sehr wohl bewusst, welche Schwierigkeiten sich daraus ergeben, und seine Figuren äußern sich kritisch über ihre ständige Verwendung:

> KALLIKLES: Bei den Göttern, du hörst auch gar nicht auf, immer von Schustern und Gerbern und Köchen und Ärzten zu reden, als wenn davon die Rede wäre unter uns.
>
> *Gorgias*, 491A

Verständnisvoller äußert sich Alkibiades:

> Denn das habe ich nämlich zuvor noch zu bemerken vergessen, dass auch seine Reden ganz den auseinandergenommenen Silenen gleichen. Denn höre jemand nur die Reden des Sokrates an, so werden sie ihm zuerst sehr lächerlich vorkommen, in solche Ausdrücke und Bezeichnungen hüllen sie sich äußerlich ein, wie in das Teil eines neckischen Satyrs. Denn von Lasteseln spricht er und von Schmieden und Schustern und Gerbern, und über denselben Gegenstand scheint er immer dasselbe zu wiederholen, so dass jeder Unkundige und Gedankenlose darüber lachen muß. Wenn man sie aber erschlossen sieht und in ihr Inneres hineindringt, dann wird man zunächst finden, dass sie allein unter allen Reden einen wahrhaften Inhalt haben, bald aber auch, dass sie die göttlichsten von allen sind und die mannigfaltigsten Gestalten der Tugend gleich Götterbildern umfassen, und dass sie sich über das reichhaltigste Gebiet ausdehnen, ja alles in sich schließen, was dem zu bedenken ziemt, welcher ein geistig und sittlich durchgebildeter Mann werden will.
>
> *Symposion*, 221D–222A

Warum aber liegt Sokrates so viel an Analogien? Zuerst einmal möchte er seine Gesprächspartner dazu bringen, ungewöhnliche Denkwege einzuschlagen. Analogien erleichtern diesen Prozess, da sie Vergleiche zu alltäglichen Dingen und Tätigkeiten – zu Lehm und Schustern – ziehen. Diese Bilder nehmen Abstand vom Abstrakten und verschaffen einen leichteren Einstieg in große Themen. Sie legen nahe, dass jeder, und eben nicht nur Spezialisten, am Diskurs teilnehmen kann. Sokrates meint: Sprich so, wie du es gewohnt bist, über die Dinge des Alltags zu reden, aber denke dabei an größere Zusammenhänge.

Zweitens spielt aber auch Sokrates' Sorge mit, dass die Dinge, die ihm wirklich wichtig sind – Gerechtigkeit und Tugend etwa – uns wie leere Worte erscheinen und weniger angehen könnten als das fassbare Alltägliche. Sokrates treibt um, dass uns Ideale und Ideen nicht wahr vorkommen könnten. Schauen wir uns hierzu seine Gedanken über den Zustand der Seele zum Zeitpunkt des Todes an:

> Wenn sie aber, meine ich, befleckt und unrein von dem Leibe scheidet, weil sie eben immer mit dem Leibe verkehrt und ihn gepflegt und geliebt hat und von ihm bezaubert gewesen ist und von den Lüsten und Begierden, so dass sie auch glaubte, es sei überhaupt gar nichts anderes wahr als das Körperliche, was man betastet und sieht, isst und trinkt und zur Liebe gebraucht, und weil sie das für die Augen Dunkle und Unsichtbare, der Vernunft hingegen Fassliche und mit Wahrheitsliebe zu Ergreifende gewohnt gewesen ist zu hassen und zu scheuen und zu fürchten, meinst du, dass eine so beschaffene Seele sich werde rein für sich absondern können?
>
> *Phaidon*, 81B

(Nein.) Sokrates betrachtet Ideen als genauso wichtig und bedeutend – wenn nicht bedeutender – wie das, was wir sehen und betasten können, und er versucht, andere dazu zu bringen, sie ebenfalls so zu behandeln.[4] Er möchte, dass wir uns unserem Inneren (unserer Psyche oder Seele) mit der gleichen Energie und Aufmerksamkeit widmen wie unserem physischen Ich und allem, was wir mit den Sinnen wahrnehmen. Sokrates will uns unsere Befangenheit nehmen, die darin besteht, dass wir sinnlich Fassbares wichtiger nehmen als das, was wir nur mit dem Verstand erfassen

4 Siehe *Phaidon*, 83C.

können. Mit der Waffe der Analogie kämpft er gegen diese Voreingenommenheit an.

Die Epagoge. Wie wir gesehen haben, beweisen Analogien also die von ihnen gezogenen Vergleiche nicht, können aber dennoch durch ihre Eingängigkeit überzeugen. Nun ist es so, dass zwei Dinge, die sich in einigen Aspekten ähnlich sind, durchaus auch in anderen Aspekten ähnlich sein können: Vielleicht liegt ihnen ein gemeinsames Prinzip zugrunde. Wenn man es auf diese Weise betrachtet, kommen Analogien einer Form der Epagoge nahe, einem weiteren Argumentationstyp, den Sokrates verwendet, und der hier kurz vorgestellt werden soll.

Eine Epagoge ist ein Argument, bei dem einzelne Beispiele zu einer allgemeinen Schlussfolgerung führen. Hierzu eine Textstelle aus dem *Protgaroras* (Sokrates beginnt):

> Wohlan, sagte ich, gibt es etwas Schönes?
>
> Er räumte es ein.
>
> Und ist diesem noch irgendetwas entgegengesetzt außer dem Hässlichen?
>
> Nichts weiter.
>
> Und wie? Gibt es etwas Gutes?
>
> Es gibt.
>
> Ist diesem etwas entgegengesetzt außer dem Schlechten?

Nichts weiter.

Und wie? Gibt es etwas hohes in der Stimme?

Er bejahte es.

Ist diesem nichts anders entgegengesetzt außer dem tiefen?

Nein, sagte er.

Also, sprach ich, jedem Einzelnen von diesen Entgegengesetzten ist auch nur eins entgegengesetzt und nicht viele?

Dazu bekannte er sich.

Protagoras, 332C

Die Epagoge wird gewöhnlich mit der Induktion gleichgesetzt, also den Aufstieg von einzelnen Beobachtungen zu einer allgemeinen Erkenntnis durch einen abstrahierenden Schluss. Sokrates aber nutzt dieses Vorgehen auf eine Weise, die meist nach gründlicherer Interpretation verlangt.[5] Oft führt er einige Fälle an, die auf eine bestimmte Art und Weise funktionieren, und unterstellt dann, wie in obiger Passage, dass sich alle Fälle gleichen. Dabei ist aber nicht immer klar, welche Beziehung er zwischen seinen Beispielen und den Schlussfolgerungen herstellt. Er könnte (zumindest theoretisch) meinen: Wir haben uns alle relevanten Fälle angesehen, und hier ist nun die Regel, die sie erklärt. Oder er könnte meinen: Wir haben uns einige der Fälle angeschaut, und hier ist eine Regel, die

5 Siehe Robinson, *Plato's Earlier Dialectic*, S. 33–38; Vlastos, *Socrates, Ironist and Moral Philosopher*, S. 267–260.

aufgrund dessen wahrscheinlich erscheint. Er könnte aber auch meinen: Wir haben einige Beispiele gesehen, und dies ist der allgemeine Punkt, den sie alle illustrieren (aber nicht beweisen), oder die universelle Idee, für die sie alle stehen. Das obige Argument aus dem *Protagoras* kann man als Ableitung einer Regel aus einigen wenigen Beispielen sehen, oder aber als Anführung von Beispielen für eine intuitiv erscheinende Regel. Welches dieser Muster welche Argumente in den Dialogen beschreibt, ist Thema ausgiebiger Debatten. Diese werden wir hier nicht nachzeichnen, doch zumindest sollten wir uns der verschiedenen Interpretationsmöglichkeiten bewusst sein.

Die Epagoge und die Analogie sind die Grundpfeiler der sokratischen Argumentation. Sie ähneln sich, weil beide von bekannten Beispielen zu unbekannten Ideen aufsteigen. Ein Großteil der sokratischen moralischen Argumentation geschieht auf diese Art und Weise von unten nach oben: Ähnelt ein bestimmter Fall eher diesem oder jenem? Was können wir aus den uns bekannten Dingen schließen? Sokrates sucht die Zustimmung zu einfachen Behauptungen und will darauf aufbauend die Zustimmung zu komplexeren Behauptungen erlangen.

10

Sokratische Regeln für den Dialog

Sokrates stellt Regeln auf, die man in einem Dialog beachten sollte. Dieses Kapitel wird sich einige von ihnen anschauen, die da lauten: Sei lieber bestrebt, der Wahrheit nahezukommen, anstatt als Sieger hervorzugehen; hinterfrage den Menschen, nicht nur die Behauptung; beurteile Argumente nach ihrer Qualität, unabhängig davon, wer sie äußert; sei aufrichtig und sage, was du denkst; befolge das Vier-Augen-Prinzip und lass dein Gegenüber darüber urteilen, was der Dialog erreicht hat; sei mitfühlend; beleidige nicht und sei nicht beleidigt. Diese Regeln wurden im dritten Kapitel nicht als zentrale Elemente der sokratischen Methode vorgestellt, da manche von ihnen berechtigterweise als Details betrachtet werden können und manche nicht so regelmäßig zum Einsatz kommen wie andere. Dennoch sind sie alle wichtig.

Unstrenge Regeln. Manche von Sokrates formulierte Ratschläge können nur mit Unbehagen als »Regeln« bezeichnet werden, da Sokrates selbst Regeln offenbar nicht so genau nimmt: Erst stellt er sie auf, dann bricht er sie. So weist er etwa seine Gesprächspartner an, keine langen Reden zu halten, und tut es im nächsten Moment selbst.[1] Oder er setzt schlechte Argumente ein, über die im Nach-

1 Siehe etwa *Gorgias* 449BC, 464B–466A.

hinein vermutet wird, dass er sie mit Absicht platziert hat.[2] Mal wirkt er aufrichtig, mal verschlagen. Er bringt Ironie in die Philosophie, und am Ende stirbt er für die Philosophie. Sokrates oder Platon (oder beide) gaben sich gerne mal vergnügt bis verschlagen und gar nicht so ernst und nüchtern, wie es bei Sokrates zuerst den Eindruck macht. Pascal schreibt dazu:

> Gewöhnlich stellt man sich Plato und Aristoteles nicht anders als in großen Gewändern vor, immer ernst und ehrbar. Sie waren ehrliche Leute, die wie andere mit ihren Freunden lachten und wenn sie ihre Gesetze und ihre Abhandlungen über die Staatskunst abfassten, so war das, während sie lustig waren und um sich zu zerstreuen. Das war der wenigst philosophische und der wenigst ernsthafte Teil ihres Lebens; der am meisten philosophische Teil war, einfach und ruhig zu leben.[3]

Und Nietzsche meint:

> Vor dem Stifter des Christentums hat *Sokrates* die fröhliche Art des Ernstes und jene Weisheit voller Schelmenstreiche voraus, welche den besten Seelenzustand des Menschen ausmacht.[4]

Zum sokratischen Geist gehört die Fähigkeit, Gegensätze in sich zu vereinen. Literarische, philosophische und andere Kräfte entstehen durch die Bewegung zwischen Gegensätzlichem, sie gehen

---

2 Eine Diskussion und Textbelege hierzu findet man in: Vlastos, *Socrates, Ironist and Moral Philosopher*, S. 132–156; Cohen, »Aporias in Plato's Early Dialogues«; Sprague, *Plato's Use of Fallacy*.

3 »Zersteute Gedanken über Moral«, in: Blaise Pascal, *Gedanken über die Religion und einige andere Gegenstände*, Berlin 1840, S. 187.

4 Nietzsche, *Menschliches Allzumenschliches*, Digitale Kritische Gesamtausgabe, http://www.nietzschesource.org/#eKGWB/WS-86.

nicht von einem Pol allein aus. Die sokratische Philosophie ist hierfür ein Beispiel. Ihre hohen Ansprüche werden auch spielerisch genommen, und das trägt erheblich zu ihrer Anziehung bei. Hören wir hierzu auch noch Emerson:

> Das seltsame Zusammentreffen: in einem hässlichen Körper ein Narr und Märtyrer, ein kühner Straßenredner und der süßeste Heilige jener Zeit – hatte Platos für solche Kontraste so empfängliche Seele mit großer Gewalt ergriffen.
>
> Die wunderbare Synthese, in Sokrates' Charakter, übertraf die Synthese in Platos Seele.[5]

Auch wenn es manchmal so wirkt, als wären bestimmte Regeln des sokratischen Dialogs quasi dazu gemacht, gebrochen zu werden, so sind diese Regeln doch klug und nützlich. Es handelt sich um vernünftige Grundsätze, und wenn wir ihre Begründung verstehen, verhilft uns das zu einem besseren Denken. Man muss eben im Kopf behalten, dass die sokratische Methode teilweise auch Wege einschlägt, auf denen ihre Regeln nicht so streng genommen werden.

Die dialektische, nicht eristische Suche nach Wahrheit. Die sokratische Methode in ihrem ursprünglichen Sinne ist eine Suche nach Wahrheit und nicht etwa eine Übung in der Streitkunst. Im Vordergrund steht der von Sokrates zuweilen als *dialektisch* bezeichnete Ansatz im Gegensatz zum *eristischen* Argument, das zum Vergnügen angebracht oder mit dem Ziel eingesetzt wird, als Gewinner eines Streits hervorzugehen.[6]

---

5 Emerson, *Repräsentanten des Menschengeschlechts*, Leipzig 1895, S. 67f.

6 Zur Erläuterung des Begriffs »eristisch« siehe Vlastos, *Socratic Studies*, S. 136.

> Denn es ist dir, glaube ich, nicht unbekannt, dass die jungen Burschen, wenn sie zum ersten Male Dialektik schmecken, wie mit einem Spielzeug damit umgehen, immer zum Widerspruch sie gebrauchen, durch Nachahmung der sie Widerlegenden selbst auch andere widerlegen, dabei gleich jungen Hündchen ihren Spaß daran haben, alle, die mit ihnen in Berührung kommen, mit ihren Reden zu zerren und zu rupfen. [...] Dagegen der junge Mann von schon etwas reiferem Alter, fuhr ich fort, wird sicher solche Verrücktheit nicht mitmachen wollen und wird viel mehr den wählen, der wirklich forschen und die Wahrheit erkennen will, als den des Spaßes wegen streitenden Worthelden und Widerspruchsgeist, wird dadurch selbst achtbarer sein und seinem Studium eher Ehre statt Unehre bereiten.
>
> *Der Staat,* 539BD

In der obigen Passage könnte man sowohl den »Worthelden« als auch seinen »Widerspruchsgeist« eristisch nennen. Eristisch ist damit sowohl ein Argument als auch die Person, die das Argument vorbringt.[7] In den meisten Fällen ist der Begriff abwertend gemeint.[8] Auch die sokratischen Dialoge selbst mögen eristisch erscheinen: Leser gewinnen manchmal den Eindruck, dass Sokrates jedes Argument recht ist, wenn er damit nur die Position seines Gegenübers schwächen kann. Sokrates und / oder Platon wurden wohl auch, zu recht oder unrecht, für diese Neigung kritisiert. An manchen Stellen in den Dialogen wird diese Kritik geäußert, so erhebt etwa Kritias diese Art von Anklage gegen Sokrates:

7 Siehe Nehamas, *Virtues of Authenticity*, S. 112f.

8 Siehe Grote, *Plato and the Other Companions of Sokrates*, 1:554 n.

> Aber ich glaube, was du vorher leugnetest, dass du es tätest, das tust du doch, nämlich du gehst nur darauf aus, mich zu widerlegen, und kümmerst dich wenig um die Sache, um die es sich handelt.
>
> *Charmides,* 166C

> Denn in der Tat, Sokrates, führst du immer, unerachtet du behauptest die Wahrheit zu suchen, die Rede auf solche verfängliche Dinge, die gut sind vor dem Volke vorzubringen, auf das nämlich, was von Natur nicht schön ist, wohl aber nach dem Gesetz. [...]
>
> Was auch du dir eben recht künstlich abgemerkt hast, und andere damit übervorteilst in den Reden, wenn jemand von dem Gesetzlichen spricht, schiebst du in der Frage das Natürliche unter, wenn aber vom Natürlichen, dann du das Gesetzliche.
>
> *Gorgias,* 482E–483A

Solche Vorwürfe mögen der Grund dafür sein, dass Sokrates diesem Punkt soviel Aufmerksamkeit schenkt (während Platon wohl eher fürchtete, dass die Kritiker recht haben), und warum er betont, dass er eben *keine* eristischen Argumente nutzt und nur bestrebt ist, die Wahrheit zu suchen, nicht aber als Sieger eines Wortgefechts hervorzugehen.

Positionen und Menschen. Die sokratische Methode im eigentlichen Sinne stellt nicht nur Argumente, sondern auch Menschen auf den Prüfstand. Sie ist damit eine persönliche Angelegenheit.[9] Als Sokra-

9 Siehe Robinson, *Plato's Earlier Dialectic,* S. 15ff; Tarrant, »Socratic Method and Socratic Truth«, S. 256–63; Talisse, »Misunderstanding Socrates«. S. 52f.

tes seine Tätigkeit in der *Apologie* beschreibt, spricht er davon, dass er sich selbst und andere prüfen wolle[10] – es ging ihm also nicht darum, Standpunkte auseinanderzunehmen. Obgleich die Dialoge von Themen wie Mut oder Frömmigkeit handeln, tragen sie diese nicht im Titel, sondern sind nach Personen – *Laches, Eutyphron, Charmides* et cetera – benannt. Wir wissen nicht, ob diese Titel von Platon vergeben wurden, doch sind sie in jedem Fall zutreffend. Diese Figuren sind nicht nur Vorwand für ein philosophisches Gespräch, sie bilden vielmehr dessen Hauptgegenstand.

> NICIAS: Du scheinst gar nicht zu wissen, dass wer mit dem Sokrates ins Gespräch kommt und sich mit ihm einlässt, unvermeidlich, wenn er auch von etwas ganz anderem zuerst angefangen hat zu reden, von diesem so lange ohne Ruhe herumgeführt wird, bis er ihn da hat, dass er Rede stehen muss über sich selbst, auf welche Weise er jetzt lebt, und auf welche er das vorige Leben gelebt hat, wenn ihn aber Sokrates da hat, dass er ihn dann gewiss nicht eher auslässt, bis er dies alles gut und gründlich untersucht hat.
>
> *Laches*, 187E

Moderne Philosophen besprechen Fragen oftmals abstrakt und sind bemüht, sie allgemein und für alle zu klären. Sokrates handelt anders: Auch er möchte generelle Fragen erörtern, interessiert sich aber *genauso* dafür, wie diese Themen sein jeweiliges Gegenüber prägen. Seine Methode impliziert, dass die Trennung von Person und Idee schwierig und womöglich nicht erstrebenswert ist.[11]

---

10 *Apologie*, 28E.

11 Siehe Brinkhouse und Smith, *Plato's Sokrates*, S. 12ff.

So kann Sokrates' Herangehensweise teilweise als therapeutisch angesehen werden.[12] Sokrates ist bemüht, sich der Wahrheit anzunähern, und er sorgt sich zugleich um die Psyche. Er behandelt Wahrheitssuche und »Seelsorge« als untrennbare Teile der philosophischen Praxis.

> Denn nichts anders tue ich, als dass ich umhergehe um Jung und Alt unter euch zu überreden, ja nicht für den Leib und für das Vermögen zuvor noch überall so sehr zu sorgen als für die Seele, dass diese aufs beste gedeihe [...].
>
> *Apology*, 30A

Mit »Seele« ist hier die griechische *psyche* gemeint, die sich auch als »Lebenskern« oder »Geist« übersetzen lässt. Sokrates meinte mit dem Begriff offenbar unser wahres Ich beziehungsweise unseren Geist, wobei er zwischen beidem nicht unterschied.[13]

In der Literatur wird Sokrates Vorgehensweise zum Teil als *ad hominem* beschrieben. Dieser Begriff wird heute mehrheitlich für den Fall gebraucht, dass ein Standpunkt zunichte gemacht werden soll, indem die Person angegriffen wird, die diesen vertritt. Wie wir in Kürze sehen werden, hat ein solches *ad-hominem*-Argument im sokratischen Dialog keinen Platz. Dennoch kann der Begriff auf andere Weise auf ihn angewendet werden. Denn in ihm steckt die Vorstellung, dass Sokrates nicht nur ein Argument, sondern stets auch den Vertreter des Arguments einer Prüfung unterzieht. Dabei findet er meist heraus, dass sein Gegenüber nicht folgerichtig denkt – damit besteht das Problem innerhalb der Person, aber nicht

12 Siehe Vlastos, *Socratic Studies*, S. 10.

13 Die damalige Bedeutung des Begriffs wird dargestellt bei Guthrie, *History of Greek Philosophy*. S. 467–470.

zwangsweise im von ihr geäußerten Standpunkt. Zum anderen argumentiert Sokrates, indem er die Positionen seiner Gesprächspartner übernimmt. Dabei bestätigt er diese nicht als wahr[14], sondern sagt: Wenn X stimmt, was folgt dann daraus? Tatsächlich treibt Sokrates den Dialog vielfach voran, indem er zusätzliche Aspekte einbringt, zu denen er sich aber die Zustimmung seines Gegenübers einholt, und so also das Gespräch *ad hominem*, dem »Menschen zugewandt«, fortsetzt. Ein auf diese Weise entwickeltes Argument führt sicher nicht auf geradem Weg zur Wahrheit. Es zeigt vielmehr auf, wo im Geist etwas durcheinandergeht, was Sokrates nicht weniger wichtig ist, da er zwischen seiner Mission als Philosoph und seiner Mission als Menschen- und Seelenforscher nicht unterscheidet.

Dieser persönliche Aspekt der sokratischen Untersuchung erklärt vielleicht auch die langsamen Fortschritte der Moralphilosophie. Fragen, über welche die Menschheit schon vor Tausenden Jahren nachdachte, beschäftigen uns auch heute noch. Das mag wenig verwundern, wenn man bedenkt, wie Sokrates Philosophie betreibt: Jeder Mensch, der sich ihr widmen will, muss sie von Grund auf neu denken.

Das Primat der Vernunft. In anderen wichtigen Aspekten behandelt Sokrates seine Wahrheitssuche aber auch als streng unpersönliche Angelegenheit. Zum einen formuliert er keine *ad-hominem*-Argumente im heute üblichen Sinne: Er greift seine Gesprächspartner nie persönlich an. Genau genommen streitet er nicht mit ihnen, sondern bringt sie dazu, mit sich selbst zu streiten. Dennoch stellt er infrage, was sein Gegenüber äußert, und er tut dies mit einer Vehemenz, die den Dialogpartner und auch den Leser vor den Kopf

14 Siehe Annas, »Plato the Skeptic«, S. 316–322.

stoßen mag. Dabei bleibt Sokrates aber stets höflich und diffamiert weder Argumente noch deren Vertreter. (Eine Ausnahme hierzu sind die harten Worte im *Hippias major*, die Sokrates jedoch gegen sich selbst gebraucht.)

Die unpersönliche Eigenschaft der Vernunft reicht jedoch tiefer als bloße Höflichkeit. Für Sokrates hängt der Wert eines Arguments nicht von der Identität des Sprechers ab. Sokrates spricht mit allen, er hört allen zu. Er hat keine Scheu, den Mächtigen zu widersprechen, und nimmt Widerspruch von allen an, solange sie folgerichtig argumentieren.

> [...] auf gleiche Weise stehe ich dem Armen wie dem Reichen bereit zu fragen, und wer da will kann antworten und hören was ich sage.
>
> *Apologie*, 33B

> POLOS: Ein schweres Stück ist es wohl, dich zu überführen, Sokrates, aber könnte nicht jedes Kind dich überführen, dass du nicht recht hast?
>
> SOKRATES: So werde ich dem Kinde großen Dank wissen, und gleich auch dir, wenn du mich überführst und der Torheit entledigest.
>
> *Gorgias*, 470C

> Getrost also, mein Bester, sprach ich, beantworte das Gefragte, wie es dir erscheint, und lasse es dir einerlei sein, ob Kritias es ist oder Sokrates, der widerlegt wird, sondern habe nur auf die Sache acht, wie die Untersuchung darüber ablaufen wird.
>
> *Charmides* 166E

Dieser Grundsatz hat zweierlei Auswirkungen: Zum einen kuscht Sokrates vor niemandem, wenn es darum geht, ein Argument unter die Lupe zu nehmen. Auch bei einflussreichen Persönlichkeiten nimmt er kein Blatt vor den Mund, und so zählen auch Generäle und Aristokraten zu seinen »Untersuchungsgegenständen«. Die *Apologie* erzählt von seiner Suche nach Menschen, denen man aufgrund ihrer großen Weisheit mit Respekt begegnen sollte[15] – doch findet Sokrates niemanden, der dieses Kriterium erfüllt. Zugleich betrachtet Sokrates einen jeden als berechtigt und qualifiziert, ihm zu widersprechen. Arme sind nicht durch ihre niedere Stellung oder einen Mangel an Bildung ausgenommen, genauso wenig wie Reiche durch ihr Prestige. An manchen Stellen setzen seine hochrangigen Dialogpartner Argumente ein, die vor allem ihren eigenen Interessen dienen, doch Sokrates nimmt daran keinen Anstoß. Auch ein nicht selbstloses Argument kann Gültigkeit haben. Behauptungen werden immer nach ihrer logischen Kohärenz und der Qualität der sie untermauernden Beweise untersucht.

Von dieser Regel gibt es jedoch begründete Ausnahmen. An einer Stelle in *Der Staat* diskutieren Sokrates und Glaukon beispielsweise darüber, woraus der Mensch die größte Freude zieht: aus Reichtum, Ehre oder aus der Weisheit. Sie beschließen sodann, dass diese Frage am besten jemand beantwortet, der alle drei Freuden erlebt hat und sie vergleichen kann. Jemand, der Erfahrung und Weisheit besitzt, so nehmen beide an, wäre wohl am ehesten in dieser Position. Glaukon kommt zu dem Schluss, dass in dieser Hinsicht »das Wahrste« sein muss »was der Freund des Wissens und der Begründung lobt«.[16] Die Frage, was einem im Leben die größte Freude bereitet, lässt sich nicht vornehmlich durch Vernunft klären,

15 *Apologie* 210–222E.

16 *Der Staat* 583A

sondern durch Erfahrung. Personen, die bestimmte Beobachtungen gemacht haben, wissen mehr als diejenigen, die sie nicht gemacht haben. Sie haben die Umstände vor Augen.

Aus all dem lassen sich praktische Leitlinien für die – formelle wie informelle – Anwendung der sokratischen Methode formulieren. Zentral für die Untersuchung ist die logische Kohärenz einer Behauptung. Sokrates liegt vor allem daran, dass Behauptungen miteinander vereinbar sind. Dabei ist die *Identität* der Person, die eine Behauptung aufstellt, für die Analyse irrelevant. Das sokratische Vokabular beinhaltet keine Kritik der Art: »Wie kann jemand wie du so etwas behaupten?« Jeder kann sich zu allem äußern. Wenn ein Argument von konkreten Beweisen abhängt, so mag jemand, der die Umstände kennt und aus eigener Erfahrung berichtet, eine gewisse Autorität beanspruchen. Doch auch dieser Anspruch muss begründet und gerechtfertigt sein. Stets stellt die sokratische Methode das Primat der Vernunft voran.

Aufrichtigkeit. Eine weitere Regel des sokratischen Dialogs lautet: Sage, was du denkst, und nicht das, was andere hören wollen.[17] Diesem Grundsatz folgt vor allem Sokrates selbst:

> […] Sondern aus Unvermögen unterliege ich freilich, aber nicht an Worten, sondern an Frechheit und Schamlosigkeit, und an dem Willen dergleichen zu euch zu reden, als ihr freilich am liebsten gehört hättet, wenn ich gejammert hätte und gewehklagt, und viel anderes getan und geredet, meiner Unwürdiges, wie ich behaupte, dergleichen ihr freilich gewohnt seid von den andern zu hören. Allein weder vorher

17 Ausgeführt in Vlastos, *Socratic Studies*, 7–11; Irwin, »Say What You Believe«; Robinson, *Plato's Earlier Dialectic*, S. 78f.

> glaubte ich der Gefahr wegen etwas Unedles tun zu dürfen, noch auch gereuet es mich, jetzt mich so verteidigt zu haben, sondern weit lieber will ich auf diese Art mich verteidigt haben und sterben, als auf jene und leben.
>
> *Apologie*, 38DE

Von seinen Gesprächspartnern verlangt er eine ebensolche Aufrichtigkeit.

> SOKRATES: [...] Aber auch jetzt noch, sage nur, behauptest du das Angenehme und das Gute sei einerlei, oder es gebe Angenehmes, was nicht gut ist?
>
> KALLIKLES: Damit ich also meinen Satz nicht aufgebe, wenn ich sage, es wäre verschieden, so sage ich, es ist einerlei.
>
> SOKRATES: Aber, Kallikles, du verdirbst die ersten Reden, und kannst nicht mehr gehörig mit mir das Wahre erforschen, wenn du anders redest, als du es selbst meinst.
>
> *Gorgias*, 495A

> Keineswegs, sprach er, dünkt mich dieses unbedingt so zu sein, dass man zugeben müsse, die Gerechtigkeit sei Frommes und die Frömmigkeit Gerechtes, sondern mich dünkt wohl, noch etwas Verschiedenes darin zu sein. Doch was liegt daran, sprach er? Wenn du willst, soll uns auch die Gerechtigkeit fromm und auch die Frömmigkeit gerecht sein.
>
> Das ja nicht! sagte ich. Ich begehre gar nicht, dass ein solches ›Wenn du willst‹ und ›Wie du meinst‹ untersucht werde, sondern ›Ich und Du‹. Das ›Ich und Du‹ sage ich aber in der Mei-

> nung, der Satz selbst werde am besten geprüft werden, wenn man dieses ›Wenn‹ ganz herauslässt.
>
> *Protagoras*, 331BC

Warum aber eine solche Regel? Zum einen, weil die Forderung, die Gesprächsteilnehmer sollen sagen, was sie wirklich denken, die Aufmerksamkeit auf das Wesentliche lenkt: auf die Wahrheit.[18] Sprechen wir unsere Ansichten nicht offen und ehrlich aus, so steht dies auch der Sorge um die Psyche im Wege. Es ist, als würde man seinen Arzt oder Therapeuten anlügen. Es kann dann keine Therapie erfolgen, weil diese falsch ansetzt. Wenn aber ein Dialog keine Wirkung hat, wenn er nichts bewegt, wird er sinnlos. Lehrer wissen um diesen Zusammenhang: Soll die Schule die Schüler verändern, dann fragt man am besten nach ihren eigenen, ehrlichen Meinungen. Wenn sie dagegen nur äußern, was der Lehrer ihrer Einschätzung nach hören will, so findet keine wirkliche Bildung statt.

Doch natürlich ist es keine Seltenheit, dass einer Befragung unterzogene Personen geneigt sind, Dinge zu sagen, die nicht der Wahrheit entsprechen. Sie möchten gefallen, höflich sein oder verhindern, dass es zu Streit oder Peinlichkeiten kommt. All das verleitet dazu, Zustimmung zu heucheln, besonders wenn man nur eine Suggestivfrage bejahen muss. Doch im sokratischen Kreuzverhör ist kein unaufrichtiges »Ja« gewünscht. Statt sie zur Zustimmung zu drängen, drängt Sokrates seine Gesprächspartner, *nicht* zuzustimmen, bis sie überzeugt sind.

> Und siehe wohl zu, Kriton, wenn du dies eingestehst, dass du es nicht gegen deine Meinung eingestehst. [...]

18 Siehe Vlastos, *Socratic Studies*, S. 8f.

> Überlege also auch du recht wohl, ob du Gemeinschaft mit mir machst, und dies auch annimmst, und wir hiervon unsere Beratung anfangen wollen, dass niemals weder beleidigen noch wiederbeleidigen recht ist, noch auch wenn einem Übles geschieht sich dadurch helfen, dass man wieder Übles zufügt, oder ob du abstehst und du keinen Teil haben willst an diesem Anfang. Ich meines Teils habe schon immer dieses angenommen und auch jetzt noch. Du aber, nimmst du irgendetwas anderes an, so sprich und trage es vor, bleibst du aber bei dem ehemaligen, so höre nun das Weitere.
>
> *Kriton,* 49DE

Aufrichtigkeit spielt eine zentrale Rolle bei der Klärung ethischer Fragen innerhalb einer Gemeinschaft. Kallikles führt seinen Standpunkt aus, dass das beste Leben das sei, das am meisten Bedürfnisse befriedigt. Sokrates schätzt die Ehrlichkeit seiner Äußerung:

> Gar nicht feigherzig, o Kallikles, stürmst du mit deiner Rede bei großer Freimütigkeit an. Denn ganz offen sagst du nun heraus, was die Andern zwar auch denken, aber nicht sagen wollen. Ich bitte dich daher, ja auf keine Weise nachzulassen, damit nun in der Tat offenbar werde, wie man leben muss.
>
> *Gorgias,* 492D

Das Phänomen ist weitverbreitet: Manche Überzeugungen werden offen diskutiert, wieder andere werden vertreten, aber nicht geäußert. Ein Gespräch kann keine Fortschritte machen, solange nicht beide Ebenen zur Sprache kommen. Es gehört damit zu den Aufgaben des sokratischen Fragestellers, sein Gegenüber zur Aufrichtigkeit zu ermuntern. Dies geschieht am besten so, wie Sokrates es uns vorführt: Die freimütige Behauptung wird geprüft und hinterfragt, aber der Urheber der Behauptung wird nicht verurteilt. Ganz im Gegenteil: Jemandem, der etwas Schockierendes äußert, sollte man dafür danken, dass er etwas auf den Tisch legt, das daraufhin vernünftig diskutiert und untersucht werden kann. Es handelt sich dabei quasi um ein persönliches Risiko, das auch zum Wohle der Gemeinschaft eingegangen wird. Womöglich haben andere den gleichen Gedanken, sprechen ihn aber nicht aus. Und vielleicht ist das Unausgesprochene näher an der Wahrheit als das Gesagte.

Die Regel der Aufrichtigkeit wird nicht weniger gebrochen als die meisten Grundsätze der sokratischen Methode.[19] Manchmal lässt auch Sokrates sie fallen – etwa, damit das Argument fortgeführt wird, wenn sein Dialogpartner aufgegeben hat.[20] Und ungeachtet der obigen Passage aus der *Apologie* wird Offenheit nicht gleichermaßen vom Fragesteller verlangt. Sokrates' eigene Aufrichtigkeit kann manchmal angezweifelt werden.[21] Jedoch ist die zeitweise eingenommene Haltung notwendig, denn damit die sokratische Befragung wirkungsvoll bleibt, muss der Fragende oftmals Behauptungen zurückweisen, denen er eigentlich zustimmt. Ja, gerade wenn er ihnen zustimmen will, sollte er davon absehen, damit die Gefahr der bloßen Selbstbestätigung gebannt ist. Als »Advocatus Diaboli« wurde ursprünglich ein Kirchenanwalt bezeichnet, dessen Aufgabe es war, Argumente für eine Heiligsprechung anzufechten. Der sokratische Fragesteller befindet sich in einer ähnlichen Position, wenn es um allgemein verbreitete Ansichten geht.

Aufrichtigkeit muss man sich selbst verordnen und kann dabei scheitern. Man kann sich der sokratischen Untersuchung un-

19 Siehe Vlastos, S. 10f; Kahn, »Vlastos Socrates«, S. 170ff.

20 Siehe *Protagoras* 333BC; *Der Staat* 349A.

21 Dargelegt in Fink, *Development of Dialectic from Plato to Aristotle*, S: 7; Brickhouse und Smith, *Plato's Socrates*, S. 14ff; Kahn, »Vlastos's Socrates«, S. 169–173.

bemerkt entziehen. Und das passiert sogar dann, wenn man die eigenen Überzeugungen prüft. Die Aufforderung, aufrichtig zu sein, mag in diesem Fall albern erscheinen, denn natürlich gehen wir davon aus, dass wir mit uns selbst ehrlich sind. Doch so selbstverständlich ist das nicht. Es kommt nicht selten vor, dass man glaubt, von etwas überzeugt zu sein, es aber im Grunde gar nicht ist, doch ist niemand da, der einen auf die Täuschung aufmerksam macht. Das innere Selbstbild wird genauso sorgsam verteidigt wie das Bild, das wir nach außen tragen. Wie notwendig und schwierig Aufrichtigkeit sein kann, zeigt sich gerade in der Auseinandersetzung mit uns selbst. Auch Sokrates hat das im Blick, wenn er sagt:

> Denn von sich selbst hintergangen zu werden, ist doch das Allerärgste. Denn wenn der Betrüger auch nicht auf ein Weilchen sich entfernt, sondern immer bei der Hand ist, wie sollte das nicht schrecklich sein?
>
> *Kratylos*, 428D

Zudem erkennt er, wie energisch wir uns von Dingen überzeugen möchten, die womöglich nicht wahr sind:

> SOKRATES: [...] so dass ich vielleicht gar jetzt nicht sonderlich philosophisch mich in dieser Sache verhalte, sondern wie die Ungebildeten rechthaberisch. Denn auch diese, wenn sie über etwas streiten, kümmern sich nicht darum, wie sich das wohl eigentlich verhält, wovon die Rede ist, sondern nur, dass den Anwesenden das annehmlich erscheine, was sie selbst festgestellt haben, danach trachten sie. Und ich scheine gegenwärtig nur so viel mich von ihnen zu unterscheiden, dass ich nicht danach trachten will, dass den Anwesenden das, was ich be-

haupte, wahr erscheine, außer beiläufig, sondern dass es mir selbst nur recht gewiss sich so zu verhalten erscheine.

Phaidon, 91A

Das Vier-Augen-Prinzip. Eine weitere Regel der sokratischen Praxis lautet: Zahlen sagen nichts. Es spielt keine Rolle, ob eine Überzeugung von einer Mehrheit oder gar der gesamten Welt vertreten wird. Die einzigen Ansichten von Bedeutung sind die der Dialogbeteiligten. Ein einzelner Zeuge der Wahrheit reicht aus.

Ich dagegen, wenn ich nicht dich selbst einzeln als Zeugen aufstelle, der mir beistimmen muss in dem, was ich sage, will mich dann gar nicht dünken lassen, dass ich etwas Tüchtiges ausgeführt habe über unsern Gegenstand. Ich glaube aber auch du nicht, wenn nicht ich selbst allein dir Zeugnis gebe, und du die andern allesamt gehen lässt.

Gorgias, 472BC

POLOS: Glaubst du denn nicht, schon widerlegt zu sein, Sokrates, wenn du solche Dinge behauptest, die kein Mensch zugeben würde? Doch frage einen von diesen!

SOKRATES: O Polos, ich bin kein Staatsmann. [...]

Nämlich ich verstehe für das, was ich sage, nur einen Zeugen aufzustellen, den, mit dem ich jedesmal rede, die andern alle lasse ich gehen, und nur von dem Einen weiß ich die Stimme einzufordern, mit den andern aber rede ich nicht einmal.

Gorgias, 473E–474A

Der auf ein Zwiegespräch unter vier Augen begrenzte Austausch dient mehreren Zwecken: Zum einen wird jemand davor zurückscheuen, seine wahren Gedanken zu äußern, wenn es der Allgemeinheit nicht gefallen könnte. Das Vier-Augen-Prinzip will diesen gesellschaftlichen Druck aus dem Dialog nehmen. Zum anderen basiert der sokratische Dialog ausschließlich auf den Argumenten der beiden beteiligten Parteien. Das Vier-Augen-Prinzip hält davon ab, Außenstehende als Autorität hinzuzuziehen.[22] Und es ruft in Erinnerung, dass eine vernünftige, logische Argumentation und eine populäre, mehrheitliche Argumentation verschiedene Dinge sind.

> SOKRATES: Du Seliger, gedenkst eben mich auf rednerische Art zu überführen, wie sie auch an der Gerichtsstätte Beweis zu führen sich einbilden. Denn auch da glaubt ein Teil den andern überführt zu haben, wenn er für seine Behauptung, die er vorträgt, viele Zeugen aufstellen kann und angesehene, der Gegenpart dann auch einen aufstellt oder gar keinen. Ein solcher Beweis aber ist gar nichts wert, wo es auf die Wahrheit ankommt. Denn gar manches Mal kann einer unter den falschen Zeugnissen vieler erliegen, die für etwas rechtes gehalten werden.
>
> *Gorgias*, 471E–472A

Eine Ansicht zu verteidigen, indem man sagt: »Alle wissen doch ...« oder »niemand glaubt, dass ...« kommt also nicht infrage. Es geht darum, was *man selbst* weiß oder glaubt.

Drittens ist die sokratische Befragung wie bereits erläutert ein persönlicher Prozess. Das Vier-Augen-Prinzip ist Teil dieses Ansatzes. Es ist eine enorme Leistung, einen Aspekt der Wahrheit zu erkennen oder anderen zu einer solchen Erkenntnis zu verhelfen.

22 Robinson, *Plato's Earlier Dialectics*, S. 79.

Dabei ist der Erkennende alleiniger Maßstab: Nur er kann den Erkenntnisgewinn messen. So lässt sich der Erfolg einer sokratischen Untersuchung leicht beurteilen, und es besteht keine Notwendigkeit, Unbeteiligte zu befragen. Es geht allein darum, ob sich die Gesprächspartner verständigen.

> Falls wir nun, fuhr ich fort, seiner Rede gegenüber die unsrige Punkt um Punkt entfalten, wie viele Vorteile andererseits das Gerechtsein hat, und dann wieder er, und dann wieder wir, so wird man die Vorteile zusammenzurechnen und zu messen haben, die wir beide an beidem angegeben haben, und wir werden dann irgendwelche Richter zur Entscheidung nötig haben, wenn wir aber, wie vorhin, bei der Untersuchung den Weg der gegenseitigen Verständigung einschlagen, so werden wir selbst zugleich Richter und Redner sein.
>
> *Der Staat,* 348AB

Die meisten dieser Punkte lassen sich auf das sokratische Denken ohne Partner übertragen. Der Sokratiker ist dabei im ständigen Dialog mit der vorherrschenden Meinung, er äußert sich freimütig und ohne Angst und duckt sich nicht vor dem, was andere sagen oder sagen könnten. Die folgende Bemerkung passt ebenso zur Selbstbefragung wie zum Austausch mit anderen:

> Denn gar manches Mal kann einer unter den falschen Zeugnissen vieler erliegen, die für etwas rechtes gehalten werden. So auch jetzt in dem, was du sagst, werden dir meist alle beistimmen, die Athener und die Fremden [...]
>
> Ich aber als Einziger gebe es dir nicht zu. Denn du beweisest mir nichts, sondern nur durch Aufstellung vieler falscher

> Zeugen gegen mich versuchst du mich aus meinem Gut, der Wahrheit hinauszuwerfen.
>
> *Gorgias*, 472AB

Der Masse schenkt man lieber kein Vertrauen. Diese Erkenntnis mag vor allem heute gelten, wo doch die »Aufstellung vieler falscher Zeugen« durch das Internet ungemein erleichtert wird. (Es sei hier darauf hingewiesen, dass Sokrates im Dialog zwar ein Zeuge ausreicht, der Umgang mit konventionellen Ansichten jedoch komplexer wird, wenn diese die Form von Gesetzen annehmen und es um konkrete *Verhaltensweisen* geht – diskutiert wird dieser von ihm eingeforderte Gesetzesgehorsam im *Kriton*.)

Mitgefühl. Sokrates behandelt seine Gesprächspartner mit Mitgefühl. Wenn er die Position seines Gegenübers wiedergibt, so ist er bemüht, diese besonders klar und vernünftig dazustellen. Gorgias beispielsweise behauptet, Gegenstand der Redekunst seien allein Worte, und die Rhetorik handle eben nur vom Reden. Sokrates möchte diese Ansicht anfechten, doch zuerst möchte er Gorgias helfen, seine Position so gut wie möglich herauszustellen. Sokrates weist nun darauf hin, dass Menschen Worte gebrauchen, um Ideen zu äußern, aber eben auch, um die Rechenkunst oder Messkunst zu begreifen. Gorgias stimmt ihm zu. Und so setzt sich der Dialog fort:

> SOKRATES: Aber doch wirst du, denke ich, auch von den genannten keine wollen Redekunst nennen, wiewohl du wörtlich so sagtest, die ihr ganzes Geschäft durch Reden vollendende wäre die Redekunst. Und es könnte wohl einer folgern, der dir die Worte zum Verdruss kehren wollte, also die Rechenkunst, Gorgias, nennst du Redekunst. Aber ich glaube nicht, dass du, sei es nun die Messkunst oder die Rechenkunst Redekunst nennst.

> GORGIAS: Und ganz recht glaubst du daran, Sokrates, und verstehst mich ganz richtig.
>
> *Gorgias*, 450E–451A

Eine gute allgemeine Vorgehensweise für den Dialog lautet also: Man helfe seinem realen oder vorgestellten Gesprächspartner, seine Ansichten möglichst deutlich zu formulieren. Wenn sich dann herausstellt, dass die Bedeutung seiner Worte eben nicht ganz klar ist, so gehe man weiterhin davon aus, dass man es mit einem klugen und wohlwollenden Gegenüber zu tun hat, das überwiegend Sinnvolles zu sagen hat.[23]

Im *Theaithetos* folgt Sokrates demselben Grundsatz mit besonderem Elan. Er beabsichtigt, die Ansichten des Protagoras anzufechten. Dieser ist leider tot, und so muss Sokrates die Ideen des Protagoras erst selbst darlegen, bevor er sie auseinandernehmen kann. Er beginnt mit der Protagoras zugeschriebenen Meinung, »der Mensch sei das Maß aller Dinge«. Diese Behauptung kann mehrere Bedeutungen haben, die nur zum Teil nachvollziehbar sind. Sokrates betont jedoch: »Wahrscheinlich doch wird ein so weiser Mann nicht Torheiten reden. Lasse uns ihm also nachgehen!«[24] Im Anschluss zählt er Fälle auf, die Protagoras' Ansichten so überzeugend wie möglich wirken lassen. Und auf vielen folgenden Seiten macht er sodann deutlich, warum diese Ansichten eben doch nicht überzeugend sind. Dann wiederum geht es auf noch mehr Seiten darum, welche kraftvollen Erwiderungen Protagoras angesichts dieser Anfechtungen geben würde (wenn er denn da wäre). Daraufhin werden auch diese imaginierten Entgegnungen überprüft, und

23 Ausführlicher diskutiert wird dieser Ansatz in Boghosian und Lindsay, *How to Have Impossible Conversations: A Very Practical Guide*, S. 26f. Das Buch enthält viele weitere nützliche Hinweise für eine gute Gesprächsführung.

24 *Theaithetos* 152B

so geht es immer weiter. Beim Lesen von diesem (und jedem anderen) Dialog staunt man über den Einfallsreichtum, mit dem Sokrates Argumente sowohl für als auch gegen seine Ansichten entwickelt. Hier haben wir einen Maßstab für unsere Fortschritte in der Anwendung der sokratischen Methode: Inwieweit sind wir bereit und in der Lage, Einwände gegen unsere eigenen Ansichten zu formulieren? Sind wir darin sogar schon besser als unsere Kontrahenten?

Heutzutage wird die soeben beschriebene Vorgehensweise manchmal als »Prinzip der wohlwollenden Interpretation« bezeichnet: Man versucht, die Aussagen anderer so vernünftig wie möglich zu interpretieren und ihre Argumente richtig darzustellen. Dieser Grundsatz wird vielen Autoren zugeschrieben – wie die meisten wichtigen intellektuellen Verfahren geht er jedoch auf Sokrates zurück. Wenn er eine Position infrage stellt, so hat er sie vorher meist besonders überzeugend und ansprechend dargelegt und damit stellenweise die Aufgabe der Gegenseite übernommen. Sokrates kommt den Einwänden gegen seine Haltung quasi entgegen. Daraus ergibt sich ein Ratschlag für den Dialog: Man rücke seinen Gegner oder Gesprächspartner, nicht aber sich selbst ins beste Licht.

Beleidigung. Wer sich die sokratische Methode aneignet, vermeidet es, andere zu beleidigen oder selbst beleidigt zu reagieren. Dabei ist die Gefahr, dass sich einer der Dialogpartner persönlich angegriffen fühlt, leider recht groß. Im Austausch über wichtige Themen werden Dinge angesprochen, an denen starke Gefühle hängen. Und die sind leicht zu verletzen. So rational die Auseinandersetzung auch geführt wird, können Meinungsverschiedenheiten dann schnell als persönlicher Angriff aufgefasst werden, auf den man beleidigt reagiert. Die Untersuchung des eigentlichen Gesprächsgegenstands gerät aus dem Blick, der Dialog schweift ab.

Sokrates kennt dieses Problem. Er warnt Gorgias vor Situationen, in denen zwei Personen streiten ...

> ... und einer den andern beschuldigt er rede nicht richtig oder nicht bestimmt, so erzürnen sie sich, und meinen der Andere sage so etwas aus Missgunst gegen sie, weil er nämlich nur um seine Ehre sich ereifere beim Gespräch, nicht aber den vorliegenden Gegenstand suche. Ja einige gehen zuletzt auf die unanständigste Art auseinander mit Schimpfreden, und indem sie dergleichen Dinge einander anzuhören geben, die es sogar den Anwesenden leid machen für sich selbst, dass sie solcher Leute Zuhörer haben sein gewollt.
>
> *Gorgias*, 457DE

(Man beachte, wie wenig sich da über die Jahrtausende geändert hat.) Sokrates äußert diese Sorge, weil er Gorgias widerspricht, ihm aber zugleich versichern will, dass es dabei nicht um Persönliches geht. Falls Gorgias sich persönlich angegriffen fühle, sollten die beiden innehalten und dem Gespräch eine neue Richtung geben. Auch Sokrates verfährt an manchen Stellen so:

> PHAIDROS: Du treibst deinen Spott mit unserer Rede, o Sokrates!
>
> SOKRATES: So wollen wir sie, damit du nicht unwillig wirst, beiseitelassen, obgleich sie mir recht viele Beispiele zu enthalten scheint, deren Betrachtung einem ersprießlich sein könnte [...].
>
> *Phaidros*, 264E

Damit beweist Sokrates einmal mehr besonderes Urteilsvermögen: Möchte man in einem Dialog weiterkommen, so vermeide man, an persönlichen Befindlichkeiten zu rühren. Lieber verwendet man Argumente, die dem anderen nicht zu nahe treten, und drückt sich auf eine Weise aus, die das Gegenüber nicht in die Defensive drängt. Anders gesagt: Man beachte die Regeln der Höflichkeit. Es ist (wie im zehnten Kapitel ausgeführt) eine Kunst, ein heikles Thema so zu formulieren, dass niemand beleidigt wird. Dazu müssen Worte und Beispiele sorgsam ausgewählt werden und stets den Respekt wahren. Wenn es doch einmal hitzig wird, ist es absolut gerechtfertigt, seinen Standpunkt klar und deutlich herauszustellen. Genau das tut Sokrates. Sokrates ist also bemüht, seine Gesprächspartner nicht zu beleidigen oder zu verärgern. Doch natürlich gibt es zwei Seiten: Ein vernünftiger Dialog wird auch dadurch gefährdet, dass man beleidigt wird. Sokrates macht sehr deutlich, dass *er* Widerspruch keinesfalls als Beleidigung ansieht – im Gegenteil, man tue ihm damit einen Gefallen, versichert er:

> Und von welchen bin ich einer? Von denen, die es sich gern nachweisen lassen, wenn sie etwas Unrichtiges sagen, auch gern selbst überführen, wenn ein anderer etwas Unrichtiges sagt, nicht unlieber jedoch jenes als dieses. Denn für ein größeres Gut halte ich jenes um so viel, als es ja besser ist, selbst von dem größten Übel befreit zu werden, als einen Andern davon zu befreien.
>
> *Gorgias,* 458A

Zu Kallikles sagt er später:

> Und wenn du mich überführst, werde ich dir nicht zürnen, wie du mir, sondern als mein größter Wohltäter wirst du bei mir angeschrieben stehen.
>
> *Gorgias,* 506BC

In einem späteren Dialog, in dem Sokrates nicht auftritt, legt Platon einer seiner anderen Figuren die gleiche, etwas nüchterner und weniger dramatisch formulierte, Maxime in den Mund:

> DER ATHENER: Gesetzt aber auch, dass einer von uns, in dem Bestreben zugleich, das Wahre und Beste zu finden, etwas an der heimischen Gesetzgebung der anderen zu tadeln hat, so wollen wir das gegenseitig nicht übel aufnehmen, sondern es einander zugutehalten.
>
> *Gesetze,* 634C

Diese Haltung ist ganz wesentlich für das Gelingen der sokratischen Untersuchung. Kränkungen oder Beleidigungen sind nicht nur bei ihrem konkreten Auftreten ein Problem, sie behindern den aufrichtigen Austausch schon durch ihr *drohendes* Auftreten. Denn die Gesprächsteilnehmer haben Sorge, ihr Gegenüber zu verletzen, und trauen sich nicht, ihre ehrliche Meinung zu äußern. Damit ist der Weg zur Wahrheit verbaut. Man heuchelt Einverständnis. Das Problem gab es schon damals, und es existiert noch heute. Es gehört zur sokratischen Methode, diese Befürchtungen zu überwinden. Man braucht Mut dazu, sowie die Zusage beider Seiten, dass der Disput, ganz gleich welchen Weg dieser einschlägt, nicht persönlich genommen wird.

Manche der obigen Bemerkungen erscheinen dem Bild des nervenden, angriffslustigen Sokrates zu widersprechen. Doch muss man den Kontext im Auge behalten: Gegenüber auftrumpfenden und rechthaberischen Gesprächspartnern kann Sokrates ziemlich sarkastisch auftreten, genauso wie er teils sehr streng gegen sich selbst ist, doch viele seiner Dialoge führt er mit Freunden, im wohlwollenden Ton. Er spricht diese Trennung offen aus:

> MENON: Wenn nun einer leugnete zu wissen, was Farbe ist, sondern darüber ebenso im ungewissen wäre wie über die Form, was meinst du dann geantwortet zu haben?
>
> SOKRATES: Doch das Richtige, meine ich. Und wäre der Fragende einer von jenen Weisen, Streitkünstlern und Wortfechtern, so würde ich ihm sagen, ich habe nun gesprochen, und wenn ich nicht richtig erklärt habe, so ist nun deine Sache, das Wort zu nehmen und mich zu widerlegen. Wäre es aber, dass wir, wie du und ich, jetzt als Freunde miteinander uns zur Belehrung unterhalten wollten, so müsste ich dann freilich freundlicher und der Dialektik gemäßer antworten.
>
> *Menon*, 75CD

Dieser Ansatz lässt sich auf die Untersuchung des eigenen Ichs übertragen. Die Funktion der sokratischen Methode im eigenen Verstand wie im wechselseitigen Dialog ist wie ein Gyroskop, das uns durch seine ausgleichende Funktion hilft, die Orientierung zu bewahren. Haben seine Gesprächspartner geringes Selbstvertrauen, dann ermutigt Sokrates sie. Haben sie dagegen ein übersteigertes Selbstwertgefühl, dann stutzt er sie zurecht. Der sokratische Instinkt im eigenen Ich kann auf dieselbe Weise funktionieren. Die Funktion der sokratischen Methode ist wie der Narr bei Shakespeare. Sie stichelt und demontiert, wenn das Ego sich überschätzt. Sie zieht Selbstherrlichkeit und Überheblichkeit ins Lächerliche. Sie sucht gründlich nach des Kaisers Kleidern und findet sie nicht. Und sie zeigt sich überrascht und enttäuscht, wenn der Kaiser deswegen in Rage gerät.

11

Unwissenheit

Die sokratischen Dialoge haben alle verschiedene Themen, und doch handeln sie von derselben Sache: dem Verhältnis von Wissen und Unwissen. Neben allem anderen zeigt Sokrates auf, dass jemand, der sich als Experte gibt, eben doch nicht über das Wissen verfügt, das er zu besitzen glaubt. Und auch uns Lesern wird vor Augen geführt, was wir nicht wissen. Sokrates verdeutlicht, wie schwierig es ist, an die Wahrheit heranzukommen, und im besten Fall macht uns das nicht nur demütig, sondern stachelt uns an, ihr weiter nachzuspüren. Unwissenheit dient Sokrates aber auch als taktische Haltung – als Einstieg in die Befragung und als Methode, anderen ihre Ansichten zu entlocken, indem man die Bereitschaft demonstriert, sich belehren zu lassen. Das folgende Kapitel möchte erläutern, welche verschiedenen Rollen diese Unwissenheit in der sokratischen Methode einnimmt.

Allgemeine sokratische Unwissenheit. Eine Philosophie kann irgendwo beginnen und irgendwo anders enden. Die sokratische Philosophie beginnt immer mit einem »Ich weiß es nicht«, und sie endet auch mit einem »Ich weiß es nicht.« Zwischen diesen beiden Punkten gibt es Fortschritte und Verbesserungen, und doch bewegt man sich nicht von einer Frage zu einer Antwort, sondern von einer Frage zur anderen. Zudem verändert sich die Orientierung: Statt sich von einer gesicherten Feststellung zur anderen zu hangeln, gewöhnt man sich daran, ohne Sicherheiten auszukommen. Es ist, als spüre man einen harten Klumpen durch die Matratze und versuche, durch viel Hin- und Herwälzen damit klarzukommen, bis man sich irgendwann damit abfindet, dass man keine bequeme Lage finden wird und auch das in Ordnung ist. Der Klumpen ist die Unwissenheit, und in der sokratischen Philosophie zeigt sie sich in vielen Formen: als erschreckende Erkenntnis, als chronischer Zustand, als motivierender Einfluss, als zu bekämpfender Feind und womöglich als unausweichliche Gegebenheit.

Die sokratische Untersuchung beginnt mit dem Bewusstsein, im Grunde unwissend zu sein. Man erkennt an, wie weit man noch von der Wahrheit entfernt ist, die man so gerne besitzen würde, und wie sehr man endgültiger Antworten auf wichtige Fragen entbehrt. Dargelegt wird diese Erkenntnis in der *Apologie*, also Sokrates' Verteidigungsrede vor Gericht, in der er erklärt, wie seine Bemühungen ihren Anfang nahmen. Einem Besucher des Orakels von Delphi wurde von der dort amtierenden Oberpriesterin Pythia gesagt, niemand wäre weiser als Sokrates. Letzterer beschreibt nun seine Reaktion auf diese Nachricht:

> Denn nachdem ich dieses gehört, gedachte ich bei mir also: Was meint doch wohl der Gott? Und was will er etwa andeuten? Denn das bin ich mir doch bewusst, dass ich weder viel noch wenig weise bin. [...] Ich ging zu einem von den für weise gehaltenen, um dort, wenn irgendwo, das Orakel zu überführen und dem Spruch zu zeigen: Dieser ist doch wohl weiser als ich, du aber hast auf mich ausgesagt. Indem ich nun diesen beschaute, denn ihn mit Namen zu nennen ist nicht nötig, es war aber einer von den Staatsmännern, auf welchen schauend es mir folgendergestalt erging, ihr Athener. Im Gespräch mit ihm schien mir dieser Mann zwar vielen andern Menschen

> auch am meisten, aber sich selbst sehr weise vorzukommen, es zu sein aber gar nicht. Darauf nun versuchte ich ihm zu zeigen, er glaubte zwar weise zu sein, wäre es aber nicht, wodurch ich dann ihm selbst verhasst ward und vielen der Anwesenden. Indem ich also fortging, gedachte ich bei mir selbst, als dieser Mann bin ich nun freilich weiser. Denn es mag wohl eben keiner von uns beiden etwas Tüchtiges oder Sonderliches wissen, allein dieser doch meint zu wissen, da er nicht weiß, ich aber wie ich eben nicht weiß, so meine ich es auch nicht. Ich scheine also um dieses wenige doch weiser zu sein als er, dass ich, was ich nicht weiß, auch nicht glaube zu wissen.
>
> *Apology*, 21BD

Sokrates beginnt daraufhin, auch andere zu befragen und kommt zu demselben Schluss. Die besondere Weisheit des Sokrates besteht damit offenbar darin, sich nicht für besonders weise zu halten. In den Dialogen kommt dies wiederholt zur Sprache, und Sokrates thematisiert an mehreren Stellen seine Unwissenheit.[1]

> Ich teile die Armut in dieser Sache mit meinen Landsleuten, und mache mir genug Vorwürfe darüber, dass ich gar nichts von der Tugend weiß.
>
> *Menon*, 71B

Sokrates betrachtet es als seine Aufgabe, die falsche Gewissheit über die eigene Weisheit, wo immer diese auch zu finden ist, zu demontieren.

1 Eine Darstellung von Formen der Unwissenheit bei Sokrates sowie erläuternde Theorien findet man bei McPartland, »Socratic Ignorance«.

> Dieses nun gehe ich auch jetzt noch umher nach des Gottes Anweisung zu untersuchen und zu erforschen, wo ich nur einen für weise halte von Bürgern und Fremden, und wenn er es mir nicht zu sein scheint, so helfe ich dem Gotte und zeige ihm, dass er nicht weise ist.
>
> *Apologie*, 23B

Wenn wir Sokrates nun als eine verinnerlichte Funktion unseres Verstandes betrachten, so leistet diese zuvorderst und ständig die Aufgabe, falsche Annahmen von Wissen aufzudecken. Unsere eingebildete Klugheit würde sonst wie Unkraut wahre Erkenntnisse überwuchern. Das tatsächliche Vorhandensein von Weisheit und das Gefühl, Weisheit zu besitzen, sind bei Sokrates zwei umgekehrt proportionale Größen.

Ironie. In der Wissenschaft wird ausführlich darüber gerätselt, was es mit Sokrates' Bekenntnissen seiner eigenen Unwissenheit auf sich hat. Dabei sind diese Bekenntnisse aus zweierlei Gründen nicht wörtlich zu nehmen. Denn zum einen klingen sie oftmals ironisch. Bei Sokrates schwingt immer etwas Spielerisches, Spöttisches mit, das nicht nur das Verhältnis der Dialogpartner betrifft, sondern auch uns als Leser, da sich nur schwer einschätzen lässt, wann wir es mit Ironie zu tun haben.[2] (Die obigen Ausschnitte aus der *Apologie* können hier als Beispiel dienen.) Die Ironie tritt am deutlichsten hervor, wenn Sokrates es mit einem Gegenüber zu tun hat, das für sich Weisheit beansprucht. Denn dann lobt der Philosoph seinen Gesprächspartner in den höchsten Tönen, stellt ihm daraufhin ein paar Fragen und schmeichelt ihm umso mehr, wenn er diese nicht beantworten kann. Als Euthyphron behauptet, er kenne den Unter-

2 Siehe Vlastos, Socrates, *Ironist and Moral Philosopher*, S. 21–44.

schied zwischen dem Frommen und Unfrommen, erwidert Sokrates: »So wird es demnach für mich, du bewunderungswürdiger Euthyphron, wohl das Beste sein, dass ich dein Schüler werde«.[3] Einige Seiten später, nachdem er Euthyphrons Argumente auseinandergenommen hat, fährt Sokrates fort:

> SOKRATES: [...] Daher weiß ich gewiss, dass du ganz genau zu kennen meinst, was fromm ist und was nicht. Sage daher, bester Euthyphron, und verbirg nicht, was du davon hältst.
>
> EUTHYPHRON: Ein anderes Mal denn, o Sokrates, denn nun eile ich wohin, und es ist Zeit, dass ich gehe.
>
> SOKRATES: Was tust du doch, Freund! Du gehst und wirfst mich von der großen Hoffnung herab, die ich hatte, teils der Anklage des Melitos, von dir über das Fromme und Ruchlose belehrt, glücklich zu entkommen, wenn ich ihm beweisen könnte, dass ich nun schon vom Euthyphron weise gemacht wäre in göttlichen Dingen, und nicht mehr aus Unwissenheit auf meine eigene Weise grübelte oder Neuerungen suchte, teils aber auch mein übriges Leben würdiger zu verleben.
>
> *Ethyphron*, 15E–16A

Ähnlich geht es zu, als Sokrates von Hippias erfahren möchte, was Schönheit ist – ein Thema, das Sokrates nach eigener Aussage nicht vernünftig diskutieren kann. Hippias jedoch bestätigt er voller Lob: »... du weißt es gewiss genau, und es ist wohl nur etwas Geringes unter den vielen Kenntnissen, die du besitzt.«[4] Die beiden tauschen

3 *Euthyphron* 5A.

4 *Hippias maior* 286E.

sich seitenlang aus, und am Ende ist Hippias verärgert und Sokrates traurig.

> SOKRATES: Ja, lieber Hippias, du bist freilich glücklicher dran, dass du nicht nur weißt, worauf ein Mensch Fleiß wenden soll, sondern auch schon Fleiß genug darauf gewendet hast, wie du sagst. Mich aber, wie es scheint, hat ein böses höheres Geschick in seiner Gewalt [...].
>
> *Hippias maior,* 304BC

Sokrates wirkt in diesen Situationen wenig sympathisch. Niemand, außer vielleicht Hippias, würde vermuten, dass sein Lob ernst gemeint ist. Mit seiner spöttischen Haltung kann man sich am ehesten abfinden, wenn man vermutet, dass der echte Sokrates so nicht geredet haben wird. Falls er es aber doch tat, würde das immerhin seine Unbeliebtheit erklären. Auch müssen wir Sokrates' Äußerungen nicht so verstehen, als würde Platon diesen ironischen Ton gutheißen oder empfehlen. Am besten halten wir uns vor Augen, dass vor allem selbstgefällige Schwätzer zum Ziel von Sokrates' Spott werden (zu anderen ist er definitiv freundlicher). Mit der gleichen Geringschätzung, die Sokrates diesen Schaumschlägern entgegenbringt, sollten wir, wie im vierten Kapitel erläutert, unserer eigenen Überheblichkeit entgegentreten.

Jedenfalls ist offensichtlich, dass Sokrates nicht immer meint, was er sagt. Seine behauptete Unwissenheit gehört für viele in eben diese Kategorie und wird als pädagogischer Kniff angesehen.[5] »Sokratische Ironie« ist ein stehender Begriff dafür, dass man unwissend tut, um andere zum Reden zu bringen. Sokrates übertreibt sein Nichtwissen tatsächlich manchmal, um die Diskussion in Gang

5 Gulley, *Philosophy of Socrates*, S. 39.

zu bringen. Doch seine wiederholte Bemerkung, über dieses oder jenes Thema nicht viel zu wissen, ist offenbar ernst gemeint.[6] Man unterstellt Sokrates gerne eine ironische Haltung, da er zunächst behauptet, unwissend zu sein, dann aber zeigt, dass andere noch unwissender sind, wodurch er eben doch nicht so unwissend sein kann. Wenn er jedoch andere mit Spott belegt, die Wissen für sich beanspruchen, beinhaltet das nicht, dass er etwas wüsste, was diese Personen nicht wissen. Das spricht Sokrates offen aus:

> Es glauben nämlich jedesmal die Anwesenden, ich verstände mich selbst darauf, worin ich einen Andern zu Schanden mache. Es scheint aber, ihr Athener, in der Tat der Gott weise zu sein, und mit diesem Orakel dies zu sagen, dass die menschliche Weisheit sehr weniges nur wert ist oder gar nichts, und offenbar nicht dies von Sokrates zu sagen, sondern nur mich zum Beispiel erwählend sich meines Namens zu bedienen, wie wenn er sagte: Unter euch ihr Menschen ist der der weiseste, der wie Sokrates einsieht, dass er in der Tat nichts wert ist, was die Weisheit anbelangt.
>
> *Apologie*, 23AB

Sokrates schätzt seine Weisheit also tatsächlich gering ein. Nur schätzt er die Weisheit anderer eben noch geringer ein, weil ihnen die Erkenntnis der eigenen Unwissenheit fehlt.

Ironie vermuten wir aber auch, weil Sokrates zunächst behauptet, nichts zu wissen, dann aber zeigt, dass er voller Gedanken und Einsichten ist, die seinen Partnern nie in den Sinn gekommen wären. Doch ein Haufen Ideen ist noch keine Antwort. Hätte Sokrates

6 Diese Ansicht vertreten auch Irwin, *Plato's Moral Theory*, S. 39f.; Bett, »Socratic Ignorance«, S. 218; Benson, *Socratic Wisdom*, Kap. 8.

die Antworten, an denen es ihm nach eigener Aussage mangelt, würde er sie seinem eingebildeten Gesprächspartner doch an den Kopf knallen. Doch das tut er nicht. In den Dialogen (zumindest in denen, die uns hier interessieren) kann Sokrates die behandelten Hauptfragen nie lösen. Wäre er dazu in der Lage, würde er es doch wahrscheinlich tun.

Stellen wir uns vor, ein Schachmeister, der über einer komplizierten Stellung grübelt, bekommt von einem Neunmalklugen gesagt, die Lösung sei doch ganz einfach. Worauf der Schachmeister ausruft: »Da bin ich aber froh! Ich komme einfach nicht drauf. Helfen Sie mir.« Der Neunmalkluge schlägt nun etwas vor, worauf ihm der Schachmeister eloquent darlegt, wie sehr er damit falsch liegt. War seine erste Reaktion also ironisch? Nur zum Teil. Er meinte es sicher ernst, als er sagte, dass er die Lösung nicht kenne, aber gerne erfahren würde. Zugleich war er aber sicher, dass der Neunmalkluge es auch nicht besser wissen würde. Denn der Schachmeister hat sich lange mit dem Problem beschäftigt, er durchdringt es besser als die meisten – schließlich kann er zwölf Züge voraussehen. So in etwa kann man sich vorstellen, was Sokrates im Sinn hat. Wenn er andere anspricht, als erwarte er, dass sie etwas verstehen, was er nicht versteht, dann ist das ein Spiel. Aber es ist Ernst, wenn er eingesteht, dass er die Antworten selbst nicht kennt.

Gehen wir also davon aus, dass Sokrates aufrichtig ist, wenn er sagt, dass er nicht weiß, was er gerne wissen würde. Doch: Was meint er damit?

Arten des Wissens. Es gibt zwei Gründe, warum innerhalb der Wissenschaft über Sokrates' behauptete Unwissenheit gerätselt wird. Zum einen ist da die eben diskutierte Nähe zur Ironie. Zum anderen drückt sich Sokrates oft genug auf eine Weise aus, die vermuten lässt, dass er eben doch über Wissen verfügt. An manchen

Stellen unterscheidet er zwischen den kleinen Dingen, die er kennt, und den großen Dingen, von denen er nichts weiß.

> Wohlan denn, so antworte mir, sprach er. Weißt du wohl etwas? Freilich, sagte ich, und recht viel, Kleinigkeiten wenigstens.
>
> *Euchthydemos,* 293B

Hier und da aber trifft er auch Feststellungen, die nahelegen, dass er sich auch mit den großen Dingen auskennt:

> [...] gesetzwidrig handeln aber und dem besseren, Gott oder Mensch, ungehorsam sein, davon weiß ich, dass es übel und schändlich ist.
>
> *Apologie,* 29B

> [...] dass aber richtige Vorstellung und Erkenntnis etwas verschiedenes sind, dies glaube ich nicht nur zu vermuten, sondern, wenn ich irgendetwas behaupten möchte zu wissen, und nur von wenigem möchte ich dies behaupten, so würde ich dies eine hierher setzen unter das, was ich weiß.
>
> *Menon,* 98B

In der Literatur sind die seltenen Gelegenheiten, zu denen Sokrates sagt, er wisse bestimmte Dinge, bereits zusammengetragen, verallgemeinert und den Situationen gegenübergestellt worden, in denen er verneint, Wissen oder Weisheit zu besitzen (Vlastos hat neun Stellen gefunden).[7] Und es wird diskutiert, welche Bedeutung diese Bekundungen von Wissen haben: Es könnte sich dabei um

7 Siehe Vlastos, *Socratic Studies*, S. 43–66; Bett, »Socratic Ignorance«; Lesher, »Socrates' Disavowal of Knowledge«; Wolfsdorf, »Socrates' Avowals of Knowledge«.

Dinge handeln, die Sokrates als wahr betrachtet, solange sie nicht widerlegt werden, oder Dinge, die er unmittelbar zu wissen glaubt.[8] Womöglich sind diese Aussagen aber auch einfach Versprecher. Oder sie beruhen auf Erfahrung und betreffen keine universellen Wahrheiten. Vielleicht mangelt es Sokrates aber auch an systematischem moralischem Wissen, und so handelt es sich bei seinen Erkenntnissen immer nur um Stückwerk.[9] Es könnte aber auch sein, dass er etwas anderes unter Wissen versteht, wenn er davon spricht, er »wisse« dieses oder jenes oder aber er »wisse« nichts.[10]

Diese letzte Theorie erscheint besonders vielversprechend. Sokrates hat ja offenbar Vertrauen in Erkenntnisse, die er aus der Anwendung des (im sechsten Kapitel vorgestellten) Elenchus gewinnt. Wissen ist hier, was ihm durch seine bisherigen Schlussfolgerungen wahr erscheint und (noch) nicht widerlegt wurde. Ebenso verfügt Sokrates über die Art von Wissen, das wir alle über Dinge zu haben glauben, für die wir keine Experten sind.[11] Wir *spüren*, dass etwas richtig ist und verhalten uns entsprechend. Aber er verfügt eben nicht über ein Wissen, auf das sich andere berufen sollen, und er kann auch niemanden finden, der dieses Wissen besitzt. Ganz gleich, welche dieser Theorien korrekt ist (falls überhaupt eine zutrifft), das Ergebnis bleibt in einer Hinsicht dasselbe: Sokrates' Wissen ist nicht von der Art, dass sich weitere Nachforschungen erübrigen.

Diese Interpretation hilft uns übrigens, ein anderes Problem zu verstehen. Denn Sokrates sagt, dass die Tugend eine Art von Wis-

8 Vgl. Vlastos, *Socratic Studies*, S. 48–56, und Lesher, »Socrates' Disavowal of Knowledge«, S. 279.

9 Siehe C. C. W. Taylor, »Plato's Epistemology«, S. 166; Bett, »Socratic Ignorance«, S. 225–228.

10 Bei Vlastos, *Socratic Studies*, S. 39–66, findet sich die berühmteste Darstellung dieser Theorie, diskutiert wird diese Möglichkeit aber auch in Arbeiten zeitgenössischer Philosophen, etwa von Goldstein, *Plato at the Googleplex*, S. 366f.

11 Erläutert in Woodruff, »Plato's Early Theory of Knowledge«.

sen oder Weisheit ist (nachzulesen im vierzehnten Kapitel). Er leugnet aber zugleich, dass er irgendein bedeutendes Wissen besitzt. Heißt das nun, dass es ihm an Tugend mangelt? Nicht, wenn er »wissen« in der soeben angesprochenen doppelten Sichtweise verwendet. Wissen im Sinne einer endgültigen, die Untersuchung abschließenden Gewissheit besitzt Sokrates nicht und kann es auch nicht erreichen. Dennoch verfügt er über viel »vorläufiges« Wissen, das mehrmals auf seine Folgerichtigkeit geprüft und bisher nicht widerlegt wurde und das ihm ein gewisses Maß an Tugendhaftigkeit verleiht. »Wissen« ist in dieser Sichtweise immer graduell. Sokrates macht alle Fortschritte, die ihm möglich sind: nicht viele vielleicht, aber mehr als die meisten.

Unerkannte Unwissenheit. Da wir nun – vorläufig! – festgestellt haben, dass Sokrates es ernst meint, wenn er seine Unwissenheit betont, können wir uns der Frage widmen, warum Unwissenheit in den Dialogen eine so große Rolle spielt und auf welche Weise sie nützlich sein kann.

Nach Sokrates bringt unreflektiertes Nichtwissen die größten Übel hervor. Unwissenheit ist Anlass für Irrtum und Unrecht. Die Menschen unterliegen ihren Lastern, sie schätzen Dinge falsch ein und machen sich unglücklich, weil sie nicht wirklich verstehen, was sie tun und warum sie es tun. Sie denken nicht gründlich genug nach. Besonders verachtenswert aber ist bei Sokrates die doppelte Unwissenheit – die Unwissenheit derer, die nicht wissen, aber zu wissen meinen. Wir alle befinden uns gelegentlich in dieser Lage. Wir sind ganz von uns überzeugt, doch ist unser Vertrauen auf Sand gebaut. Einem Kreuzverhör würden wir nicht standhalten, aber wir werden auch keinem unterzogen. Wer sich in dieser bedauernswerten Lage befindet, kann für andere gefährlich werden, so wie betrunkene Autofahrer, die sich für nüchtern halten.

Diesen Gedanken haben wir bereits in Passagen aus der *Apologie* angetroffen, wo Sokrates sagt, dass es zumindest besser ist zu wissen, dass man unwissend ist, als unwissend zu sein, ohne es zu wissen. In den späteren Dialogen, in denen Sokrates nicht mehr so oft vorkommt, tritt das Motiv noch deutlicher hervor:

> GAST: Ich glaube eine sehr große und bedeutende Art des Unverstandes abgesondert zu sehen, welche allen andern Teilen derselben das Gleichgewicht hält.
>
> THEAITETOS: Was für eine?
>
> GAST: Wenn, was man nicht weiß, man glaubt zu wissen, woraus wohl alles, was unserer Seele misslingt, allen entstehen mag.
>
> THEAITETOS: Richtig.
>
> GAST: Und diese Art des Unverstandes, denke ich, wird allein Torheit genannt.
>
> THEAITETOS: Freilich.
>
> GAST: Wie nun sollen wir den hiervon uns befreienden Teil der Belehrung benennen?
>
> THEAITETOS: Ich denke wenigstens, o Gastfreund, dass das übrige nur lehren im Sinne von Fachkenntnisse beibringen ist, dieses aber, hier wenigstens unter uns, eigentlich Bildung genannt wird.
>
> *Sophistes*, 229CD

Das Prinzip kann als Ausgangspunkt für eine Philosophie dienen oder, wie es in der Textstelle heißt, die Bildung des Menschen motivieren. Die doppelte Unwissenheit steht dabei in Verbindung mit einem grundlegenderen Problem, nämlich der »selbstwertdienlichen Verzerrung« aus der Sozialpsychologie – einer Denkweise, in der wir uns stets als Zentrum des Universums betrachten. So hat Freud die Entdeckungen von Kopernikus, Darwin und ihm selbst als fortgeführte Kränkungen der naiven Eigenliebe des Menschen beschrieben.[12] Die Berührungspunkte zwischen sokratischer Untersuchung und Psychoanalyse (die ja auch ein Angriff auf die doppelte Unwissenheit ist) sind Thema einer anderen Erörterung. Doch wir können hier zumindest feststellen, dass die Idee der narzisstischen Kränkung auf Platon zurückgeht.

> Dies ist nämlich der Grundsatz, dass jeder Mensch von Natur sich selber liebe und auch von Rechts wegen lieben müsse, denn in Wahrheit ist derselbe vielmehr allemal und für einen jeden wegen der übermäßigen Selbstliebe die Quelle aller Fehltritte. Denn auch diese Liebe macht blind gegen die Fehler des geliebten Gegenstandes, so dass man demzufolge über das, was recht, gut und schön ist, ein verkehrtes Urteil fällt und sich selber stets höher als die Wahrheit schätzen zu müssen glaubt.
>
> *Gesetze*, 731E–732A

Doppelte Unwissenheit hat praktische Konsequenzen. Es ist kein so arges Problem, sich zu irren, wenn man immerhin weiß, dass das Risiko besteht und man sich einsichtig zeigt. Wenn nun aber

12 Freud, *Vorlesungen zur Einführung in die Psychoanalyse*, 18. Vorlesung: »Die Fixierung an das Trauma, das Unbewusste«.

jemand offenbar unrecht hat und sich dennoch absolut im Recht fühlt, so nimmt ihm das die Bereitschaft zu lernen und wird ihn letztlich in erhebliche Schwierigkeiten bringen. Bekommen solche Menschen auch noch Verantwortung, so sorgt ihre doppelte Unwissenheit für Probleme, die auch andere betreffen. Die meisten politischen Fehlleistungen gehen auf diese Zusammenhänge zurück, die Platon wiederholt zur Sprache bringt:

> DER ATHENER: Und wenn man nun zum Dritten auch noch die Unwissenheit als Ursache der Fehltritte bezeichnet, so wird man darin nicht irren. Noch besser aber, wenn der Gesetzgeber zweierlei Arten von ihr unterscheidet, die einfache, welche nur leichtere Vergehen verursacht, und die doppelte, wo jemand fehlgreift nicht bloß von Unwissenheit befangen, sondern auch von dem Wahne der Weisheit, als verstände er vollkommen, wovon er doch gar nichts versteht. Und diese letztere muss dann ferner der Gesetzgeber, wenn sich noch Macht und Stärke mit ihr verbindet, für die eigentlichste Ursache aller großen und groben Verbrechen ansehen, wogegen sie mit Schwachheit begleitet, die Fehler der Kinder und Alten erzeugt, die er zwar immer als Fehler betrachtet und gegen sie eben als solche Gesetze erlassen muss, aber doch solche, mit der allergrößten Milde und Nachsicht verfahren.
>
> *Gesetze*, 731E–732A

> Denn die Unwissenheit der Mächtigen ist feindselig und schändlich, denn sie ist auch den Nahestehenden verderblich, sie selbst und ihre Abbilder, die schwache aber fällt uns in die Natur und das Gebiet des Lächerlichen.
>
> *Philebos*, 49C

Die sokratische Philosophie wird von der Liebe zur Wahrheit angetrieben, doch als Tätigkeit beginnt sie damit, eingebildete Weisheit abzuschütteln. Bevor es daran geht, an Erkenntnis zu gewinnen, müssen wir uns – und zwar deutlicher, als uns lieb ist – darüber klar werden, was wir nicht wissen und welche falschen Überzeugungen wir hegen. Diese sind schwer zu erkennen und wehren sich gegen Angriffe. Am besten bekommt man sie mit einem verinnerlichten Sokrates zu fassen, der einem sagt, dass man nicht so weise ist, wie man sich selbst vorkommt. So können wir uns dem Gefühl und der Haltung der wirklich Weisen am weitesten annähern. Der angesehene schottische Altphilologe William Keith Chambers Guthrie drückt dies sehr passend aus:

> Sokratiker zu sein, bedeutet nicht, irgendeiner systematischen philosophischen Doktrin zu folgen. Es geht zuerst und vor allem um eine Geisteshaltung, nämlich um eine intellektuelle Demut, die leicht mit Arroganz verwechselt wird, da der wahre Sokratiker nicht nur von seiner eigenen Unwissenheit, sondern der Unwissenheit der gesamten Menschheit überzeugt ist.[13]

Hebammenkunst. Sich unwissend zu geben, hat – abgesehen davon, uns vor der eigenen Dummheit zu schützen – noch weitere Vorteile. Denn es fördert Gedankenspiele. Seinem Gesprächspartner sagt man ja im Grunde: »Nimm an, dass ich nichts weiß. Du kannst deine Ideen frei entwickeln. Ich stelle nur Fragen, von denen manche vielleicht naiv erscheinen. Wir schauen einfach mal, wohin uns die Antworten führen.« Diese Einstellung gibt neuen Ideen eine Chance, da sie nicht gegen Vorurteile antreten müssen, die auto-

13 Guthrie, *History of Greek Philosophy*, S. 449.

matisch aufkommen, wenn eine lang gehegte Überzeugung durch instinktive Revierverteidigung oder die Macht der Gewohnheit verteidigt werden will. Der Zuhörer gibt seine Überzeugungen für die Dauer des Gesprächs auf und ist offen für neue Ideen, die er annehmen oder denen er eben auch widersprechen kann. Es ist wie bei freien Wahlen: Die neue Idee bleibt nicht unangefochten, wird aber auch nicht durch einen Amtsinhaber blockiert.

Diese Art der Unwissenheit wird vor allem im *Theaitetos* prominent dargestellt. Dort sieht sich Sokrates in der Rolle der Hebamme: Er selbst bringt zwar kein Kind zur Welt, doch kann er seinem Gegenüber helfen, eine Idee zur Welt zu bringen oder auch die Fehlgeburt dieser Idee begleiten.

> SOKRATES: Von meiner Hebammenkunst nun gilt übrigens alles, wie von der ihrigen. Sie unterscheidet sich aber dadurch, dass sie Männern die Geburtshilfe leistet und nicht Frauen, und dass sie für ihre gebärenden Seelen Sorge trägt und nicht für Leiber. Das Größte aber an unserer Kunst ist dieses, dass sie imstande ist zu prüfen, ob die Seele des Jünglings Missgestaltetes oder Falsches zu gebären im Begriff ist, oder Gebildetes und Echtes. Ja auch hierin geht es mir eben wie den Hebammen: ich verhelfe zur Geburt nicht aus Weisheit, und was mir bereits viele vorgeworfen, dass ich andere zwar fragte, selbst aber nichts über irgendetwas antwortete, weil ich nämlich nichts Kluges wüsste zu antworten, darin haben sie recht. Die Ursache davon aber ist diese: Geburtshilfe leisten nötigt mich der Gott, erzeugen aber hat er mir gewehrt. Daher bin ich selbst keineswegs etwa weise, habe auch nichts dergleichen aufzuzeigen als von meinem Verstand erzeugt und geboren.

Auch darin ergeht es denen, die mit mir umgehen, wie den Gebärenden. Sie haben nämlich Wehen und sind geplagt von Zweifelsschmerzen bei Tag und Nacht, weit ärger als jene. Und diese Wehen kann meine Kunst erregen sowohl als stillen. So ist es demnach mit ihr beschaffen.

Theaitetos, 150B–151B

Mit Sokrates' Hilfe gelangt Theaitetos zu einer Definition von Erkenntnis, die er mit Wahrnehmung gleichsetzt. Die Theorie wird einer ausgiebigen Prüfung unterzogen, der sie nicht standhält.

SOKRATES: Sind wir nun noch mit etwas schwanger, Freund, und haben Geburtsschmerzen in Sachen der Erkenntnis? Oder haben wir alles ausgeboren?

THEAITETOS: Ich, beim Zeus, habe vermittelst deiner Hilfe sogar mehr herausgebracht, als ich in mir hatte.

SOKRATES: Und unsere Geburtshelferkunst hat von jenem allem gesagt, es wären nur Windeier und nicht wert, dass man sie aufziehe?

THEAITETOS: Auf alle Weise ja.

SOKRATES: Gedenkst du nun, Theaitetos, nach diesem wiederum mit anderem schwanger zu werden, so wirst du, wenn du es wirst, dann Besseres bei dir tragen, vermöge der gegenwärtigen Prüfung, wenn du aber leer bleibst, denen, welche dich umgeben, weniger beschwerlich sein und sanftmütiger, und mit Besonnenheit nicht glauben zu wissen, was du nicht weißt. Denn nur so viel vermag diese mei-

> ne Kunst, mehr aber nicht, noch verstehe ich so etwas wie die andern großen und bewunderten Männer von heute und von früher.
>
> *Theaitetos*, 210BC

Es handelt sich hier um die wohl bekannteste Metapher der Dialoge.[14] Sie bietet Raum für vielerlei Interpretationen. Ich verwende sie hier als Bild für die sokratische Unwissenheit und wie diese Ideen ans Licht bringen kann, die sich sonst vielleicht nicht entwickelt hätten. Sokrates übertreibt seinen Mangel an Wissen aus gutem Grund und übernimmt die Rolle des Geburtshelfers: Er unterstützt die Hervorbringung von Ideen, die er anschließend untersucht. Er *strebt* Unwissenheit *an*, die sein Gegenüber ermutigt, einen Gedanken in den Raum zu stellen. Doch führt er Dialoge auch auf andere Art und gibt meistenteils eben nicht die zurückhaltende Hebamme: Er bringt, auch im *Theaitetos*, eigene Gedanken ein.[15] Dennoch ist die geistige Geburtshilfe ein Aspekt der sokratischen Methode.

Der Vergleich mit der Hebamme bezieht sich auf die Fähigkeit, jemand anderem zuhören zu können. Wahrscheinlich aber betrifft er, wie die meisten Anregungen Sokrates', eine innere Haltung, mit der wir einer Idee oder einer schwierigen Frage nachgehen. Als geistige Geburtshelfer sind wir bestrebt, einen Gedanken vollständig und von seiner besten Seite zu betrachten, bevor wir ihn kritisieren. Geduldig hilft Sokrates dem Theaitetos, das Gemeinte in die

---

14 Robinson meint, die Metapher sei uns derart in Fleisch und Blut übergegangen, dass wir sie als Merkmal der gesamten sokratischen Literatur und des echten Sokrates betrachteten. (Robinson, »Forms and Error in Plato's Theaetetus«, S. 4.) Siehe auch Burnyeat, »Carneades Was No Probabilist«, S. 8, wo es heißt, die Hebammen-Metapher sei auf einer oberflächlichen Ebene eine Metapher wie jede andere, die auf der Ähnlichkeit zwischen einer geistigen und einer körperlichen Geburt beruhe. Doch sei die Ähnlichkeit so passend und eingängig, dass sie zu dem Gedanken einlade, dass die Metapher in einem tieferen Sinne einer psychologischen Wirklichkeit entspreche.

15 Ausgeführt in Annas, »Plato the Skeptic«, S. 325.

passenden Worte zu fassen – erst *dann* begutachtet und untersucht er das Geäußerte. Eine Vorgehensweise, die um vieles besser ist als die weitverbreitete Sitte, die Argumente des Gegners herunterzumachen, bevor man ihnen widerspricht. Dabei handelt es sich auch um eine Form der Selbstdisziplin, da eine Idee wohlwollend und geduldig abgewogen werden will, auch wenn sie den eigenen Überzeugungen widerspricht. Man ruft sich nicht nur ins Gedächtnis, dass man selbst irren könnte. Man versucht, zeitweilig zu vergessen, was man für richtig hält.

12

Aporie

Würden wir von Sokrates befragt, so brächte er uns am Ende zu der Einsicht, dass wir im Grunde keine wahren Aussagen treffen können. Ist man einmal in das sokratische Denken eingeführt, kommt man wahrscheinlich zu demselben Schluss. Jede Äußerung, die wir zu einer bedeutenden Frage formulieren, kann sich als falsch, unvollständig oder in anderer Weise unzutreffend erweisen. Diese Erkenntnis kann uns am Ende zu einer Haltung des Skeptizismus führen (den wir uns im sechzehnten Kapitel anschauen), unmittelbar aber führt er uns in die Aporie, nämlich eine Art Sackgasse (wörtlich »Weglosigkeit« beziehungsweise Ausweglosigkeit). Dieser Zustand wird erreicht, wenn unsere Bemühungen, etwas Wahres zu äußern, allesamt gescheitert sind und wir mit unseren Ideen am Ende sind. Zuweilen wird die Aporie als Geisteszustand der Verwirrung und Verständnislosigkeit beschrieben, streng genommen sind diese Empfindungen aber eine Reaktion auf die gedankliche Sackgasse. Für das Gefühl, das einen befällt, wenn einem die Ressourcen für Antworten ausgehen, gibt es ein Bild: Man tastet nach einem festen Grund, auf dem man stehen kann, findet jedoch nirgendwo Halt. Das folgende Kapitel schaut sich nun die Bedeutung und Rolle der Aporie an.

Definitionen. Die Aporie und das sie begleitende Gefühl werden an verschiedenen Stellen der Dialoge auf verschiedene Weise beschrieben. Zumeist wird eine Metapher benutzt, wie in dieser Antwort Menons an Sokrates:

> O Sokrates, ich habe schon gehört, noch ehe ich mit dir zusammengekommen bin, dass du allemal selbst so in Zweifel bist, und auch andere in Zweifel bringst. Auch jetzt kommt mir vor, dass du mich bezauberst und mir etwas antust und mich offenbar besprichst, dass ich voll Verwirrung geworden bin, und du dünkst mich vollkommen, wenn ich auch etwas scherzen darf, in der Gestalt und auch sonst, jenem breiten Seefisch dem Zitterrochen zu gleichen. Denn auch dieser macht jeden, der ihm nahe kommt und ihn berührt, erstarren. Und so dünkt mich, hast auch du mir jetzt etwas Ähnliches angetan, dass ich erstarre. Denn in der Tat an Seele und Mund bin ich erstarrt und weiß dir nichts zu antworten, wiewohl ich schon vielmals über die Tugend gar vielerlei Reden gehalten habe vor Vielen, und sehr gut wie mich dünkt. Jetzt aber weiß ich nicht einmal was sie ist zu sagen.
>
> *Menon,* 79E–80B

An anderen Stellen drückt sich die Ausweglosigkeit so aus:

> EUTHYPHRON: Aber ich weiß nicht, wie ich dir sagen soll, was ich denke. Denn wovon wir auch ausgehen, das geht uns ja immer herum, und will nicht bleiben, wohin wir es gestellt haben.
>
> *Euthyphron,* 11B

> SOKRATES: Hierher also, Nikias! Guten Freunden, die eine stürmische Fahrt haben in der Untersuchung und nicht vorwärts können, komm zu Hülfe, wenn du etwas vermagst. Denn unser Tun siehst du, wie es nichts fördert.
>
> *Laches,* 194C

Mit der Aporie kommen wir am ehesten in Berührung, wenn wir über den Tod nachdenken. Versuchen wir uns das Ende unseres Bewusstseins vorzustellen, so stehen wir oftmals vor einer großen Leere. Auch das Nachdenken über Unendliches oder Paradoxes kann dieses Gefühl hervorrufen. Der Verstand ist erschöpft. Wir kommen nicht mehr vorwärts, sind aber auch in keiner stabilen Position und finden keine Worte.[1]

Die sokratischen Dialoge enden häufig mit einer Aporie und teilweise wird angenommen, dass genau dies ihr Zweck ist. Vielleicht ist das ein weiterer Grund, warum Platon die Dialogform gewählt hat. Denn eine Aporie entsteht häufiger durch den Austausch im Dialog oder auch durch dessen Lektüre als durch direkte Darlegung. Ein Dialog, der scheinbar nirgendwohin führt, kann sehr wohl produktiv sein, wenn es sein Ziel war, eine Aporie statt einer Schlussfolgerung herzustellen.

Doppelte Unwissenheit. Eine Aporie kann anzeigen, dass man den Zustand der doppelten Unwissenheit verlässt. Es stellt sich heraus, dass wir das, was wir für sicheres Wissen hielten, im Grunde gar nicht durchschauen. Wir wussten nichts von unserer Unwissenheit, die nun aber klar hervortritt. Über eben diese Art der Aporie spricht Sokrates im *Alkibiades.* Die Menschen erschrecken nicht, wenn ihnen eine Frage gestellt wird und sie die Antwort wissen. Sie erschrecken auch nicht, wenn sie wissen, dass sie die Antwort *nicht* wissen. Sie erschrecken, wenn sie dachten, sie wüssten die Antwort und dann feststellen, dass sie sie nicht wissen.

ALKIBIADES: Aber bei den Göttern, o Sokrates, ich weiß nicht, was ich behaupte, sondern ordentlich ganz verdreht komme

1 Siehe Szaif, »Socrates and the Benefits of Puzzlement, S. 33.

ich mir vor. Denn bald dünkt es mich so, wenn du mich fragst, bald wieder anders.

SOKRATES: Und das weißt du nicht, Lieber, was für ein Zustand dies ist?

ALKIBIADES: Gar nicht.

SOKRATES: Glaubst du denn, wenn dich jemand fragte, hast du zwei oder drei Augen, und zwei Hände oder vier, dass du dann auch bald dies antworten würdest, bald wieder anderes? Oder immer dasselbe?

ALKIBIADES: Mir ist zwar nun schon ganz bange um mich selbst, ich glaube aber doch dasselbe.

SOKRATES: Und dass du es weißt, ist die Ursache davon?

ALKIBIADES: Das denke ich wenigstens.

[...]

SOKRATES: Betrachte es nur mit mir gemeinschaftlich. Was du nicht verstehst, aber auch erkennst, dass du es nicht verstehst, schwankst du etwa über dergleichen? Wie von der Zubereitung der Gemüse weißt du doch wohl, dass du nichts weißt?

ALKIBIADES: Ganz gewiss.

SOKRATES: Machst du dir nun hierüber eine Meinung, wie man sie wohl zubereiten müsse, und schwankst dann, oder überlässt du es dem Sachverständigen?

ALKIBIADES: Das Letzte tue ich.

SOKRATES: Und wenn du zu Schiffe führst, würdest du dir eine Meinung darüber machen, ob man das Steuerruder wohl müsse einwärts oder auswärts führen, und weil du es nicht recht wüsstest, schwanken, oder würdest du das dem Steuermann überlassen und dich ganz ruhig halten?

ALKIBIADES: Dem Steuermann.

SOKRATES: Du schwankst also nicht über das, was du nicht weißt, wenn du nur weißt, dass du es nicht weißt.

ALKIBIADES: Ich scheine nicht.

SOKRATES: Merkst du nun wohl, dass auch die Fehler im Handeln aus dieser Unwissenheit entstehen, dass wer nicht weiß, doch meint zu wissen?

Alkibiades, Erster Dialog, 116E–117D

Wie wir im elften Kapitel gesehen haben, ist die doppelte Unwissenheit für Sokrates eine Art Schlaf, den wir alle bis zu einem gewissen Maß durchwandern. Doch dann laufen wir auf einmal gegen eine Wand. Und diese Wand ist die Aporie. Das Erwachen ist schmerzhaft, aber lehrreich. Das Erkennen der eigenen Unwissenheit – die Entdeckung, dass man weniger weiß, als man dachte – ist zunächst einmal unangenehm. Das Ego, das doch die eigene Weisheit als hoch einschätzt, empfindet dies als Verlust. Das sokratische Denken aber lässt uns die Entdeckung wohlwollender aufnehmen. Denn wir kommen dahin, sie nicht länger als Verlust von Weisheit, sondern als den Beginn von Weisheit zu betrachten.

Aporie als Reinigung. Die Aporie kann man als notwendigen Schritt betrachten, der echtes Lernen erst möglich macht. Wir werden uns bewusst, dass wir mit Worten umgegangen sind, als wäre deren Bedeutung selbstverständlich, sie dabei aber im Grunde nicht begriffen haben.[2] Und nun empfinden wir einen Mangel. Das Vertrauen in unser Wissen ist verschwunden. Es musste Platz machen, um etwas Besserem Raum zu geben. Gut dargestellt wird dieser Prozess im *Sophistes*, in dem Sokrates nicht die Hauptfigur ist.

> GAST: Denn, lieber Sohn, so wie die Ärzte des Leibes der Meinung sind, der Leib könne die ihm beigebrachte Nahrung nicht eher nutzen, bis jemand die Hindernisse in ihm selbst weggeschafft habe, so denken die Reiniger der Seele dasselbe von der Seele des Menschen, nämlich dass der Mensch nicht eher von Kenntnissen Vorteil haben könne bis er in seiner Meinung widerlegt wird und daraus Bescheidenheit lernt; er muss zunächst von seinen Vorurteilen gereinigt und zu der Überzeugung gebracht werden, dass er nur weiß, was er wirklich weiß, nicht was er glaubt zu wissen.
>
> THEAITETOS: Die vorzüglichste wenigstens und weiseste Gemütsbeschaffenheit ist diese.
>
> GAST: Deshalb nun, Theaitetos, müssen wir auch sagen, dass die prüfende Zurechtweisung die herrlichste und vortrefflichste aller Reinigungen ist, und müsse den ungeprüften, wenn er auch der große König wäre, für höchst unrein halten, und dass er ungebildet und hässlich gerade da ist, wo,

2 Desjardins, »Why Dialogues? Plato's Serious Play«, S. 116f.

wer wahrhaft glückselig sein will, am reinsten und schönsten sein muss.

Sophistes, 230CE

So kann uns die Aporie also auch von schlechten Eigenschaften befreien. Erinnern wir uns an die Betrachtung des *Theaitetos* im elften Kapitel. Dort ging Theaitetos mit einer Idee schwanger, die sich als »Windei« herausstellte. Sokrates ermutigt ihn, es dennoch weiter zu versuchen, und versichert Theaitetos, dieses Bemühen diene ihm auch dann, wenn seine Ideen keine Fortschritte machten. Denn die Aporie würde ihn zu einem besseren Menschen machen. Ein Gewinn an Demut erscheint auf den ersten Blick keine attraktive Belohnung. Doch denken wir einmal daran, wie oft Menschen zu sehr von sich überzeugt sind und sich für klug halten, obwohl sie es nicht sind. Denken wir daran, wie unerträglich und auch gefährlich diese Zeitgenossen sind und ob es sein könnte, dass wir aus denselben Gründen ebenso unerträglich für unsere Mitmenschen sind – und wie viele Probleme allein daraus entstehen. Vielen Menschen wäre geholfen, wenn sie erkennen würden, wie wenig sie wissen und wie sehr sie Gefahr laufen, sich letztendlich lächerlich zu machen. Uns allen würde diese Erkenntnis guttun. Eine gewisse Schocktherapie – und die Aporie ist eine Form davon – ist ein kleiner Preis für die Befreiung von unguter Selbstüberschätzung.[3]

Aporie als Ansporn. Die Aporie kann uns nicht nur auf das Lernen vorbereiten, sondern genauso gut zum Lernen motivieren.[4] Sie stachelt uns an. Im Grunde sagt Sokrates ja: Mach dich nochmals auf

3 Siehe Robinson, *Plato's Earlier Dialectic*, S. 18.

4 Vgl. ebd., S. 17, wo es heißt, das Ziel des Elenchus sei die Erweckung des Menschen aus seinem dogmatischen Schlaf in die wahre intellektuelle Neugier.

die Suche nach einer Antwort, aber sei dir dieses Mal bewusst, welche Mühe es erfordert. Man bekommt Wissenshunger, wenn man erkennt, wie wenig Wissen man besitzt. Im *Menon* drückt Sokrates eben dies aus, als er über einen von ihm befragten Sklaven spricht:

> SOKRATES: Siehst du wohl, Menon, wie weit er schon fortschreitet im Wiedererinnern? Denn zuerst wusste er zwar nicht, welches die Seite des achtfüßigen Quadrats ist, wie er es auch jetzt noch nicht weiß, allein er glaubte damals es zu wissen, und antwortete zuversichtlich als ein Wissender, und glaubte nicht in Verlegenheit zu kommen. Nun aber glaubt er schon in Verlegenheit zu sein, und wie er es nicht weiß, so glaubt er es auch nicht zu wissen.
>
> MENON: Du hast recht.
>
> […]
>
> SOKRATES: Vielmehr haben wir vorläufig etwas ausgerichtet, wie es scheint, damit er herausfinden kann, wie sich die Sache verhält. Denn jetzt möchte er es wohl gern suchen, da er es nicht weiß, damals aber glaubte er ohne Schwierigkeit vor vielen oftmals gut zu reden über das zweifache Quadrat, dass es auch eine zwiefach so lange Seite haben müsse.
>
> MENON: So mag es wohl sein.
>
> SOKRATES: Glaubst du nun, er würde sich vorher bemüht haben, das zu suchen oder zu lernen, was er nicht wissend glaubte zu wissen, ehe er überzeugt, er wisse nicht, in Zweifel geriet, und sich nach dem Wissen sehnte?

MENON: Nein, dünkt mich, Sokrates.

SOKRATES: Nutzen hat ihm also das Erstarren gebracht?

MENON: So dünkt mich.

Menon, 84BC

Auch das von Theaitetos beschriebene Gefühl kann als Reaktion auf eine Aporie gelesen werden:

SOKRATES: Du kommst doch wohl mit, Theaitetos? Wenigstens scheinst du mir nicht unerfahren in diesen Dingen zu sein.

THEAITETOS: Wahrlich, bei den Göttern, Sokrates, ich wundere mich ungemein, wie doch dieses wohl sein mag, ja bisweilen, wenn ich recht hineinsehe, schwindelt mir ordentlich.

SOKRATES: Theaitetos, du Lieber, urteilst eben ganz richtig von deiner Natur. Denn gar sehr ist dies der Zustand eines Freundes der Weisheit, die Verwunderung, ja es gibt keinen andern Anfang der Philosophie als diesen.

Theaitetos, 155CD

Die fortwährende Aporie. Das oben Gesagte kann so gedeutet werden, als gäbe es richtige Antworten auf die Fragen, die uns beschäftigen, und als würde uns die Aporie dazu anspornen, noch genauer nach diesen Antworten zu suchen. Nehmen wir aber an, wir kommen zu dem Schluss, dass es keine endgültigen Antworten gibt, so tief wir auch schürfen mögen. Auch dann sollten wir nicht aufgeben. Im sokratischen Denken *gibt es kein* Aufgeben: Wir sind besser dran, wenn wir akzeptieren, dass die Suche wahrscheinlich kein Ende nimmt, sondern immer weiter fortgeführt werden kann. Denn selbst wenn wir die Wahrheit nicht besitzen können, so können wir uns ihr doch annähern. Wir sollten auf Diskurse setzen, die unser Verständnis erweitern – und wir tun dies am erfolgreichsten, wenn wir unsere Beschränktheit vergessen und nichts weniger als die Wahrheit anstreben.

> SOKRATES: Und wenn ich wiederum sage, dass ja eben dies das größte Gut für den Menschen ist, täglich über die Tugend sich zu unterhalten, und über die andern Gegenstände, über welche ihr mich reden und mich selbst und andere prüfen hört, ein Leben ohne Selbsterforschung aber gar nicht verdient gelebt zu werden, das werdet ihr mir noch weniger glauben wenn ich es sage. Aber gewiss verhält sich dies so, wie ich es vortrage, Athener, nur euch davon zu überzeugen ist nicht leicht.
>
> *Apologie*, 38A

> SOKRATES: [...] dass wir aber, wenn wir glauben das suchen zu müssen, was wir nicht wissen, besser werden und tätiger und weniger träge, als wenn wir glauben, was man nicht wisse, sei nicht möglich zu finden, und man brauche es also auch nicht zu suchen, dafür möchte ich allerdings streiten, wie ich nur kann.
>
> *Menon*, 86BC

Aporie und Wahrheit. Eine radikalere Sicht auf die Aporie betrachtet sie als Auslöser von Sprachlosigkeit, da man an eine Wahrheit gelangt, die unaussprechlich ist. Die Vorstellung dahinter: Es gibt Wahrheiten, die man nicht äußern kann – Wahrheiten, die sich der Sprache entziehen und damit unaussprechlich sind.[5] Man könnte

5 Darstellungen dieser Sichtweise finden sich bei Friedländer, aber auch in dem Aufsatz »Plato's Dialogues in Light of the Seventh Letter« von Sayre.

sie als verbale Entsprechung der irrationalen Zahlen ansehen. Doch können diese Wahrheiten zuweilen ohne Worte wahrgenommen werden. Man kann etwa Schwierigkeiten haben, Gerechtigkeit zu definieren, ihre Bedeutung aber doch durch viele knapp gescheiterte Erklärungsversuche einkreisen. Und statt dieses Ergebnis als unzureichendes Durcheinander anzusehen, ist eben das Unerreichte und das Durcheinander Ziel der Suche. Ziel unseres Nachdenkens und Argumentierens ist nicht die eine logische Schlussfolgerung, sondern die Ahnung von etwas Größerem. Wir erfahren, dass die Wahrheit nicht unbedingt deckungsgleich mit unserer Sprachfähigkeit und Auffassungsgabe ist.

Diese Betrachtungsweise der Aporie lässt sich aus dem Ansatz der frühen Dialoge ableiten. Warum wird die Wahrheit immer gesucht und nie offenbart? Vielleicht, weil sie sich nicht aufdecken lässt – und eben *das* ist die Erkenntnis. Platons *Siebenter Brief* stützt diesen Gedanken teilweise. Die Echtheit des Briefs ist umstritten[6], daher sollte man ihm nicht zu viel Gewicht beimessen, trotzdem lohnt es sich, die Passage zu lesen. Sollte der Text authentisch sein, dann ermöglicht er uns einen direkten Einblick in Platons Denken. Sollte er es nicht sein, so gibt er uns als historische Quelle dennoch einen interessanten Hinweis dazu, wie Platon über philosophische Entdeckungen gedacht haben könnte.

> Über alle die Schriftsteller hierüber, sowohl über die jetzigen wie über die künftigen, welche versichern über die Hauptmaterien meines Studiums Etwas zu wissen, sei es aus meinem eigenen Munde oder aus dem Anderer oder durch eigene Auffindung, habe ich hier den Satz auszusprechen: jene Schreiber verstehen, nach meiner Überzeugung wenigstens, über die Philoso-

6 Siehe die Diskussion und entsprechende Belege im ersten Kapitel.

> phie gar nichts. Es gibt ja von mir einmal über jene Materien keine Schrift und wird auch keine geben. Denn in bestimmten sprachlichen Ausdrücken darf man sich darüber wie über andre Lerngegenstände gar nicht aussprechen, sondern aus häufiger fortgesetzter Unterredung gerade über diesen Gegenstand sowie aus innigem Zusammenleben entspringt es plötzlich aus der Seele wie aus einem Feuerfunken das angezündete Licht und bricht sich dann selbst weiter seine Bahn.
>
> *Siebenter Brief*, 341CD

Nachdem er über die in den Dialogen aufkommenden Schwierigkeiten gesprochen hat, gibt John Stuart Mill hierzu folgende Zusammenfassung:

> Dass er die von ihm selbst hervorgehobenen Schwierigkeiten, selbst nachdem er sich endgültig für die Meinungen, denen sie anhaften, entschieden hatte, kaum jemals gelöst werden, scheint mir nur unter der Voraussetzung erklärlich, dass er aufgehört hatte, sich um ihre Lösung zu bemühen, indem er zu der Ansicht gelangt war, dass überall unlösbare Schwierigkeiten zu erwarten seien. Wenn wir seinem siebenten Briefe glauben dürfen, so war er zur Zeit, da er ihn schrieb, wenigstens sicherlich der Meinung, dass keine Worterklärung irgend eines Dinges ins Schwarze treffen könne, und dass sie die Erkenntnis dessen, was ein Ding ist, zwar nur nach einem langen und nach allen Seiten hin gewendeten Streit erreichbar, jedoch niemals das direkte Ergebnis der Diskussion sei, sondern schließlich (und zwar nur bei glücklicheren Naturen) durch eine Art von plötzlicher Erleuchtung entstehe.[7]

---

7 Mill, *Gesammelte Werke*, Bd. 12, S. 98f.

Andere sind zurückhaltender bei der Deutung des *Siebenten Briefs* und der Schlussfolgerung, Platon nehme Wahrheiten an, die sich der sprachlichen Äußerung widersetzten.[8] Ob die Dialoge oder das nach ihrem Vorbild entwickelte dialektische Vorgehen auf eben beschriebene Weise Erfolg zeigen, bleibt dem Leser und seiner Erfahrung überlassen. Eine einzige oder allgemeine Antwort kann es hier wohl nicht geben. Wie Mill nahelegt, hängt das Ergebnis eher von den Fähigkeiten und Befindlichkeiten der nach Antworten suchenden Person ab.

Unechte Aporien. Nach obigen Ausführungen ergibt sich eine Aporie, wenn ein philosophisches Problem unlösbar erscheint.[9] Doch natürlich ist diese Einschätzung sehr subjektiv. Wer an diesen Punkt gelangt, reagiert womöglich auf eine bei ihm selbst zu suchende Unzulänglichkeit und nicht auf die Unlösbarkeit der Frage (wobei eine Aporie wahrscheinlich immer beide Aspekte beinhaltet). Lehrende wie Studierende können von Fällen berichten, in denen jemand durch einen Zustand ähnlich der Aporie blockiert wurde, da ein Problem nicht ausreichend beleuchtet oder erläutert wurde. Dieses Risiko besteht auch in den Dialogen. An manchen Stellen erleben wir, wie Sokrates sein Gegenüber mit Falschannahmen oder Trugschlüssen in eine Sackgasse treibt oder zumindest verwirrt.[10]

Es kommt auch vor, dass sich seine Gesprächspartner beklagen, Sokrates würde sie durch Wortspiele oder schlechte Argumente aus dem Konzept bringen.

8 Siehe Kahn, *Plato and the Socratic Dialogue*, S. 388–392.

9 Szaif, »Socrates and the Benefits of Puzzlement«, S. 30f.

10 Ebd., S. 35, 40f.

> KALLIKLES: Dieser Mann wird nie aufhören, leeres Geschwätz zu treiben. Sage mir, Sokrates, schämst du dich nicht in deinem Alter auf Worte Jagd zu machen, und wenn jemand in einem Worte fehlt, dies für einen großen Fund zu achten?
>
> *Gorgias,* 489BC

In diesen Momenten möchte Platon seine Leser womöglich vor unechten Aporien warnen, nimmt sich aber auch selbst vor, dieses zu vermeiden, indem er darauf aufmerksam macht. Er wäscht damit seine Hände in Unschuld.

Da aber in der sokratischen Herangehensweise an die Aporie kein Aufgeben infrage kommt, ist das Risiko einer ungewollten Aporie-Blockade nicht allzu ernst. Denn wenn uns die Aporie dazu bringt, noch intensiver an der Wahrheitsfindung zu arbeiten, spielt es vielleicht keine Rolle, ob sie durch ein schlechtes Argument hervorgerufen wurde. Und wenn die Aporie zu einer bescheideneren und genaueren Wahrnehmung der eigenen Weisheit führt, ist sie, egal wie sie zustande kommt, eben auch positiv zu bewerten. Dennoch: Eine unbeabsichtigte Aporie wirkt vom sokratischen Standpunkt aus genauso verwerflich wie jeder andere falsche, unaufrichtige Zustand. Wird eine Aporie festgestellt, sollte diese Feststellung also der gleichen Prüfung unterzogen werden wie jede andere.

Die selbst herbeigeführte Aporie. Grundsätzlich räumt dieses Buch der sokratischen Methode einen bedeutenden Nutzen für das eigene Denken ein. Auch Sokrates' Umgang mit Aporien passt zu dieser Darstellung. Es geht ihm nicht darum, andere in die Falle zu locken. Er selbst stößt an einen Punkt, an dem es nicht mehr weitergeht, und möchte diese Erfahrung anderen mitteilen.

> SOKRATES: Denn keineswegs bin ich etwa selbst sicher, wenn ich die Anderen zum Zweifeln bringe, sondern auf alle Weise bin ich selbst auch in Zweifel, und ziehe nur so die Anderen mit hinein.
>
> *Menon,* 80C

> SOKRATES: Als nun Kritias dies hörte und mich ratlos sah, dünkte es mich, dass gerade wie denen, welche einen andern gegenüber gähnen sehen, das selbige zu begegnen pflegt, so auch er von mir, dem Ratlosen, überwältigt, selbst in Ratlosigkeit gefangen war.
>
> *Charmides,* 169C

Sokrates steckt also andere mit der Wahrnehmung der Aporie an, wie aber kommt er selbst zu dieser Wahrnehmung? Durch Selbstanalyse.

Gemiedene Aporie. Über die positiven Effekte der Aporie berichtet meist Sokrates selbst, nicht aber seine Gesprächspartner. Letztere sehen offenbar auch keinen Grund, Sokrates für seine Hilfe zu danken. Manchmal führt die Aporie tatsächlich zu der freundschaftlichen Übereinkunft, den Dingen weiter auf den Grund zu gehen.[11] Häufiger aber tritt sein Gegenüber ab, um von jemand anderem ersetzt zu werden, oder weil es bestrebt ist, Sokrates zu entkommen.[12] Was ist davon zu halten? Offenbar ist es so, dass eine Aporie sich nicht immer durchsetzen und vor allem auch gemieden werden kann.[13] Man kann sie umgehen und vergessen. Dieselbe Energie,

11 Siehe *Laches* 194AB.

12 Siehe *Gorgias* 461B, *Euthyphron* 15E.

13 Szaif, »Socrates and the Benefits of Puzzlement«, S. 43.

die nötig ist, um zu einer Aporie zu gelangen, ist auch nötig, um sie zu ertragen und Nutzen aus ihr zu ziehen. Und wenn Sokrates die Aporie positiv bewertet, sein Gegenüber aber wegläuft und nicht in den Genuss ihrer Vorteile kommt, dann sagt uns das: Die eigentlichen Adressaten für die Erfahrung der Aporie sind nicht die Dialogpartner, sondern wir Leser.[14]

14 Ebd., S. 42f.

13

Sokratisches Gut

Warum nun die ganze Mühe? Eben dieser Frage widmet sich das folgende Kapitel. Die meisten Menschen, die sich, abseits der Universität, mit Philosophie beschäftigen, tun dies, weil sie in ihrem Leben oder ihrem Denken auf Probleme stoßen. Sie suchen nach hilfreichen Anregungen. Weder Sokrates noch Platon (falls die beiden überhaupt unterschieden werden können) tun sich auf den ersten Blick als vielversprechende Helfer bei dieser Sinnsuche hervor. Nun gibt es ja viele Philosophen, die nicht *behaupten*, dem normalen Menschen Lebenshilfe bieten zu wollen. Doch zu diesen gehört Sokrates eben nicht. Er interessiert sich dafür, wie man ein gutes Leben führt und seine seelische Gesundheit pflegt, und er findet, dass diese Fragen uns alle betreffen. Dennoch geht die sokratische Methode nicht direkt auf die Bedürfnisse ein, die viele von uns umtreiben: Sie verspricht kein Wohlbefinden und auch keine besseren Aussichten auf Erfolg, Reichtum und Beliebtheit, sondern eher noch das Gegenteil all dessen. Auch hat sie über die Jahrhunderte keine großen Erfolge hinsichtlich allgemeingültiger Antworten auf ethische Fragen hervorgebracht. Ja, der Verstand mag einen verinnerlichten Sokrates benötigen, aber meistens besitzt er bereits einen gewichtigen Anti-Sokrates, der gerne hervorhebt, dass die Philosophie Zeitverschwendung ist und man besser fährt, wenn man sich vor allem um das »echte« Leben kümmert. Was spricht dennoch dafür, sich mit Sokrates und seinen Methoden zu beschäftigen?

Sokratisches Gut. Eine Antwort darauf steckt in einem der berühmtesten platonischen Texte, dem Höhlengleichnis. Es findet sich in einem Teil der Schrift *Der Staat*, die Platon wahrscheinlich zu einem späteren Zeitpunkt in seinem Leben verfasst hat, kann aber dennoch als Rechtfertigung der sokratischen Methode gelesen werden.

Das Gleichnis beginnt mit der Beschreibung von Menschen, die in einer Höhle gefangen sind. Sie sind dort angekettet und können nur nach vorn und nicht zur Seite schauen. Hinter ihnen brennt ein Feuer, dessen Lichtschein auf die Wand vor ihnen fällt. Zwischen dem Feuer und den Gefangenen bewegen sich wiederum andere Personen und halten Abbilder von Menschen und Tieren in die Höhe. So werden die Schatten dieser Figuren auf die Wand vor den Gefangenen geworfen, und ihre Umrisse sind also alles, was die Angeketteten jemals anschauen. Sokrates fragt nun Glaukon, was geschehen würde, wenn einer der Gefangenen sich losmachen und die Höhle durch einen Eingang auf der hinteren Seite verlassen könnte:

> Wenn einer entfesselt und genötigt würde, plötzlich aufzustehen, den Hals umzudrehen, herumzugehen, in das Licht zu sehen, und wenn er bei allen diesen Handlungen Schmerzen empfände und wegen des Glanzgeflimmers vor seinen Augen nicht jene Dinge anschauen könnte, deren Schatten er vorhin zu sehen pflegte. Was würde er wohl dazu sagen, wenn ihm jemand erklärte, dass er vorhin nur ein Schattenspiel gesehen, dass er jetzt aber dem wahren Sein schon näher sei und sich Gegenständen zugewandt habe, denen ein stärkeres Sein zukomme, und er daher nunmehr auch richtiger sehe? Und wenn man ihm dann auf jeden der vorüberwandernden Gegenstände zeigen und ihn durch Fragen zur Antwort nötigen wollte, zu sagen, was sie seien, glaubst du nicht, dass

er ganz in Verwirrung geraten und die Meinung haben würde, die vorhin geschauten Schattengestalten hätten mehr Wirklichkeit als die, welche er jetzt gezeigt bekomme?

Ja, bei weitem, antwortete er.

[...]

Also einer allmählichen Gewöhnung daran, glaube ich, bedarf er, wenn er die Dinge über der Erde schauen soll. Da würde er nun erstlich die Schatten am leichtesten anschauen können und die im Wasser von den Menschen und den übrigen Wesen sich abspiegelnden Bilder, sodann erst die wirklichen Gegenstände selbst. Später würde er die Erscheinungen nachts am Himmel und den Himmel selbst erst, durch Gewöhnung seines Blickes an das Sternen- und Mondlicht, leichter schauen als am Tage die Sonne und das Sonnenlicht.

Ohne Zweifel.

Wenn ein solcher wieder hinunterkäme und sich wieder auf seinen Platz setzte, würde er da nicht die Augen voll Finsternis bekommen, wenn er plötzlich aus dem Sonnenlicht käme?

Ja, ganz sicherlich, sagte er.

Aber wenn er nun, während sein Blick noch verdunkelt wäre, wiederum im Erraten jener Schattenwelt mit jenen, die dort immer gefangen sind, wetteifern sollte, und zwar ehe seine Augen wieder zurechtgekommen wären, und die zu dieser Gewöhnung erforderliche Zeit dürfte nicht ganz klein sein,

> würde er da nicht ein Gelächter veranlassen, und würde es nicht von ihm heißen, weil er hinaufgegangen wäre, sei er mit verdorbenen Augen zurückgekommen, und es sei nicht der Mühe wert, nur den Versuch zu machen, hinaufzugehen? Und wenn er sich gar unterstände, sie zu entfesseln und hinaufzuführen, würden sie ihn nicht ermorden, wenn sie ihn in die Hände bekommen und ermorden könnten?
>
> Ja, gewiss, antwortete er.
>
> *Der Staat,* 514A–517A

Das Höhlengleichnis ist auf vielerlei Weise, vor allem aber als Verbildlichung von Platons Formenlehre interpretiert worden.[1] Ich verwende es hier für einen bescheideneren Zweck, nämlich zur Verdeutlichung des Nutzens von philosophischen Fortschritten, so sehr deren Möglichkeiten im Vorherigen auch geschmälert wurden. Das Verlassen der Höhle entspricht keinem Bedürfnis der Gefangenen. Sie haben deswegen nicht mehr Freude oder Erfolg im weltlichen Sinne. Doch nur wenige, die das Gleichnis hören, möchten lieber in der Höhle sein als draußen. So können wir das Verlassen der Höhle als sokratisches Gut ansehen: als etwas, dem jene, die es nicht erfahren haben, nicht viel (oder sogar negativen) Wert beimessen, auf das aber wiederum andere, die es erlebt haben, nicht verzichten möchten.

Ignoti nulla cupido. Die mangelnde Sehnsucht nach sokratischem Gut liegt in einem Zirkelschluss begründet: Die Abwesenheit eines Guts macht es uns schwer zu erkennen, warum wir uns seinen Besitz wünschen sollten. Die Höhlenbewohner wissen ja nicht, was

1 Siehe etwa *Plato at the Googleplex,* S. 382–385.

ihnen entgeht. Platon lässt diesen Zusammenhang im *Gastmahl* von einer anderen Figur gegenüber Sokrates äußern:

> Denn das eben ist das Verderbliche am Unverstand, dass man, ohne schön, gut und verständig zu sein, dennoch sich selber genug dünkt. Wer nun nicht glaubt, bedürftig zu sein, der begehrt auch dessen nicht, wessen er nicht zu bedürfen glaubt.
>
> *Symposion,* 204A

Es ist nicht leicht, andere und manchmal auch sich selbst davon zu überzeugen, dass das sokratische Gute existiert und wir alles daransetzen sollten, es zu erlangen. Denn es fehlen alle üblichen Motivationen, die uns sonst antreiben, etwas besitzen zu wollen. Wer sich mit Sokrates auseinandersetzt, macht oftmals auf diesen Punkt aufmerksam. Montaigne etwa schreibt:

> Dass jeder Mensch so entschlossen und mit sich selbst zufrieden gesehen wird und dass jeder Mensch sich für ausreichend intelligent hält, bedeutet, dass er rein gar nicht davon versteht – wie Sokrates es dem Euthydemos zu verstehen gab.[2]

Und Kierkegaard:

> Man meint, die Welt brauche eine neue Gesellschaftsordnung und eine neue Religion, aber niemand denkt daran, dass unsere gerade durch das viele Wissen verwirrte Welt einen Sokrates braucht. Doch freilich, dächte einer daran, oder dächten gar viele daran, dann wäre er weniger nötig. Was eine Verwir-

2 Hazlitt, *Essays of Montaigne,* 3:390. Montaigne bezieht sich hier nicht auf Platon, sondern auf Xenophons *Erinnerungen an Sokrates,* 4,2,24.

> rung am meisten braucht, ist immer das, woran sie am wenigsten denkt – wie sich von selbst versteht: sonst wäre es ja keine Verwirrung.[3]

Und Mill:

> Der Nutzen, den die Logik bietet, besteht darin, von einem Defekt befreit zu werden, von dem niemand, der ihn besitzt, weiß, dass er ihn hat. [...] Daher können jene, die nichts von der Logik wissen, niemals durch irgendwelche Anstrengungen dazu gebracht werden, ihren Nutzen zu begreifen. Entweder denken sie auch ohne sie folgerichtig, oder sie tun es nicht: wenn sie es tun, brauchen sie sie nicht; und was jene betrifft, die mangels ihrer unrichtig denken, so erkennen sie ihre Unzulänglichkeit erst, wenn sie beseitigt ist.[4]

Auch Ovids Ausspruch *ignoti nulla cupido* drückt diesen Umstand aus: »dem Unbekannten gilt kein Verlangen«.[5] In welche Worte das Problem auch gefasst werden mag: Es stellt ein gewaltiges Hindernis bei der Wahrheitssuche dar. Denn es fällt schwer, sich auf die Suche nach etwas zu begeben, das man nicht kennt und daher nicht vermisst.

Mildere Formen dieses Phänomens werden heute als Dunning-Kruger-Effekt bezeichnet (nach den beiden Psychologen, die ihn untersucht haben): ein Mangel an Kompetenz wird nicht wahrgenommen, da eben auch hierzu die Kompetenz fehlt.[6] Für Sokrates hat dieser Umstand umfassende und tiefgreifende Folgen: Unsere

---

3 Kierkegaard, *Die Krankheit zum Tode*, Jena 1849, S. 87.

4 Mill, »Whately's Elements of Logic«, S. 5.

5 Ovid, *Ars Amatoria*, III 397.

6 Dunning und Kruger, »Unskilled and Unware of It«.

Unwissenheit lässt uns die eigene Unwissenheit nicht erkennen. Wir sind philosophisch ungebildet – und zu ungebildet, um dies zu durchschauen.

Der Blick zurück. Eine sokratische Verteidigung des sokratischen Bestrebens würde anderen das Interesse an der Philosophie niemals vorschreiben. Sie würde Fragen stellen, welche die Angesprochenen zu dem Schluss bringen, dass sie sich bereits für Philosophie interessieren. Aber manchmal sind diese Fragen schwer zu formulieren. Nehmen wir an, Sokrates würde in uns eine Vorstellung davon wecken, wie viel besser es uns ginge, wenn wir größere Weisheit erlangten. Und wir würden erwidern, dass diese Aussicht uns nicht besonders reizvoll erscheine, denn schließlich wüssten wir doch schon eine ganze Menge – und das, was wir bis jetzt nicht begriffen hätten, könnten wir auch dann nicht begreifen, sonst hätten wir es ja längst getan. Wie könnte es an einem solchen Punkt weitergehen?

Sokrates' Antwort könnte darin bestehen, sich dem Problem von der anderen Seite anzunähern. Er könnte uns vorschlagen, doch einmal an die sokratischen Werte zu denken, die wir *bereits* besitzen: Sind wir froh, sie zu haben? Wie hoch schätzen wir die Weisheit, die wir bereits beanspruchen können? Was ist mit Menschen, die scheinbar glücklicher sind als wir, weil sie selbstzufrieden sind oder bestimmte Dinge ignorieren, die wir aber sehr wohl wahrnehmen? Fällt uns niemand ein, der in diese Kategorie passt, können wir uns glücklich schätzen. Wahrscheinlicher aber ist, dass wir mit solchen Menschen zu tun haben. Fragen wir uns, wie es wäre, wenn wir mit ihnen tauschen könnten, um uns vielleicht ein wenig besser zu fühlen: Wahrscheinlich würden wir diese Option doch ablehnen, oder? Für Sokrates jedenfalls war dies eine abwegige Vorstellung. In der *Apologie* beschreibt er Begegnungen mit Menschen, die weltlichen Erfolg haben und sich für weise halten, es aber nicht sind.

> So dass ich mich selbst auch befragte im Namen des Orakels, welches ich wohl lieber möchte: so sein wie ich war, gar nichts verstehend von ihrer Weisheit, aber auch nicht behaftet mit ihrem Unverstande, oder aber in beiden Stücken so sein wie sie. Da antwortete ich denn mir selbst und dem Orakel, es wäre mir besser so zu sein, wie ich war.
>
> *Apologie*, 22DE

Wenn auch wir uns gegen diesen Handel entscheiden, messen wir den Früchten des sokratischen Denkens also höheren Wert bei: Wir würden auf kein Stückchen Weisheit oder Wahrheit verzichten, das wir bereits besitzen.

Ein ähnliches Gedankenspiel ergibt sich durch den Vergleich mit Tieren:

> Diejenigen also, welche mit Einsicht und Tugend nichts gemein haben, bei Schmausereien und dergleichen aber immer dabei sind, die bewegen sich also, wie wir vorhin sagten, nur nach Unten, von da wiederum nach der Mitte und fahren so ihr ganzes Leben lang herum, über dies hinaus zu dem wahrhaften Oben haben sie weder je aufgesehen noch darauf einmal losgesteuert, haben niemals sich mit dem Sein höheren Werts wirklich angefüllt, nie eine dauernde und reine Lust geschmeckt. Nach Art der Rinder immer mit dem Blicke nach Unten gerichtet, zur Erde und zu den Trögen gebückt, liegen sie nur auf den Weideplätzen, indem sie sonst nichts tun als sich den Magen anfüllen, sich bespringen, wegen des gegenseitigen Wegschnappens dieser Genüsse mit eisernen Hörnern und Hufen sich stoßen, treten und infolge der Unersättlichkeit ihrer Begierden sich den Tod antun, eben weil sie mit Dingen des Sein höheren Wertes nicht sich und

> auch nicht das Sein ihres Selbst, mit dem das Sein festhaltenden Teil ihrer Seele angefüllt haben.
>
> *Der Staat*, 586AB

Auch Mill hält fest, dass ein Tausch mit niederen Lebewesen, so zufrieden diese auch wirken mögen, keine verlockende Idee sein kann:

> Nur wenige menschliche Geschöpfe würden zustimmen, sich in eines der niederen Tiere zu verwandeln, wenn sie dafür das Versprechen erhielten, dass sie die Freuden eines Tiers im vollen Umfang genießen dürften. Kein intelligenter Mensch würde zustimmen, ein Narr zu sein, kein gebildeter Mensch wäre ein Dummkopf, kein Mensch mit Gefühl und Gewissen wäre selbstsüchtig und niederträchtig, selbst wenn er überzeugt wäre, dass der Narr, der Dummkopf oder der Schurke mit seinem Los zufriedener ist, als er mit dem seinen.[7]

Diese Passagen lassen uns Leser auf der einen Seite stehen, von wo wir auf das Elend der wie Tiere vegetierenden Menschen auf der anderen Seite schauen. Dann wiederum lassen sie uns erkennen, inwieweit wir uns selbst betrügen, indem wir diese distanzierte Perspektive einnehmen, denn schließlich sind auch wir Teil der Herde. Wir blicken zurück, oder auch nach unten, wie man es auch nennen mag, jedenfalls gehen wir von dem aus, was wir sehen können, um darüber nachzusinnen, was wir nicht sehen können. Wir können nur schwer abschätzen, welchen Wert Einsichten haben, die wir noch nicht besitzen, wenn wir nur nach vorne oder nach oben blicken. Einfacher lässt sich beurteilen, welchen Wert die Einsichten haben, die wir im Gegensatz zu anderen *bereits erlangt*

7 Robson, *Collected Works of John Stuart Mill*, 10, S. 212.

haben. Dieser Blickwinkel weckt in uns den Schrecken, bestimmte Einsichten *nicht* zu besitzen. Und im Anschluss werden wir uns der Möglichkeit bewusst, dass es auch uns an Einsichten fehlen könnte. Die Möglichkeit wird zur Sicherheit und stachelt uns an, unsere Wissenssuche fortzusetzen.

Das beste Beispiel für diesen Denkansatz findet sich in einem Teil des Höhlengleichnisses, der weiter oben ausgelassen wurde, damit wir uns ihn an dieser Stelle anschauen können. Sokrates spricht über die Gedanken des Gefangenen, der aus der Höhle entkommen ist:

> Wenn er nun an seinen ersten Aufenthaltsort zurückdenkt und an die dortige Weisheit seiner Mitgefangenen: wird er da wohl nicht sich wegen seiner Veränderung glücklich preisen und jene bedauern?
>
> Ja, sicher.
>
> Und wenn damals bei ihnen Ehr- und Beifallsbezeugungen wechselseitig bestanden sowie Belohnungen für den schärfsten Beobachter der vorüberwandernden Schatten, ferner für das beste Gedächtnis daran, was vor, nach und mit ihnen zu kommen pflegte, und für das geschickteste Vorhersagen des künftig Kommenden, meinst du, dass er da danach Verlangen haben werde, dass er die bei jenen Höhlenbewohnern in Ehre Stehenden und Machthabenden beneidet? Oder dass es ihm geht, wie Homer sagt, und er *lieber als Tagelöhner bei einem unbegütertem Manne das Feld bestellen* und eher alles in der Welt über sich ergehen lassen will, als jene Meinungen und jenes Leben haben?

> Letzteres glaube ich, sagte er, dass er nämlich sich eher allen Leiden unterziehen als jenes Leben führen wird.
>
> *Der Staat,* 516CE

In dieser Textstelle drückt sich ein uns allen bekanntes Empfinden aus. Haben wir eine Höhle einmal verlassen, verspüren wir Widerwillen, sie noch einmal zu betreten. Die Weigerung zurückzugehen, weckt den Wunsch, sich nach vorne zu bewegen. Haben wir das Höhlendasein einmal hinterfragt, so wird uns klar, dass wir alle in bestimmten Höhlen gefangen und wiederum anderen entkommen sind. Wir können uns nach hinten und nach vorn bewegen, und es spielt keine Rolle, welche Richtung wir einschlagen. Der Wert der Erkenntnis ist derselbe, ganz gleich, ob wir sie gewinnen oder verlieren. Dass wir an jedem Stück Weisheit hängen, das wir bereits erlangen konnten, sollte eine ähnliche Sehnsucht nach einem weiteren Stück wecken. Mit anderen Worten: Unsere Erkenntnis befindet sich gegenwärtig auf einer Stufe, die wir nach Erreichen einer höheren Stufe mit Schrecken betrachten würden. Am besten bewegen wir uns also weiter.

Im Alltag arbeitet unser Verstand natürlich nicht auf diese Weise. Wahrscheinlich ist er ganz zufrieden mit dem, was er besitzt, und hat keinen Antrieb, mehr Wissen zu erlangen. Ein weiteres großes Thema psychologischer Untersuchungen ist der Endowment-Effekt (oder Besitztumseffekt), der das Phänomen beschreibt, dass wir eine Sache mehr wertschätzen, wenn sie uns gehört, als wenn wir sie nicht besitzen. Dieser Effekt greift offenbar auch in puncto Wissen. Wir schätzen das Wissen, das wir haben, und messen dem noch nicht erlangten Wissen nicht denselben hohen Wert bei. Doch gerade, wenn wir erkennen, was wir an unserem bereits erlangten Wissen haben, kann uns das motivieren, noch mehr Mühe in die Erlangung weiteren Wissens zu stecken.

Vergleiche. Thema dieses Kapitels ist die Motivation für das sokratische Bemühen. Es betrachtet Möglichkeiten, über den Wert dieses Bemühens nachzudenken, und Gründe, warum dieser Wert schwer einzuschätzen sein kann. Sokrates hat noch eine weitere Idee, mit der sich der sokratische Wissensdurst veranschaulichen lässt: Wer dazu in der Lage ist, möge Vergleiche zwischen Weisheit und anderen Gütern aufstellen.

Wie wir im zehnten Kapitel gesehen haben, nimmt Sokrates an, dass es drei Arten von Menschen gibt: Die Ersten streben nach Weisheit, die Zweiten nach Ruhm und Ehre, die Dritten nach materiellem Reichtum. Welches dieser Güter aber macht uns am zufriedensten? Die Frage ist schwer zu beantworten, meint er, denn man könne davon ausgehen, dass ein jeder sagen wird, dass die von ihm selbst besessenen Freuden die besten sind. Und doch lässt sich ihr nachgehen, indem man Leute findet, die *alle* diese »Lüste« kennen, und sie dazu befragt, welche sie am meisten wertschätzen. Sokrates befragt also Glaukon:

> So gib nun acht: Wenn die erwähnten drei Menschen vorhanden wären, welcher wird da in allen den Lüsten, von denen wir sprachen, erfahrener sein? Scheint dir etwa der Gewinngierige durch das Studium der Wahrheit erfahrener zu sein in der aus dem Wissen entspringenden Lust, als der Weisheitsliebende in der aus dem Gewinnen entspringenden Lust?
>
> Da ist ein großer Unterschied, sagte er, denn bei dem Weisheitsliebenden war von Jugend auf ein Drang vorhanden, sich von den Lüsten seiner Gegner einen Geschmack zu verschaffen, bei dem Gewinngierigen dagegen ist kein Drang vorhanden, das Wesen der Dinge zu studieren und von der daraus entstehenden Lust sich einen Geschmack oder eine Erfahrung

> zu verschaffen, wie süß es ist, vielmehr, auch bei allem Fleiß und Eifer würde es ihm doch nicht leicht fallen.
>
> Bei weitem übertrifft also, sagte ich, der Weisheitsliebende den Gewinngierigen an Erfahrung in den beiderseitigen Lüsten.
>
> Ja freilich, bei weitem.
>
> [...]
>
> Unter den drei Lüsten also wäre die jenes Seelenteiles, wodurch wir nach Wissen streben, die angenehmste, und das Leben dessen, in dem von uns Menschen jener wissbegierige Seelenteil das Regiment führt, auch das angenehmste?
>
> *Der Staat*, 582A–583A

Mill baut den Gedanken recht eindrucksvoll in eines seiner Argumente zum Utilitarismus ein:

> Es ist besser, ein unzufriedener Mensch zu sein als ein zufriedenes Schwein; besser ein unzufriedener Sokrates als ein zufriedener Narr. Und wenn der Narr oder das Schwein eine andere Meinung haben, dann nur, weil sie nur ihre eigene Seite der Frage kennen. Die andere Partei dagegen kennt beide Seiten.[8]

Möchten wir also zwei Geistesverfassungen bewerten und beurteilen, ob es sich lohnt, von der einen in die andere zu wechseln, sollten wir uns bei jemandem erkundigen, der nicht nur eine von ihnen kennt, sondern mit beiden Erfahrungen gemacht hat. Wer könn-

8 Robson, *Collected Works of John Stuart Mill*, 10, S. 212.

te das sein? Am einfachsten befragen wir doch uns selbst. Schließlich haben wir alle einige Fortschritte gemacht und wieder andere Fortschritte noch vor uns und sind damit in der Lage, die von Mill beschriebenen Vergleiche zu ziehen. Insofern wir Schweine sind, haben wir keinen Antrieb, noch sokratischer zu werden. Doch insofern wir sokratisch sind, haben wir den Antrieb, bloß nicht ins Schweinedasein zurückzufallen. Immer wenn wir die Möglichkeit zum Vergleich haben, entscheiden wir uns ohne Zögern für den sokratischen Weg – was doch eine erhellende Erkenntnis ist.

Vergleiche kann man auch über die Beobachtung anderer anstellen. Wir können uns vorstellen, reicher zu sein, weil wir sehen, wie Superreiche leben. Die sokratische Entsprechung hierzu wäre nun, die Möglichkeiten derer zu betrachten, die weiter blicken als wir. Auch dabei hilft uns Platon. Er zeigt uns nicht nur eine Methode zur Wahrheitssuche und Erkenntnis, sondern führt uns zudem vor, wie dieses Verfahren aussehen kann, wenn es mit erstaunlichem Elan und Talent durchgeführt wird. Wer die Dialoge in dieser Hinsicht nicht nützlich findet, hat vielleicht andere motivierende Vorbilder. Eine Eigenschaft der platonischen Schriften sollten wir jedoch im Kopf behalten: Sie demonstrieren, was man mit Dialektik erreichen kann, und sie erinnern uns, inwieweit wir selbst noch Höhlenbewohner sind.

Und das ist ein wichtiger Hinweis, denn nur wenige Menschen haben den *Eindruck*, ein Höhlendasein zu fristen. Zu dieser Erkenntnis gelangen sie erst, wenn sie ihre Höhle verlassen haben und zurückblicken können. (Am deutlichsten wird uns dies, wenn wir bedenken, wie unbedarft wir als junger Mensch waren.) Provokationen, die uns daran erinnern, wie viel wir nicht begreifen, aber begreifen könnten, sind hilfreich und motivierend. Niemandem kommt es so vor, als laufe er als Idiot durchs Leben, auch wenn man von vielen anderen eben diesen Eindruck haben mag.

In einem gewissen Sinne jedoch sind wir alle Idioten, denn Idiotie ist natürlich relativ und dem Betroffenen nicht bewusst. Die Menschen unterscheiden sich stark darin, wie klug sie sind, jedoch nicht darin, wie klug sie sich *vorkommen*. Wir betrachten uns meist als gleichbleibend und in hohem Maße wissend. Es ist verlockend, hier eine im Intellekt festgeschriebene Konstante anzunehmen, denn so ist ja der oberflächliche Eindruck – Sokrates aber macht uns auf die Unterschiede zwischen den Menschen aufmerksam. Die Überschätzung der eigenen Weisheit ist offenbar eine trügerische, heimtückische und hartnäckige Eigenschaft der menschlichen Natur. Und eben hier liegt die Wurzel des Problems, dem sich Sokrates widmen will: Es ist der Hauptfehler, der alle anderen Fehler wahrscheinlicher macht, und zwar jeden Augenblick, ein Leben lang. Die sokratische Methode hilft uns, diesen Fehler zu korrigieren.

Sokratische Verletzungen. Parallel zu dem, was wir als sokratische Güter oder Wohltaten erfahren, kann es auch Verletzungen geben. Erkenntnisse können schmerzen: Was ist etwa, wenn man am Ende des Lebens feststellt, dass man eine Lüge gelebt hat? Oder wenn wir dachten, von Freunden und Verwandten umgeben zu sein, die uns lieben, irgendwann aber erkennen müssen, dass uns diese Menschen schon immer gehasst haben, was uns unglücklich macht? Wäre es denn da nicht besser, niemals die Wahrheit zu erfahren? Oder nehmen wir an, wir sehen jemand anderen, der in dieser Situation lebt – einen Idioten, der fröhlich dahinlebt und der nur erschrocken und entsetzt wäre, wenn er die Wahrheit über sich wüsste, doch er hat keine Ahnung. Sollte man einen solchen Menschen denn nicht eher beneiden? Platon weist auch diese Idee zurück.

> ATHENER: Denn nur wer wahrhaftig ist, ist auch treu und zuverlässig, das Gegenteil aber, welcher die vorsätzliche Un-

> wahrheit liebt, denn wer die unvorsätzliche, der ist sinnlos, und weder die eine noch die andere ist zu beneiden. Denn wer unzuverlässig und treulos, sowie wer sinnlos und töricht ist, der ist auch freundlos, und wenn er im Laufe der Zeit erkannt wird, so bereitet er sich die völlige Vereinsamung für die schweren Tage seines Alters und das Ende seines Lebens, so dass das letztere verwaist ist, ob ihm Kinder und Bekannte noch am Leben sind oder nicht.
>
> *Gesetze*, 730CD

Die Situation lässt sich nicht mit einem Wort benennen: Es geht um unglückliche Umstände, die der Betroffene gar nicht wahrnimmt, die er und jeder andere aber unbedingt verhindern wollen würden, wenn sie davon wüssten. (Tatsächlich besteht hier eine große Lücke zwischen dem subjektiv empfunden Glück und der *Eudaimonie* einer Person. Letzterem Konzept widmet sich das nächste Kapitel.) Wir können diese unheilvollen Zustände aber genauso gut auch als Verletzungen bezeichnen, da ihre Eigenschaften symmetrisch zu den sokratischen Wohltaten sind. Denn man weiß nicht, worunter man leidet.

Sokratische Verletzungen sind allgegenwärtig: Wir müssen sie als Teil der menschlichen Existenz hinnehmen. Denken wir an jemanden, der unmoralisch oder unreflektiert handelt, aber damit durchkommt und sehr zufrieden wirkt. Eine solche Person könnte man mit einem Demenzkranken vergleichen – jemand, dessen Situation sich zwar nicht stetig verschlechtert, aber konstant im Argen liegt, der dieses Problem jedoch nicht wahrnimmt und gleichgültig oder feindselig reagiert, wenn er darüber informiert wird. Meist sind solche Menschen fröhlich und gutgelaunt, doch wer ihren Zustand kennt, fürchtet ihn. Über genau diese Furcht sollten wir nachdenken und uns bewusst machen, dass Sokrates einen ebensolchen

Schrecken empfände, wenn er uns beobachten würde. Seine Aufgabe ist es, uns aus der relativen Demenz aufzuwecken, in die wir alle abgetaucht sind. Je mehr wir diese Hilfe benötigen, desto weniger wollen wir sie. So sagt Sokrates zu seinen Geschworenen:

> Wenn ihr, Athener, also mir folgen wollt, werdet ihr meiner schonen. Ihr aber werdet vielleicht verdrießlich, wie die Schlummernden, wenn man sie aufweckt, um euch stoßen, und mich dem Anytos folgend leichtsinnig hinrichten, dann aber das übrige Leben weiter fort schlafen, wenn euch nicht der Gott wieder einen anderen zuschickt aus Erbarmen.
>
> *Apologie,* 31A

Der sokratisch eingestellte Geist betrachtet sich selbst mit eben der Angst und dem Schrecken, die uns packen würden, wenn wir feststellen müssten, dass wir an einer beginnenden Demenz litten, die sich jedoch mit viel Anstrengung rückgängig machen ließe. In diesem Fall würden wir doch alles geben, um unsere geistige Klarheit zu behalten. Und eben *darum* geht es, in verschiedenem Ausmaß, für jeden von uns.

Wir alle haben sokratische Verletzungen. Wir sagen und tun Dinge oder leben auf eine Weise, die Scham und Schrecken in uns auslösen würde, wenn wir uns den betreffenden Fragen aufrichtiger und eingehender widmeten – also tun wir es lieber nicht. Wir sind viel eher damit beschäftigt, von uns getroffene Fehlentscheidungen zu verteidigen. (Zu Übungszwecken kann man an dieser Stelle einmal den Begriff »Fehlentscheidung« aus sokratischer Sicht definieren.) Oben war die Rede von Menschen, die zum Ende ihres Lebens einen großen Irrtum erkennen – in Wahrheit passiert dies selten, und zwar nicht etwa, weil es diesen Irrtum nicht gäbe, sondern weil seine Anerkennung zu schmerzhaft wäre. In diesem Sinne nimmt

Sokrates Gerichtsredner auseinander – Menschen, die zu lange damit verbracht haben, das zu sagen, wofür man sie bezahlt hat oder was ihre Klienten oder die Geschworenen hören wollen:

> So dass sie durch alles dieses zwar scharfsichtig gemacht werden und gewitzt und sich trefflich darauf verstehen, ihrem Herrn mit Worten zu schmeicheln und mit der Tat zu dienen, aber kleinlich und ungerade sind ihre Seelen. Denn die Knechtschaft von Jugend an hat ihnen das Wachstum und das freie gerade Wesen benommen, indem sie sie nötigt, krumme Dinge zu verrichten, und die noch zarte Seele in große Gefahren und Besorgnisse verwickelt, welche sie ohne Verletzung des Gerechten und Wahren nicht überstehen können, so dass sie, sogleich zur Lüge und zum gegenseitigen Unrechttun sich hinwendend, so verborgen und verkrüppelt werden, dass schon nichts Gesundes mehr an ihren Seelen ist, wenn sie aus Jünglingen zu Männern werden, wie gewaltig und weise sie auch geworden zu sein glauben.
>
> *Theaitetos*, 173AB

Das sokratische Licht ist leichter zu ertragen, wenn es auf kleine Dinge gerichtet ist oder wenn wir noch jünger sind und noch nicht so viele Entscheidungen getroffen haben, an die wir uns ungern erinnern – oder erinnern würden, wenn wir denn über sie nachdächten. Doch sollten wir hier nicht vom schwierigsten Fall ausgehen. Es bieten sich immer neue Chancen, sokratische Wohltaten zu erwerben und sokratische Verletzungen abzuwenden, womit wir einen weiteren Nutzen der sokratischen Methode herausgestellt haben.

Sokratische Verletzungen können nicht nur individuell, sondern auch kulturell sein. Eine Gesellschaft kann auf eine Weise verdorben sein, dir ihr selbst nicht erkennbar ist – die jedoch von Außenstehenden wahrgenommen werden kann, oder die auch Mitgliedern dieser Gesellschaft bewusst wird, wenn sie irgendwann Rückschau halten. Die Verletzungen äußern sich in Regressionen oder Fortschrittsbehinderungen. Eine Gesellschaft zeigt sich dann nicht lernfähig oder vergisst einst geltende Wahrheiten beziehungsweise die Gründe, die sie einst für diese Wahrheiten eintreten ließen. Die Muster sind allgemein bekannt. Ich erwähne sie hier, weil wir diese Phänomene eben auch sokratisch betrachten können. Eine Gesellschaft entwickelt sich zurück, wenn Unvereinbarkeiten in ihrem Wertesystem nicht deutlich genug in die Öffentlichkeit gerückt werden. Entweder sind nur wenige in der Lage, diese Spannungen zu erkennen, oder es sind nur wenige bereit, sie zur Kenntnis zu nehmen. Die Wahrheit ist womöglich zu unangenehm, um ihre Analyse auszuhalten, oder aber nicht unangenehm genug, um eine Anpassung zu erzwingen. Ob wir Menschen solche Spannungen ernst nehmen, wird stark von der Wirtschaft und den die Wirtschaft verändernden Technologien beeinflusst. Wenn die Kosten für die Konfrontation mit einer Wahrheit sinken (oder die Kosten für ihre Nichtbeachtung steigen), sind die Menschen eher bereit, Fragen zu stellen und Antworten zu suchen. Umgekehrt gilt das Gleiche.

14

Sokratische Ethik

Unser Hauptthema in diesem Buch ist die sokratische *Methode* – also ein Modell, das vorrangig behandelt, wie wir denken sollen, und nicht, was wir denken sollen. In den frühen Dialogen, in denen die Methode am besten herausgestellt wird, trifft Sokrates Annahmen dazu, wie ein gutes Leben zu führen ist. Diese Annahmen sind für sich genommen interessant, sie helfen aber auch bei der Beantwortung der Frage, ob es Schlussfolgerungen gibt, zu denen wir über das sokratische Denken gelangen. Kurz gesagt: Welche Einblicke hat Sokrates die sokratische Methode gebracht?

Tugend und Glück. Ziel der sokratischen Philosophie ist die Erlangung von *Eudaimonie,* was oftmals mit *Glück* oder *Glückseligkeit* übersetzt wird.[1] Gemeint ist eine gelungene Lebensführung und das damit verbundene seelische Wohlbefinden. Dabei geht es nicht nur um subjektiv empfundenes Glück, sondern auch um die Wahrnehmung von außen und das objektive Urteil, dass jemand ein gutes Leben führt. Eudaimonie ist mehr, als sich glücklich, froh und zufrieden zu fühlen, vielmehr sind diese Empfindungen ein Ausdruck des guten Lebens. Vergnügen kann sich der Mensch auch auf schlechte oder verabscheuenswerte Weise. Er ist damit aber nicht glücklich im Sinne der Eudaimonie, auch wenn er seinen Spaß zu haben scheint.

1 Vgl. Vlastos, *Socrates, Ironist and Moral Philosopher,* S. 200–203.

Das Gegenteil von glücklich wäre in diesem Kontext also nicht *traurig* oder *betrübt*, sondern *verdorben* und *bemitleidenswert*.

Diese Betrachtungsweise des Glücks muss heute sinnvollerweise erläutert werden, damals aber war sie selbstverständlich. Für Sokrates ist das Erreichen von Glückseligkeit (im eben besprochenen Sinne) absolutes Lebensziel. Wer möchte nicht gut leben? Wenn eine Philosophie uns dazu verhilft, bedarf sie keiner weiteren Rechtfertigung. Platon lässt eine seiner Figuren sagen:

> Denn durch den Besitz des Guten, fügte sie hinzu, sind die Glückseligen glückselig. Und nun bedarf es nicht mehr der weiteren Frage: Was erstrebt derjenige eigentlich damit, welcher glückselig zu sein wünscht? Sondern hier scheint die Antwort am Ziele angelangt zu sein.
>
> *Symposion*, 205A

Sokrates setzt Glückseligkeit mehr oder weniger mit dem Guten und der Tugend gleich (worin dieses »mehr oder weniger« besteht, sehen wir gleich).

> SOKRATES: Allein, du Wunderlicher, nicht nur dieser Satz selbst, den wir durchgenommen, erscheint mir wenigstens noch immer ebenso wie vorher, sondern betrachte nun auch diesen, ob er uns noch fest steht oder nicht, dass man nämlich nicht das Leben am höchsten achten muss, sondern das gut leben.
>
> KRITON: Freilich besteht der.
>
> SOKRATES: Und dass das Gute mit dem gerecht und sittlich leben einerlei ist, besteht der oder besteht der nicht?

KRITON: Er besteht.

Kriton, 48B

Da wir nämlich glückselig zu sein alle streben, und sich gezeigt hat, dass wir dies werden durch den Gebrauch der Dinge, und zwar den richtigen Gebrauch, diese Richtigkeit aber und das glückliche Gelingen uns aber von der Einsicht abhing, so muss demnach, wie man sieht, auf jede Weise ein jeder Mensch dafür sorgen, dass er so weise werde als möglich. Oder nicht?

Ja, sagte er.

Euthydemos, 282A

Denn wer rechtschaffen und gut ist, der, behaupte ich, ist glückselig, sei es Mann oder Frau, wer aber ungerecht und böse, ist elend.

Gorgias, 470E

Es wird deutlich, dass Sokrates Glückseligkeit in enger Verbindung mit der Tugend sieht, doch wird in der Literatur diskutiert, worin genau diese Verbindung besteht. Wörtlich sagt Sokrates ja: Die Tugend ist das einzig wirklich Gute. Sie allein bewirkt Glückseligkeit. Man spricht hier zuweilen von der »Identitätstheorie«, da Glückseligkeit und Tugend gleichgesetzt werden.[2] In dieser Sicht sind Geld oder auch Gesundheit keine guten Dinge an sich, sie sind Mittel zum Zweck. Stellen wir uns einen Politiker vor, der dafür gelobt wird, wie überzeugend er ist. Ist Überzeugungskraft wirklich eine Tugend? Das hängt davon ab, wie sie eingesetzt wird, oder? So wie

2 Vlastos, S. 214.

die Überzeugungskraft eines guten Politikers seinen Anliegen mehr Nachdruck verleiht, so verstärkt sie bei einem unmoralischen Politiker das Schlechte. Sokrates ist der Überzeugung, dass es mit allen Dingen so ist, die wir Menschen als gut ansehen – ob es sich nun um Geld, Einfluss oder auch Gesundheit handelt. Diese Dinge sind solange gut, wie man sie weise nutzt, geht man aber töricht mit ihnen um, sind sie schlecht. Daher sind im Grunde nur Weisheit und Tugend von Bedeutung, und wie wir noch sehen werden, macht Sokrates keine Anstalten, beides voneinander zu unterscheiden. Nur Weisheit und Tugend sind an sich gut, sie sind die einzige Quelle für ein gutes Leben und damit Glückseligkeit. In einer berühmten Passage aus dem *Euthydemos* fasst Sokrates zusammen:

> Im Allgemeinen also, sprach ich, scheint es, o Kleinias, dass von all dem insgesamt, was wir zuerst Güter nannten, nicht in der Art könne die Rede sein, als ob es stets von Natur gut wäre. Sondern, wie es scheint, verhält es sich so: Wenn Torheit darüber gebietet, sind diese Dinge umso größere Übel als ihr Gegenteil, je mehr sie im Stande sind dem Gebietenden, welcher ja im Übel ist, Dienst zu leisten, wenn aber Einsicht und Weisheit, dann sind sie größere Güter, für sich genommen aber sind weder die einen noch die andern irgendetwas wert.
>
> Offenbar, sprach er, scheint es sich zu verhalten, wie du sagst.
>
> Was folgt uns nun aus dem Gesagten? Etwas anderes, als dass von allem übrigen nichts weder gut ist noch übel, von diesen zweien aber die Weisheit das Gute ist und die Torheit das Übel?
>
> Das gestand er zu.
>
> *Euthydemos*, 281DE

Manche Interpreten wiederum glauben, dass Sokrates Tugend und Glückseligkeit nicht so konsequent gleichsetzt. Sie weisen auf Textstellen hin, in denen er auch andere Dinge neben der Tugend als gut bezeichnet, oder nahelegt, dass selbst ein tugendhaftes Leben unter bestimmten Bedingungen nicht lebenswert sein kann.[3] Die daraus resultierende Kontroverse ist subtil, aber wahrscheinlich unvermeidbar, da es schwer ist, sämtliche, an verschiedenen Stellen der Dialoge von Sokrates getroffene Äußerungen zu diesem Thema in Einklang zu bringen. Besonders umstritten ist die Frage, ob Sokrates die Tugend als allein ausreichend für ein gutes Leben erachtet, oder ob nicht noch etwas anderes dazu beiträgt. Das Für und Wider lässt sich auf diesem kleinen Raum nicht wiedergeben, daher sei hier nur ein prominentes Gegenargument zur Identitätstheorie zitiert. Es stammt von Gregory Vlastos, der nach ausführlicher Analyse feststellt:

> Bleibt die Tugend das höchste, für das Glück notwendige und hinreichende Gut, so können wir dem Glück neben der Tugend doch eine Vielzahl weniger wichtiger Bestandteile zugestehen. Alles, was auf Sokrates' Liste der nicht-moralischen Güter steht [Gesundheit, Reichtum usw.], würde unter diese Rubrik fallen. *Losgelöst von der Tugend wäre jedes davon wertlos.* Aber in Verbindung mit der Tugend (also bei tugendhaftem Gebrauch) können sie das Glück in geringem Maße steigern.[4]

Der Unterschied zwischen der Identitätstheorie und dieser Ergänzung ist interessant, aber gering. Es besteht Einigkeit darin, dass die sokratische Philosophie Glück – vollständig oder nahezu voll-

3 Siehe etwa *Apologie* 30AB, *Kriton* 47E. Diskutiert wird der Punkt in Brickhouse und Smith, »Socrates on Goods, Virtue, an Happiness«, S. 204–15.

4 Vlastos, *Socrates, Ironist and Moral Philosopher*, S. 216.

ständig – mit Tugend, und damit mit Weisheit und mit Klugheit gleichsetzt. Dabei bleibt ein Diskussionsthema, ob Sokrates die Tugend als *Mittel zur Erreichung* von Glückseligkeit oder aber als wesentlichen *Bestandteil* der Glückseligkeit ansieht. Ich werde diese Debatte hier nicht weiter verfolgen, sondern in den Fußnoten Anregungen zur weiteren Beschäftigung mit dem Thema geben.[5]

Ganz gleich wie man ihn auffasst: Der sokratische Begriff der Glückseligkeit macht den sokratischen Denker immun gegen die meisten Verletzungen. In dem Prozess gegen ihn sagt Sokrates:

> Denn wisst nur, wenn ihr mich tötet, einen solchen Mann, wie ich sage, so werdet ihr mir nicht größeres Leid zufügen als euch selbst. Denn Leid zufügen wird mir weder Melitos, noch Anytos im Mindesten. Sie könnten es auch nicht, denn es ist, glaube ich, nicht in der Ordnung, dass dem besseren Manne von dem schlechteren Leides geschehe. Töten freilich kann mich einer, oder vertreiben oder des Bürgerrechtes berauben. Allein dies hält dieser vielleicht und sonst mancher für große Übel, ich aber gar nicht, sondern weit mehr dergleichen tun, wie dieser jetzt tut, einen andern widerrechtlich suchen hinzurichten.
>
> *Apologie*, 30CD

Die alltäglichen (oder eben auch extremen) Provokationen des Lebens können Sokrates nichts anhaben. Natürlich kann er körperlichen Schaden nehmen, aber da seine Glückseligkeit – sein gutes Leben – von seiner eigenen Tugend (seiner Weisheit, seinem Einblick) abhängt, hat er selbst es in der Hand. Wie wir noch sehen werden, hat diese Vorstellung vor allem die Stoiker stark beeinflusst.

5 Den Gedanken, dass Tugend (im sokratischen Sinne) ein Mittel zum Glück ist, vertritt Irwin, *Plato's Moral Theory*. Bestritten wird er von Vlastos, *Socrates, Ironist and Moral Philosopher*, S. 7–10.

Tugend als Wissen. Nehmen wir also an, dass das gute Leben ein tugendhaftes Leben ist. Was aber ist Tugend?[6] Sokrates besteht darauf, dass es sich um ein bestimmtes Wissen handelt, während die Untugend vor allem Unwissenheit ist. Zusammenfassen lässt sich dies und das vorher Gesagte in einer sokratischen Gleichung mit drei Teilen: Glückseligkeit ist Tugend ist Wissen.[7]

Diese Gleichbehandlung von Wissen und Tugend mag auf den ersten Blick verwirrend erscheinen. Wissen ist etwas, mit dem unser Geist angefüllt ist, Tugend aber ist eine Eigenschaft, die unsere Taten haben können. Daher ist auch leicht vorstellbar, dass jemand das eine ohne das andere besitzen kann. So kennen wir wahrscheinlich alle die Erfahrung, dass uns eine Handlung tugendhaft erscheint, wir uns aber dennoch nicht zu ihr entschließen. Ein alter Ausdruck hierfür lautet *Akrasia*: Wir verhalten uns wider besseren Wissens, es fehlt uns an Willensstärke. Diese Erfahrung mag nahelegen, dass Wissen und Tugend sehr verschiedene Dinge sind. Sokrates aber sieht das anders:

> Die meisten nämlich denken, dass der Mensch zwar Erkenntnisse haben kann, dass aber gar oft, wenn auch Erkenntnis im Menschen ist, sie ihn doch nicht beherrscht, sondern irgend sonst etwas, bald der Zorn, bald die Lust, bald die Unlust, manchmal die Liebe, oft auch die Furcht, so dass sie offenbar von der Erkenntnis denken wie von einem elenden Wicht, dass sie sich von allen anderen herumzerren lässt. Dünkt nun dich so etwas von ihr, oder vielmehr, sie sei etwas Schönes, das wohl den Menschen regiere? Und wenn einer Gutes und Schlechtes

6 Eine exzellente Darstellung der Bedeutung von »Tugend« und dem griechischen *arete* bietet Goldstein, *Plato and the Googleplex*, S. 139–142.

7 Diese Gleichung wird in ähnlicher Weise von Irwin vorgestellt und diskutiert, siehe Prior, *Socrates: Critical Assessments*, 4: S. 231. Siehe auch Santas, »Socratic Goods and Socratic Happiness«.

> erkannt habe, werde er von nichts anderem mehr gezwungen werden, irgendetwas anderes zu tun, als was seine Erkenntnis ihm befiehlt, sondern die richtige Einsicht sei stark genug dem Menschen durchzuhelfen?
>
> *Protagoras*, 352BC

Sokrates tritt offensichtlich für letztere Position ein: Wer sich willensschwach zeigt, dem mangelt es eigentlich an Wissen. Akrasia ist ihm fremd.

Dieser Ansatz ist natürlich kontrovers und kann hier nicht im Detail behandelt werden, doch versuchen wir kurz zu verstehen, was Sokrates damit meinen könnte. Dieses Buch arbeitet nach dem Grundsatz, nicht im Abstrakten zu argumentieren, wenn wir einer Frage auch sokratisch nachgehen können – nämlich, indem wir uns anschauen, wie eine Behauptung durch unser Wissen und durch unsere Erfahrung gestützt werden kann. Betrachten wir es also auf diese Weise: Sicher gibt es Verlockungen, denen wir mühelos widerstehen, weil wir wissen, worum es geht. Wir nehmen etwa keine Drogen und vermeiden es, Ungesundes zu essen. Wir wissen zwar, dass diese Dinge uns womöglich Wohlbefinden verschaffen oder gut schmecken würden, doch wir empfinden sie oft nicht einmal als Versuchungen. Warum nicht? Weil wir zu viel wissen. Wir wissen, wohin ihr Konsum führt. Wenn uns jemand beglückwünschte, dass wir die Willensstärke aufbringen, Drogen zu widerstehen, würden wir nur achselzuckend erwidern, dass dazu eigentlich keine große Willensstärke erforderlich ist. Wir wissen es einfach besser.

Sokrates glaubt, dass es mit allem so ist. Wo wir keine Willensstärke zeigen, haben wir den eben beschriebenen Zustand nicht erreicht: Wir wissen es nicht besser. Wenn wir sagen: »Eigentlich *weiß* ich es ja besser, aber ich konnte nicht anders«, würde Sokrates einwenden, dass unser Wissen dann eben nicht ausgereicht hat. Dies beinhaltet natürlich eine bestimmte Auffassung davon, was »wissen« bedeutet. Wenn wir gefährliche Drogen oder andere Dinge meiden, tun wir das nicht nur, weil wir deren Risiken aufzählen können. Sondern weil wir um die Gefahren wissen. Weil wir uns ihrer bewusst sind und sie verinnerlicht haben. Manchmal aber fehlt uns dieses tiefere Wissen, und wir können die Gründe nur aufsagen oder wiederholen. Wir verfügen bloß über ein Scheinwissen und sind anfällig für Fehler.

Sokrates sagt uns noch mehr über einen Mangel an Wissen, der wie ein Mangel an Willen aussieht: Bei dem »Wissen«, das uns in einem Moment der Schwäche fehlt, handelt es sich oftmals um das Übersehen der Vor- und Nachteile einer Sache – also ein vollständiges und aufgeklärtes Verständnis. Im *Protagoras* etwa spricht er von Versuchungen, die uns momentan Vergnügen bereiten, uns aber auf lange Sicht unglücklich machen. Wenn wir diesen schlechten Handel dennoch eingehen, unterläuft uns eine Art Messfehler, da es uns nicht gelingt, den schweren zukünftigen Konsequenzen das entsprechende Gewicht einzuräumen.[8] Wir würden anders handeln, wenn uns diese zukünftigen Konsequenzen in ihrem ganzen Ausmaß vor Augen stünden. Doch sehen wir diese Zukunft zu ungenau oder irreal. Und das ist tatsächlich ein Problem des Wissens.

Aus der sokratischen Gleichsetzung von Tugend und Wissen folgt: Menschen, die Unrecht tun, irren sich. Dieser Gedanke lässt sich am einfachsten verdeutlichen, wenn man an den Eigennutz denkt. Nach sokratischer Auffassung sind wir Menschen immer *bestrebt*, so zu handeln, wie es unserer Meinung nach am besten für uns ist. Oberstes Ziel ist das eigene Wohl. Und je nachdem, wie das »eigene Wohl« definiert wird, stimmt das auch. Es ist eine absurde

8 *Protagoras* 356AE.

Vorstellung, dass jemand absichtlich etwas tun würde, das nach seinem eigenen Ermessen nicht das Beste für ihn ist. Jemand, der von einer Brücke springt, hat eine abwegige Vorstellung davon, was das Beste für ihn ist: der Tod. Wer etwas augenscheinlich Schlechtes will, dem kommt es nicht schlecht vor, zumindest im Vergleich mit den möglichen Alternativen.

> SOKRATES: Und scheinen dir, Bester, nicht alle das Gute zu begehren?
>
> MENON: Nein, mir nicht.
>
> SOKRATES: Sondern einige das Schlechte?
>
> MENON: Ja.
>
> [...]
>
> SOKRATES: Und dünkt dich denn, dass diejenigen das Schlechte erkennen, dass es schlecht ist, welche glauben das Schlechte nütze?
>
> MENON: Das dünkt mich wohl nicht recht.
>
> SOKRATES: Offenbar also begehren jene, welche es nicht erkennen, schon nicht mehr das Schlechte, sondern das vielmehr, was sie für gut halten, es ist aber eben schlecht, so dass die, welche das Schlechte nicht erkennen, sondern glauben es sei Gutes, offenbar das Gute begehren. Oder nicht?
>
> *Menon*, 77BE

Was aus diesen Aussagen folgt, fasst Sokrates so zusammen: Niemand begeht willentlich Unrecht.[9]

Wir haben nun die Wahl zwischen Taten betrachtet, die für *uns* selbst besser oder schlechter sein können – Dinge, die uns womöglich verlockend erscheinen, die uns aber auf lange Sicht oder bei genauerer Betrachtung schlechter stellen würden. In diesen Szenarien ist leicht nachzuvollziehen, dass ein jeder bestrebt sein wird, das zu tun, was nach seinem Verständnis das Beste für ihn ist. Was ist aber mit Fällen, in denen Tugend oder »das Richtige tun« bedeutet, sich anderen Menschen zuzuwenden? Es erscheint abwegig, etwas zu tun, von dem man glaubt, dass es schlecht für einen ist – weniger abwegig (wenn auch eigennützig) kommt uns vor, wenn wir das, was für uns selbst am besten ist, dem vorziehen, was für unsere Mitmenschen am besten wäre. Sokrates aber behandelt beide Fälle gleich.[10] Wenn wir Unrecht tun und jemand anderem damit schaden, ist dies für uns selbst schlimmer als für das Opfer. Auch hier gilt im weitesten Sinne: Niemand tut willentlich Unrecht, auch nicht gegenüber anderen. Die schlimmsten Missetäter legen sich Geschichten zurecht, in denen das, was sie tun, im Grunde richtig ist. Sie sind in Irrtümern und Missverständnissen gefangen.

Sokratisch lässt sich dies verdeutlichen, wenn wir an Fälle denken, in denen wir die Wahrheit bereits erahnen. Natürlich können wir uns schreckliche Dinge vorstellen, die wir anderen antun könn-

9 Vgl. *Gorgias* 509E, *Protagoras* 358CD. Siehe auch die Darstellung in Gulley, »Interpretation of ›No One Does Wrong Willingly‹«; Walsh, »Socratic Denial of Akrasia«.

10 Mehr dazu bei Santas, »Socratic Paradoxes« (mit wenigen Abänderungen in Santas, *Socrates*, S. 183–194). Santas spricht in diesem Zusammenhang von zwei Widersprüchen: Zum einen das »prudential paradox«: Menschen sind bestrebt, immer das zu wollen, was das Beste für sie ist, handeln aber offenbar nicht dementsprechend. Diesen Fall berücksichtigt auch Sokrates. Zum anderen gebe es das »moral paradox«, bei dem sich die Ansicht, dass niemand willentlich Unrecht tut, mit der Tatsache beißt, dass Menschen offenbar in voller Absicht Dinge tun, die sie nicht tun sollten. Nach Sokrates gehört diese Annahme durch Argumente widerlegt, die im *Gorgias* und an anderen Stellen geäußert werden.

ten und uns scheinbar einen Vorteil verschaffen würden – etwa, indem wir an ihr Geld kommen oder ähnliches. Aber wir wollen diese Dinge nicht tun, und das nicht nur, weil wir Angst haben, bestraft zu werden. Wir wollen einfach nicht die Sorte Mensch sein, die so handelt. Wir glauben nicht, dass es uns durch diese Taten *wirklich* besser gehen würde. Deutlich wird dies durch ein extremes Beispiel: Nehmen wir an, wir würden in eine Zeit zurückreisen, in der Sklaverei verbreitet war, und uns würde angeboten, selbst Sklaven zu besitzen. Wir aber lehnen dies ab, wir denken nicht einmal daran. Die Leute halten uns für dumm oder denken, wir würden ein Opfer bringen, weil wir uns die Chance entgehen lassen, es besser zu haben: Welche Willenskraft wir doch bewiesen! Wir aber sehen es komplett anders. Für uns ist es keine Frage der Willenskraft oder des Opferbringens. Wir haben ganz einfach eine andere Vorstellung davon, was »es besser haben« heißt. (In einiger Zukunft erzählen sich die Menschen womöglich ähnliche Geschichten und stellen sich vor, sie würden in unsere Zeit reisen, wobei sie mit ähnlicher Abscheu auf unsere Vorstellung vom guten Leben blicken werden.)

Kehren wir nun die Blickrichtung um und lassen das Szenario weniger extrem ausfallen, so haben wir die allgemeine sokratische Interpretation moralischen Versagens. Wenn es uns nicht gelingt, das Richtige zu tun – nicht einmal für andere –, so hat dies nichts mit mangelndem Willen zu tun. Wir versagen, weil wir die Situation nicht ganz durchschauen, weil wir die Wirkung auf andere Beteiligte missachten oder nicht begreifen, dass sie ebenso wichtig sind wie wir. Es handelt sich um einen Mangel an Wissen.

Wissen und Gefühl. Die Feststellung, Tugend sei Wissen, stört viele Interpreten, weil sie aus einer »intellektualistischen« Haltung getroffen werde und davon ausgehe, unsere menschlichen Motive wären stets absolut rational. Was ist mit Gefühlen? Unterscheiden sie sich denn nicht von Wissen und sind doch genauso wichtig oder sogar wichtiger?[11] Spätere Werke Platons geben den Emotionen mehr Raum, was manche schon als Verbesserung werten.[12] Man kann Gefühle aber auch als *Reaktionen* auf Wissen oder Überzeugungen betrachten.

Ein gutes Beispiel hierfür ist Angst. Sokrates lehrt an verschiedenen Stellen, dass Mut eine Form von Wissen und Feigheit eine Form von Unwissenheit ist. Das klingt zunächst seltsam, denn Mut und Feigheit hängen mit Angst zusammen, und Angst scheint eher ein Gefühl oder eine Befindlichkeit zu sein als eine Frage des Wissens. Wenn sich jemand vor etwas fürchtet, wovor man sich fürchten *sollte*, würde ihn niemand einen Feigling nennen. Feige ist jemand, der sich vor etwas fürchtet, das es nicht wert ist, gefürchtet zu werden. Der Beobachter dieser Feigheit sieht, dass es keinen Grund gibt, sich zu fürchten. Die von Feigheit befallene Person sieht das nicht. Der Beobachter und der Feigling empfinden also unterschiedliche Dinge. Aber ihre unterschiedlichen Gefühle ergeben sich aus einem unterschiedlichen Verständnis beziehungsweise einer unterschiedlichen Tiefe des Verständnisses. Sokrates drückt dies folgendermaßen aus (sein Gegenüber ist Protagoras):

> Also überhaupt, wenn die Tapferen sich fürchten, ist das keine schlechte Furcht, und wenn sie kühn sind, ist das keine schlechte Kühnheit?
>
> Ganz recht, sagte er.
>
> [...]

11 Siehe Nehamas, *Virtues of Authenticity*, S. 27; Grote, *Plato and the Other Companions of Socrates*, S. 399f.

12 Siehe Cooper, »Plato's Theory of Human Motivation«.

Werden also nicht im Gegenteil die Feigen und Verwegenen und Tollkühnen sich mit einer schlechten Furcht fürchten, und mit einer schlechten Kühnheit kühn sein?

Das gab er zu.

Und können sie wohl zu dem Schlechten und Bösen aus einer andern Ursache kühn sein als aus Unkenntnis und Unverstand?

So muss es sich verhalten, sagte er.

Aber der Feigheit, sagte ich, ist doch die Tapferkeit entgegengesetzt?

Er bejahte es.

Ist nun nicht die Kenntnis von dem, was furchtbar ist und was nicht, der Unkenntnis darin entgegengesetzt?

Auch hier winkte er noch zu.

Und die Unkenntnis davon war die Feigheit?

Hier winkte er nur mit großer Mühe noch zu.

So ist demnach die Kenntnis, in dem was furchtbar ist und was nicht, die Tapferkeit, weil sie der Unkenntnis davon entgegengesetzt ist.

Protagoras, 360BD

Sokrates verwandelt damit offenbare Fragen der Ethik – wie wir leben und handeln sollen – in Fragen des Wissens und der Intelligenz. Beziehungsweise fasst er sie zu der *einen* Frage des Wissens zusammen, da er des Öfteren für eine »Einheit der Tugenden« eintritt, also die Vorstellung, dass wir automatisch alle Tugenden besitzen, sobald wir eine Tugend ganz und gar besitzen. Gemeint ist ein tiefgehendes Verständnis von Gut und Böse, wobei beides nur in verschiedenen Gestalten auftaucht.[13]

Im Alltag ist es eine gute sokratische Übung, jede unrechte oder unmoralische Tat in dem oben besprochenen Sinne zu betrachten: nämlich als Mangel an Wissen oder Verständnis. In manchen Fällen, etwa bei Drogensüchtigen oder auf andere Weise dem Verstand beraubten Menschen, wird uns das schwerfallen. Dennoch lässt sich zumindest jede schlechte *Entscheidung* aus dem sokratischen Blickwinkel betrachten. Dabei hilft es manchmal, sich die Frage zu stellen, warum eine allwissende Person – also jemand, der in die Zukunft und in die Köpfe anderer schauen kann – sich gegen etwas entschieden hätte. Wenn es sich um eine emotionale Entscheidung handelt, könnte man etwa überlegen, ob dieselben Gefühle im Spiel gewesen wären, wenn das Wissen oder das Verständnis, das sie hervorgerufen hat, ein anderes gewesen wäre. Wie wir im nächsten Kapitel sehen werden, sind die Stoiker dieser Idee intensiver nachgegangen.

Dass die Tugend zu einer Angelegenheit des Verstandes erklärt wird, ist aus sokratischer Sicht vor allem eine Ermutigung. Denn es bedeutet, dass Fortschritt möglich ist und die Beschäftigung mit der Philosophie der richtige Weg ist, zu einem im alten Sinne glück-

13 Siehe Vlastos, »Unity of Virtues in the ›Protagoras‹«; Penner, »Unity of Virtue«; Woodruff, »Socrates on the Parts of Virtue«; Devereux, »Unity of the Virtues in Plato's Protagoras and Laches«; Brickhouse und Smith, »Socrates and the Unity of Virtues«.

seligeren Menschen zu werden. Wenn die sokratische Methode uns auch nicht direkt gute Laune verschafft, so verleiht sie uns dennoch die Berechtigung dazu.

Lehrbarkeit. Dennoch betrachtet Sokrates das Lehren und Erlernen von Tugend als schwieriges Unterfangen. Wissen kann man lehren. Wenn die Tugend nicht vom Wissen zu trennen ist, so müsste auch sie gelehrt werden können. Aber kann das stimmen?

Dagegen spricht etwa die Stelle im *Protagoras,* an der Sokrates ausführt: Wer etwa eine Frage zum Bauen hat, richtet sich an Experten, die Erfahrung und Referenzen vorweisen können. Zu moralischen Fragen aber darf sich jeder äußern, es fragt niemand nach möglichen Referenzen, und es wird offenbar angenommen, dass es auf diesem Gebiet keine Experten gibt. Damit liegt nahe, dass das für die Beantwortung dieser Fragen nötige Wissen eben nicht lehrbar ist. Wenn es lehrbar wäre, so besäßen jene, die dieses Wissen am längsten studiert haben, quasi eine Art Expertenhoheit. Doch wir wenden uns nicht unbedingt an Philosophieprofessoren, sondern eher an Eltern oder andere Vertraute, wenn wir über ethische Fragen nachdenken. Aber auch dann bleibt Weisheit nicht lehrbar. Es gibt viele Beispiele von Eltern, die ihren Kindern Intelligenz einflößen, oder Lehrern, die Schüler zu weisen Menschen machen wollen, aber an diesem Projekt scheitern. Sokrates äußert Zweifel, ob Tugend wirklich von einem auf den anderen Menschen übertragbar ist:

> Und so kann ich dir sehr viele andere nennen, welche selbst treffliche Männer, dennoch niemals irgendeinen besser gemacht haben, weder von ihren Angehörigen noch sonst. Ich meines Teils also, Protagoras, halte hierauf Rücksicht nehmend, nicht dafür, die Tugend sei lehrbar.
>
> *Protagoras,* 320B

Protagoras bringt mehrere Gegenargumente an. Er macht darauf aufmerksam, dass wir Menschen, die blind oder körperlich beeinträchtigt sind, niemals bestrafen würden, dies aber mit Menschen tun, die unmoralisch handeln. Dahinter steckt doch offenbar der Gedanke, dass sie sich bessern können, wenn sie sich nur bemühen, und moralisches Verhalten erscheint also wie etwas, das man lehren und lernen kann. Außerdem verwenden wir viel Zeit und Mühe darauf, Kinder und andere zur Tugend zu erziehen. Manche dieser Bemühungen sind so in den Alltag eingebettet, dass wir sie kaum wahrnehmen.

> Nun aber bist du verwöhnt, Sokrates, weil eben alle Lehrer der Tugend sind, jeder so gut er kann, und siehst deshalb nirgends einen. Eben als wenn du nachfragtest, wo es wohl einen Lehrer im hellenisch sprechen gäbe, würdest du auch keinen einzigen finden.
>
> *Protagoras*, 328A

Es stimmt, dass manche Menschen eine größere Neigung zur Tugend zeigen, so wie andere Talent zum Flötenspielen haben. Wenn es nun hieße, das Flötenspiel sei von allgemeiner Wichtigkeit und jeder müsse es erlernen, dann würden eben manche gut und manche schlecht spielen. Das lässt sich aber nicht ableiten, man könne niemandem das Flötenspiel beibringen. Protagoras wirft Sokrates vor, nicht genug Abstufungen zu machen. Die wenigen Menschen, die überhaupt nicht in der Tugend gebildet seien, würden durch ihre Menschenfeindlichkeit hervorstechen:

> So glaube nun auch jetzt, dass selbst derjenige, welcher sich dir als der ungerechteste zeigt von allen, die unter Gesetzen und mit Menschen auferzogen sind, dennoch gerecht ist, und

> wirklich ein ausübender Künstler in dieser Sache, worin du ihn mit solchen Menschen vergleichen solltest, die gar keine Erziehung haben, keine Gerichtshöfe, keine Gesetze, und überall keinen Zwang, der sie zwingt, sich in allen Stücken der Tugend zu befleißigen, sondern die solche Wilde wären, wie sie uns im vorigen Jahre der Dichter Pherekrates am Bakchosfest dargeboten hat. Wahrlich, wenn du dich unter solchen Menschen befändest, wie die Menschenfeinde in jenem Chore, würdest du sehr zufrieden sein, wenn du auch nur einen Eurybatos oder Phrynondas anträfest, und würdest jammern aus Sehnsucht über die Schlechtigkeit der hiesigen Menschen.
>
> *Protagoras,* 327CD

Also ist Tugend *vielleicht* doch lehrbar. Vielleicht ist die Ausbildung in der Tugend so allgegenwärtig und vielleicht sind die Lernweisen so vielfältig, dass wir den Vorgang gar nicht so genau erfassen können. Sokrates widerspricht diesen Argumenten nicht, er wechselt lieber das Thema – womöglich also hält er sie für berechtigt. Das sokratische Rätsel über die Lehrbarkeit der Tugend kann, wie die meisten sokratischen Probleme, nicht vollständig gelöst werden. Platon war sich wahrscheinlich selbst nicht sicher, wie er die Frage beantworten sollte, und so bleibt die Sache in jedem Fall kompliziert. Sokrates' Bemühen aber legt nahe, wie seine ehrliche Antwort gelautet haben könnte: Hoffen wir, dass Tugend lehrbar ist, und versuchen wir es.

Unvollständigkeit. Sokrates liefert uns eine Methode sowie einige aus dieser Methode entwickelte Prinzipien, die keine vollständige Moralphilosophie ergeben. Viele Fragen geht er gar nicht erst an, zumindest nicht direkt. Bei anderen wirkt seine Analyse unabgeschlossen. Manche Interpreten behandeln nun Sokrates' Aussagen wie eine einzige Theorie und bemängeln, dass diese aufgrund fehlender Erklärungen nicht funktioniere.[14] Wenn Tugend eine Art von Wissen ist, was beinhaltet dann dieses Wissen? Lautet die Antwort, dass man ermessen kann, »was gut für einen ist«, oder was zur Eudaimonia beiträgt, dann sind wir scheinbar nicht weitergekommen, denn das, was gut für einen ist, ist Tugend. Wir brauchen eine bessere Vorstellung davon, worum es bei diesem Wissen geht, außer der Erkenntnis, dass Wissen alles ist.

Vielleicht liegt die Antwort in der aufgeklärten Abwägung der Vor- und Nachteile, die weiter oben erörtert wurden.[15] Lesarten von Platons späteren Schriften geben weitere mögliche Antworten auf die Frage, ebenso die Schriften der Stoiker. Doch sowohl Platon als auch die Stoiker müssen sich den Vorwurf gefallen lassen, dass sich ihre Argumentation im Kreis dreht.[16] Wie wir bei Sokrates sehen, ist es für die Vernunft schwierig – oder gar mehr als schwierig –, tiefgreifende moralische Fragen endgültig zu beantworten. Die Beispiele zeigen aber auch, wie der unvollständige Charakter der sokratischen Ethik als Vorteil betrachtet werden kann. Denn so ist die Methode offen für eine Reihe anderer philosophischer Projekte und Ansätze, mit denen sie kombiniert werden kann.[17] Die sokratische Philosophie ist der Stamm, aus dem verschiedene Zweige wachsen können, sie ist ein Entwurf, der auf verschiedene Weise ausgeführt werden kann.

---

14 Eine präzise Darstellung hierzu liefert C.C.W. Taylor, *Socrates: A Very Short Introduction*, S. 68ff.

15 Dieses Argument findet sich bei Prior, *Socrates*, S. 81.

16 Diskutiert wird dies bei Sidgwick, *Methods of Ethics*, S. 376–379.

17 Terence Irwin schreibt, Sokrates' Aussagen zum Verhältnis von Glück, Tugend und äußeren Gütern dienten als Ausgangspunkt für Diskussionen in Platons *Staat*, bei Aristoteles und den griechischen Philosophen. Jeder von Sokrates' Nachfolgern habe einen andere Ansicht dazu, welche Aspekte an Sokrates' Haltung plausibel erschienen und welche überarbeitet werden sollten. Irwin, »Socratic Puzzles«, S. 264. Ebenso erörtert wird das Thema in A. A. Long, »Socrates in Later Greek Philosophy«.

15

SOKRATES UND DIE STOIKER

Sokrates hat viele Philosophen und Denkschulen der Jahrhunderte nach ihm beeinflusst.[1] Dieses Kapitel ist das erste von zweien, die zeigen möchten, wie Sokrates' Nachfolger dessen Methodik und Ideen zur guten Lebensführung weiterentwickelt haben. Indem die folgenden Ausführungen sich zunächst mit den Stoikern und anschließend den Skeptikern beschäftigen, illustrieren sie den Spielraum an Schlussfolgerungen, den das sokratische Denken ermöglicht.

Der Stoizismus ist eine philosophische Bewegung, die etwa 100 Jahre nach Sokrates' Tod ihren Anfang nahm, im antiken Griechenland und Rom Verbreitung fand und Ideen schuf, die auch heute noch viele Menschen attraktiv finden. (Die heutige Verwendung des Begriffs »stoisch« sollten wir allerdings für die Dauer dieser Diskussion vergessen, da sie mit der antiken Denkschule der Stoa wenig zu tun hat.) Die Stoa widmet sich vielen Themen, die Sokrates nie berührt hat.[2] So beinhaltet sie etwa eine ausführliche Theorie zum Naturgesetz, die sich nicht auf Platons Sokrates bezieht, sich womöglich aber an das Sokratesbild Xenophons anlehnt.[3] In anderen

1 Die breiten Auswirkungen des sokratischen Denkens sind nachzulesen in A. A.Long, »Socratic Legacy«.

2 Der Bandbreite der Themen gerechter wird das 4. Kapitel von A. A. Long, *Hellenistic Philosophy*.

3 Siehe DeFilippo und Mitsis, »Socrates an Stoic Natural Law«. Weitere Erläuterungen zu Schnittmengen und Unterschieden zwischen Sokrates und den Stoikern findet man in Brickhouse und Smith, *Socratic Moral Philosophy*, S. 232–247.

Aspekten des stoischen Denkens aber, und vor allem in seinen Annahmen dazu, wie wir Menschen denken und leben sollten, tritt der sokratische Einfluss deutlich hervor. So betrachtet der britisch-amerikanische Altphilologe Professor A. A. Long Sokrates als den Philosophen, den sich die Stoiker als wichtigste Inspiration und Vorbild genommen haben.[4]

Der Stoizismus, so heißt es oft, sei eine Denkschule, die lehrt, wie man ein gutes Leben führt. Doch das ist quasi das, was am Ende herauskommt. Am Anfang steht eine bestimmte Geisteshaltung, mit der die zu behandelnden Probleme angegangen werden. Die Empfehlungen der Stoa sind ein Produkt dieser Geisteshaltung – einer im Wesentlichen sokratischen Denkweise. Insbesondere Epiktet versuchte, die sokratische Haltung und den sokratischen Analysestil fortzuführen und auf die Probleme anzuwenden, die seine Schüler an ihn herantrugen. Er zeigt, wie die sokratische Methode auf Fragen übertragen werden kann, die einen eher praktischen Bezug haben und sich insofern von den in Platons Dialogen diskutierten Problemen unterscheiden. Wer sich mit der Stoa beschäftigt und ein umfassenderes Verständnis dieser Philosophie anstrebt, tut gut daran, sie bis zu diesen Ursprüngen zurückzuverfolgen.

Nach einem kurzen historischen Abriss wird in jedem Abschnitt dieses Kapitels gezeigt, wie eine der sokratischen Lehren im Denken der Stoiker weitergeführt und weiterentwickelt wurde.

Die Anfänge. Der Stoizismus erhielt seinen Namen, weil Zenon von Kition (etwa 334–262 v. Chr.), der Begründer der Schule, die Treffen mit seinen Schülern in einer Säulenhalle (»Stoa«) abhielt, die mit Blick auf den zentralen Versammlungsort von Athen – die Agora – gelegen war. So wurde die Stoa als Philosophie der Säulenhalle be-

4 A. A. Long, »Socrates in Later Greek Philosophy«, S. 362; A. A. Long, *Stoic Studies*, S. 16–32.

zeichnet, im Gegensatz zu Platons Philosophie der Akademie oder Aristoteles Philosophie des Lyzeums oder Epikurs Philosophie des Gartens.

Wir wissen nur wenig über Zenon, aber er soll in jungen Jahren Schüler des Polemon gewesen sein, der in der Nachfolge Platons die Akademie leitete, genauso wie er wohl zu den Schülern des Kynikers Krates gehört hat. Zenon wiederum wurde als Oberhaupt der Stoa von Kleanthes und dann von Chrysippos abgelöst. Alle drei waren produktive Schriftsteller, aber keines ihrer Werke ist erhalten. Wir kennen ihre Ansichten nur durch Paraphrasen oder Zitate, die von anderen aufgezeichnet wurden. Aus der »späten« Periode des Stoizismus sind weitaus umfangreichere Schriften überliefert, die uns hier als Grundlage dienen sollen.[5] Die wichtigsten Autoren, deren Werke aus dieser Zeit uns vorliegen, sind:

- *Epiktet,* der etwa von 55 bis 135 nach Chr. lebte. Geboren wurde er in der heutigen Türkei und verbrachte dann die erste Hälfte seines Lebens überwiegend in Rom. Er wurde als Sklave geboren, kam aber als junger Erwachsener frei. Sein Leben lang litt er an einer Beinverletzung. Als Kaiser Domitian die Philosophen aus Rom vertrieb, floh Epiktet nach Griechenland und gründete dort eine Schule. Er hinterließ keine eigenen Schriften, doch sein Schüler Arrian veröffentlichte ausführliche Mitschriften seiner Vorlesungen, die als die *Unterredungen Epiktets* bekannt sind, und fertigte außerdem das *Enchiridion* oder »Handbüchlein« an (Arrian schrieb auf Griechisch). Professor A. A. Long stellt fest, dass Sokrates' Prägung auf beinahe jeder Seite der Unterredungen zu spüren ist. Diese seien die kreativste Aneignung des sokratischen

5 Lesern, die mehr über die den frühen Stoikern zugeschriebenen Aussagen erfahren möchten, bietet A. A. Long, *Hellenistic Philosophy* (4. Kap.) einen hervorragenden Überblick.

Gedankens nach Platon und Xenophon.[6] Beispiele hierzu werden wir weiter unten kennenlernen.

- *Seneca der Jüngere* (Lucius Annaeus Seneca), der von etwa 4 v. Chr. bis 65 n. Chr. lebte. Er wurde in Spanien geboren; sein Vater, der den gleichen Namen trug und deshalb als Seneca der Ältere bekannt ist, war Rhetoriklehrer. Sein Sohn – also der Seneca, um den es hier geht – wurde als Kind nach Rom geschickt. Nach einem Aufenthalt in Ägypten, einer frühen Karriere als Jurist und Politiker und einer Verbannung nach Korsika wurde er Lehrer und Berater von Nero, dem mächtigen römischen Kaiser mit zweifelhaftem Ruf. Seneca brachte es zu einigem Reichtum. Im Jahr 65 n. Chr. wurde er beschuldigt, sich der Pisonischen Verschwörung angeschlossen zu haben, die erfolglos ein Attentat auf Nero geplant hatte. Der Kaiser befahl ihm, Selbstmord zu begehen, was Seneca auch tat. Er schnitt sich die Adern auf und setzte sich in ein heißes Bad, und es heißt, dass ihn letztendlich der Dampf umbrachte. (In dem Film *Der Pate,* Teil II kommt eine feine Anspielung auf diese Episode vor.) Seneca schrieb Briefe, Dialoge und philosophische Aufsätze sowie mehrere Theaterstücke. Seine Schriften sind der größte erhaltene Textkorpus über den Stoizismus.

- *Marc Aurel* oder Marcus Aurelius Antoninus Augustus (121–180 n. Chr.), wie er sich selbst nannte, war ab 160 n. Chr. knapp 20 Jahre römischer Kaiser. Im letzten Jahrzehnt seines Lebens befand er sich größtenteils auf Feldzügen und schrieb dort für den Eigengebrauch philosophische Notizen in griechischer Sprache nieder: seine *Selbstbetrachtungen.* In seinen Texten bezeichnet er sich an keiner Stelle als Stoiker, doch war er ein treuer Anhänger der

6 A. A. Long, *Epictetus*, S. 94.

Philosophie und wird seit langem als ihr prägendster Autor gehandelt. Für Mill sind die Schriften Marc Aurels »die vollendetste ethische Leistung der alten Welt«.[7]

Sokratische Unwissenheit. Die sokratische Methode beginnt mit der Erkenntnis, wie wenig wir doch wissen (vgl. das elfte Kapitel). Für Epiktet steht diese Einsicht auch am Anfang des Stoizismus:

> Der Anfang der Philosophie für diejenigen, welche sich derselben, wie es sich gebührt, und auf dem richtigen Wege nähern, besteht in dem Bewusstsein ihrer eigenen Schwäche und Ohnmacht in Ansehung des Notwendigen.
>
> Epiktet, *Unterredungen*, II,11,1

> Was ist das erste Geschäft des Philosophen? Den Wahn fahren zu lassen: denn es ist unmöglich, dass jemand anfange, das zu lernen, was er zu verstehen glaubt.
>
> Epiktet, *Unterredungen*, II,17,1

Die Begegnung mit Selbstgerechten ist für Epiktet Anlass zur Demut. Denn zuallererst sollten wir uns bei solchen Gelegenheiten fragen, ob wir uns selbst nicht auch falsch einschätzen:

> Wenn wir daher mit solchen Menschen umgehen, die so schwankend sind, die so wenig wissen, was sie sagen, was für Übel sie haben oder nicht haben, so ist es der Mühe wert, uns selbst stets sorgfältig zu beobachten. »Bin ich vielleicht einer von jenen? Wie betrage ich mich? Betrage ich mich als Weiser? Als ein Enthaltsamer? Sage ich wohl bisweilen: Ich bin auf

7 Mill, *Über die Freiheit*, Frankfurt a. Main 1860, S. 36.

> jedes künftige Schicksal wohl vorbereitet? Habe ich das Bewusstsein, welches der haben muss, der nichts weiß, als dass er nichts wisse?
>
> Epiktet, *Unterredungen*, II,21,8–10

Marc Aurel denkt in eine ähnliche Richtung, wenn er sagt: Falschem Stolz sollte man nicht widerstehen, indem man über diesen Widerstand ebenfalls falschen Stolz empfindet.

> Denn der Hochmut, der sich mit scheinbarer Demut brüstet, ist der allerunerträglichste.
>
> Marc Aurel, *Selbstbetrachtungen*, XII,27

Wie wir noch sehen werden, waren die Stoiker im Gegensatz zu Sokrates jedoch der Ansicht, dass sie sich bestimmte Wahrheiten erschließen könnten.

Dialektik. Die dialektische Methode war von Beginn an Bestandteil der Stoa. Was Zenon betrifft, so legen die Zeugnisse nahe, dass er damit vor allem ein Vorgehen nach dem Frage-Antwort-Prinzip meinte, und auch Chrysippos verstand unter Dialektik die Hingabe an das Argument, hatte damit aber offenbar auch einen breiteren Ansatz zur Wahrheitssuche im Sinn.[8] Eindeutigere Belege finden wir bei den Römern. Von Seneca etwa stammt die Aussage: »Am nützlichsten ist die Form des Gesprächs, weil es in kleinen Abschnitten seinen Weg in das Innere findet.«[9] Epiktet schließlich war ein erklärter Anhänger der dialogischen Methode zur Ausmerzung von Falschannahmen:

8 Siehe A. A. Long, *Stoic Studies*, Kap. 4, insbes. S. 93–97.

9 Seneca, *Briefe an Lucilius*, 38. Brief, Leipzig: Meiner 1924, S.133.

Folgende zwei Dinge muss man unter den Menschen ausrotten: die Einbildung und das Misstrauen. Die Einbildung besteht in dem Glauben, nichts zu bedürfen ... Die Einbildung beseitigt der Beweis und das hat Sokrates zuerst getan.

Epiktet, *Unterredungen*, II,14

Darüber hinaus liefert uns Epiktet folgende Zusammenfassung zu seinem Verständnis der sokratischen Methode:

Wie verfuhr denn Sokrates? Er zwang den, der ihm Einwendungen machte, selbst sein Zeuge zu sein, und bedurfte keines anderen Zeugen. Daher war ihm verstattet zu sagen: »Die anderen lasse ich fahren, ich begnüge mich stets mit dem Zeugnisse meines Widersachers«, und: »Ich fordere die anderen nicht zum Urteil auf, sondern nur den, der gegen mich spricht.« Denn er machte das, was er aus den Gemeinbegriffen schloss, so deutlich, dass jeder ohne Ausnahme, sobald er den Widerspruch bemerkte, von demselben zurückkam. »Freut sich wohl der Neidische?« »Nein, er trauert vielmehr.« Durch die Annahme des Gegenteils bringt er den anderen in Bewegung. »Wie denn? Scheint dir der Neid eine traurige Empfindung über Übel zu sein? Und wo gibt es wohl Neid über Übel?« So bringt er denn jenen zu der Behauptung, der Neid sei eine traurige Empfindung über Güter.[10]

Epiktet, *Unterredungen*, II,12

10 Der erste Teil des Zitats bezieht sich offensichtlich auf *Gorgias* 472BC, nachzulesen im zehnten Kapitel dieses Buchs. Welchen Ursprung das wiedergegebene Gespräch über den Neid hat, ist weniger eindeutig: Es könnte auf *Philebos* 48BE zurückgehen, oder aber auf die von Xenophon zitierten Worte im ersten Kapitel dieses Buchs (obgleich dort nicht dialogisch angeordnet).

So hielt sich Epiktet auch im Umgang mit seinen Schülern an das Frage-Antwort-Prinzip. Dabei verwendete er eine Abwandlung der sokratischen Methode. Diese dient im Stoizismus oftmals dazu, natürlich oder »normal« erscheinende Dinge zu hinterfragen. So etwa in folgendem Ausschnitt, in dem Epkitet mit einem Vater spricht, der das Leid seiner kranken Tochter nicht mit ansehen konnte und deshalb das Haus verließ:

> »Wie denn? Scheint dir das recht getan zu sein?« – Wenigstens natürlich, versetzte jener. – »Überzeuge mich davon, dass es natürlich gehandelt war«, sagte Epiktet, dann will ich dich überzeugen, dass alles, was der Natur gemäß geschieht, auch mit Recht geschieht.« – Diese Empfindung, sagte jener, haben alle, wenigstens die meisten Väter. – Ich widerspreche dir nicht darin, versetzte Epiktet, als wenn es nicht geschähe, sondern das, was wir hier zu untersuchen haben, ist dies, ob es mit Recht geschieht. Denn sonst müssten wir auch behaupten, dass die Geschwüre eben deswegen, weil sie entstehen, zum Nutzen des Leibes entstehen, und überhaupt, dass es der Natur gemäß sei, Vergehungen auszuüben, weil wir fast alle, oder wenigstens die meisten, uns solche zu Schulden kommen lassen.
>
> Epiktet, *Unterredungen*, I,11

Oder betrachten wir folgendes Beispiel, in dem Epiktet von der stoischen Vorstellung spricht, dass wir nur im Gebrauch unserer Vernunft, im Geist, wirklich frei sind:

> Hängt es von dir ab oder nicht, wenn du willst, dass dein Leib unverstümmelt sei? – Das hängt von mir nicht ab. – Oder wenn du willst, dass er gesund sei? – Auch das nicht. – Aber dass er schön sei? – Auch das nicht. – Oder dass er lebe? – Auch das

nicht. – Also ist dein Leib in fremder Gewalt und jedem Stärkeren unterwürfig. – Das räume ich ein.

[...]

Hast du denn gar nicht Eigentümliches, das nur in deiner Gewalt steht und dir nicht entrissen werden kann? – Das weiß ich nicht. – So untersuche und betrachte denn auch folgendes: Kann wohl jemand dich zwingen, dem Falschen deinen Beifall zu geben? – Niemand. – In Ansehung deines Beifalls also kennest du weder Widerstand noch Hindernisse. – Das räume ich dir ein. – Nun, kann dich jemand zwingen, nach dem zu streben, was du nicht willst? – Allerdings, denn wenn er mich mit Tod oder Banden bedrohet, so erzwingt er meine Neigung. – Wenn du nun aber Tod und Bande verachtest, wirst du dich denn um ihn bekümmern? – Nein. – Steht es nun bei dir, den Tod zu verachten oder nicht? – Es steht bei mir.

Epiktet, *Unterredungen*, IV,1

Diese Dialoge sind im Prinzip sokratisch. Epiktet führt das von seinem Schüler Geäußerte zu einer absurden Schlussfolgerung oder zeigt, dass es sich mit anderen Aussagen widerspricht. Doch es gibt auch Unterschiede. Epiktet ist weniger geneigt als Sokrates, aus seinem Gegenüber hervorgelockte Definitionen oder abstrakte Behauptungen auseinanderzunehmen. Lieber legt er die moralischen Implikationen direkt offen oder setzt Fragen ein, um einen Punkt zu verdeutlichen. Er möchte nicht zu einer Aporie gelangen, sondern hat eine bestimmte Vorstellung davon, wie man ein Problem angeht. In diese Richtung möchte er auch seine Schüler führen. Seine Themen sind meist konkreter, seine Fragen unkomplizierter und seine Ergebnisse praktischer als jene, die wir bei Platons Sokrates sehen.[11] (In dieser Hinsicht erinnert er eher an den von Xenophon überlieferten Sokrates.) Dennoch, im Wesen ähnelt die Vorgehensweise der stoischen Lehrer der sokratischen Methode. Es geht nie darum, dem Schüler eine Meinung zu oktroyieren, sondern an dessen eigene Erfahrung anzuknüpfen, indem man fragt: »Findest du nicht, dass …?« oder »Sieht es nicht danach aus, dass …?«

Das vorliegende Buch vertritt die Ansicht, dass die sokratische Methode vor allem als ein verinnerlichter Prozess zu verstehen ist. Epiktet sah das offenbar genauso:[12]

> Weil er [Sokrates] keinen hatte, der seine Grundsätze einer strengen Prüfung unterwerfen konnte, und sich wechselweise von ihm strenge prüfen ließ; so unterwarf er sich selbst einer strengen Prüfung und Untersuchung, und bearbeitete stets einen Gemeinbegriff zu seinem Gebrauche.
>
> Epiktet, *Unterredungen*, II,1

> Wenn du zu einem der Mächtigen hereingehst, so erinnere dich, dass auch ein Anderer von oben herab das sieht, was hier vor sich geht, und dass du diesem mehr gefallen sollst, als jenem. Dieser fragt dich also: »Was nanntest du Flucht und Gefängnis und Fesseln und Tod und Unehre in der Schule?« Gleichgültige Dinge. »Wie nennest du sie denn jetzt? Haben sie sich geändert?« Nein! »Oder hast du dich geändert?« Nein!
>
> […]

11 Ausführlicher dargelegt in Brennan, »Socrates and Epictetus«, S. 286–91.

12 Ausgeführt in A. A. Long, »Sokrates in Later Greek Philosophy«, S. 373.

»So gehe nun herein, voll Mutes, und dessen eingedenk, und du wirst sehen, was ein Jüngling, der über das, worüber er soll, nachgedacht hat, unter Menschen ist, die nicht darüber nachgedacht haben!«

Epiktet, *Unterredungen*, I,30

Stellenweise schlägt Epiktet gegenüber seinen Studenten einen harschen Ton an, den man in heutigen Klassenzimmern ungern hören würde. Wie beim manchmal unbarmherzig anmutenden sokratischen Forschen kann dies aber durchaus Vorteile haben, wenn es darum geht, sich über eigene Denkfehler bewusst zu werden:

»Wann werde ich denn Athen und die Burgstadt wiedersehen?« – Elender! Ist das, was du täglich siehst, nicht genug für dich? Kannst du etwas Besseres oder Größeres sehen als die Sonne, den Mond, die Gestirne, die ganze Erde, das Meer?

Epiktet, *Unterredungen*, II,16

Was bewundern wir? Die Außendinge. Wonach streben wir? Nach den Außendingen. Und hernach wissen wir nicht, wie Furcht und Angst in uns entsteht? Was ist die notwendige Folge davon, wenn wir das, was uns bevorsteht, für ein Übel halten? Wir können nicht umhin, uns zu fürchten, nicht umhin uns zu ängstigen.

Hernach heißt es: Herr Gott! Wie komme ich denn dahin, keine Furcht zu fühlen? Tor! Hast du denn keine Hände? Hat Gott dir nicht diese verliehen? Sitze nun da und flehe zu Gott, dass dir die Nase nicht überfließe! Schnäuze dir vielmehr selbst die Nase, ohne Beschwerden zu führen. Wie nun? Hat er dir in

> dieser Hinsicht nichts gegeben? Hat er die nicht Standhaftigkeit, nicht Seelengröße, nicht männlichen Mut verliehen?
>
> Epiktet, *Unterredungen*, II,16

Folgerichtigkeit. Wie wir im siebten Kapitel erfahren haben, ist Folgerichtigkeit für Sokrates der Prüfstein für Wahrheit und die Gesundheit der Psyche (oder des Geistes). Wer sich widersprechende oder nicht folgerichtige Dinge äußert, zeigt damit, dass er sich in seinen eigenen Gedanken nicht auskennt.

> SOKRATES: Denn du behauptest von mir, ich sagte immer dasselbe, und tadelst mich deshalb. Ich aber beschuldige dich im Gegenteil, dass du nie dasselbe sagst von derselben Sache [.]
>
> *Gorgias*, 491B

Sätze wie dieser unterstützen die Schlussfolgerung von Gregory Vlastos, nach der Sokrates Folgerichtigkeit zum »obersten Desideratum in seiner Wahrheitssuche« erhebt.[13] Diese Wertung wurde von den Stoikern sowohl methodisch als auch strukturell fortgeführt: Wie Sokrates betrachtete Epiktet die interne Kritik und die Suche nach Widersprüchen als klassischen Weg zur erfolgreichen Beweisführung.

> Daher ist derjenige ein großer Redner und imstande, jemanden anzutreiben oder abzuhalten, der jedem den Streit, wodurch er zum Vergehen verleitet wird, aufdecken, und ihm deutlich darstellen kann, wie er das nicht tue, was er wolle, und das tue, was er nicht wolle. Wenn ihm jemand dies zeigt, so wird er von selbst zurücktreten, solange du ihm dies aber

13 Vlastos, *Socratic Studies*, S. 27.

> nicht gezeigt hast, so wundere dich nicht, dass er dabei bleibt. Denn er tut es in der Vorstellung, dass es recht sei.
>
> [...]
>
> Denn er [Sokrates] wusste es, dass die Seele sich gleich der Waage bewegt, und sich mit oder wider ihren Willen unterwärts neigt. Zeige der leitenden Vernunftkraft den Streit, und sie wird davon ablassen; zeigst du ihr diesen nicht, so beschwere dich vielmehr über dich selbst, als über den, der dir nicht gehorcht.
>
> Epiktet, *Unterredungen*, II,26

Den Wert der Folgerichtigkeit zur Erkennung der Wahrheit betont auch Seneca:

> Wenn ich absehe von den alten Begriffsbestimmungen der Weisheit und das Eigentümliche des Menschenlebens im ganzen ins Auge fasse, so kann ich mich auf folgendes beschränken: Was ist Weisheit? Immer dasselbe wollen und dasselbe nicht wollen. Bei dieser Formel bedarf es auch gar nicht des einschränkenden Zusatzes, dass, was du willst, auch das Rechte sei. Denn unmöglich kann einem die nämliche Sache immer gefallen, wenn sie nicht die rechte ist.
>
> Seneca, *Briefe an Lucilius*, 20,5

Diese Auffassung erinnert sehr an die im sechsten Kapitel ausgeführte Position des Sokrates: Jede Falschannahme, der wir anhängen, wird irgendwann mit einer uns bekannten Wahrheit in Konflikt geraten. Epiktet vertrat offenbar eine ganz ähnliche Ansicht: Er spricht von einer uns innewohnenden moralischen Instanz, auf die wir uns für unsere Urteile berufen können. Da Wahrheiten niemals in Widerstreit miteinander geraten, ist die Folgerichtigkeit beziehungsweise Vereinbarkeit von mehrfach geprüften Annahmen ein Zeichen für deren Richtigkeit.[14]

Umgekehrt ist mangelnde Vereinbarkeit ein Zeichen dafür, das die Suche nach Wahrheit danebengreift, so wie im obigen Zitat aus dem *Gorgias* angedeutet. Seneca denkt ähnlich über mangelnde Folgerichtigkeit oder Konsequenz:

> Nur wer ein unabänderliches Urteil erlangt hat, wird der Seelenruhe teilhaftig: die anderen kommen immer wieder zu Fall richten sich wieder auf und schwanken abwechselnd hin und her zwischen dem, was sie aufgegeben, und dem, was sie erstreben. Und der Grund dieses Schwankens, worin liegt er? Darin, dass diejenigen, die sich nach dem Gerede der Leute, dieser unsicheren Wetterfahne, richten, jeder klaren Einsicht in die Dinge entbehren.
>
> Seneca, *Briefe an Lucilius*, 95, 57–58

Tugend und Glück. Im Großen und Ganzen teilten die Stoiker die im vierzehnten Kapitel dargelegten moralischen Ansichten des Sokrates. In einigen Fällen gingen sie sogar noch weiter.[15] Im vorigen Kapitel haben wir gesehen, dass der sokratische Philosoph das Erreichen der *Eudaimonia* – der Glückseligkeit oder des guten Lebens – als höchstes Ziel ansieht. Ebenso ist klar geworden, dass für Sokrates »die Weisheit das Gute und die Torheit das Übel« ist.[16] Auch der Stoizismus ist eine Philosophie der *Eudaimonia*. Dabei

---

14 Die Parallelen zwischen Epiktets Auffassung und dieser (mit Vlastos in Verbindung stehender) Interpretation des Elenchus sind gut dargelegt in A. A. Long, *Epictetus*, S. 79–84.

15 Siehe die Darstellung in Eric Brown, »Socrates in the Stoa«, und Striker »Plato's Socrates and the Stoics«.

16 *Euthydemos* 281E.

gibt es große Ähnlichkeiten zwischen der sokratischen und der stoischen Auffassung vom guten Leben – ja, man könnte beide als identisch bezeichnen.[17]

> Das einzige Gut ist die Tugend; ohne die Tugend ist wenigstens kein Gut denkbar, und die Tugend selbst hat ihren Sitz in unserem besseren, das heißt in unserem vernünftigen Teile.
>
> Seneca, *Briefe an Lucilius*, 71,32

Auch Sokrates kommt zu der Einsicht, dass Reichtum und Gesundheit nicht an sich gut sind, da es immer davon abhängt, wie diese Dinge eingesetzt werden. Wir haben bereits Beispiele für diese Einschätzung gesehen, doch sei hier noch ein weiteres zitiert:

> SOKRATES: Betrachten wir also das Einzelne durchnehmend, was doch für Dinge es sind, die uns nützen. Gesundheit sagen wir und Stärke und Schönheit und Reichtum doch wohl. Dieses und dergleichen nennen wir doch nützlich. Nicht so?
>
> MENON: Ja.
>
> SOKRATES: Diese nämlichen Dinge aber, sagen wir, schaden auch bisweilen. Oder behauptest du es anders als so?
>
> MENON: Nein, sondern ebenso.
>
> SOKRATES: Bedenke also, was wohl für alle diese Dinge maßgebend ist, wenn sie uns nützen sollen, und was, wenn sie uns

17 Eine genaue Analyse mit Belegen aus den Dialogen findet sich in Annas, »Virtue as the Use of Other Goods«.

> schaden? Nicht so, wenn rechter Gebrauch, dann nützen sie, wenn unrechter, dann schaden sie?
>
> MENON: Freilich.
>
> *Menon*, 87E–88A

Im Stoizismus rückt dieser Gedanke noch umfassender und stärker in den Vordergrund, wodurch er oftmals eher mit den Stoikern als mit Sokrates in Verbindung gebracht wird. Bei Epiktet heißt es:

> Ist die Gesundheit ein Gut? Die Krankheit ein Übel? Nein, mein Freund. Was denn? Auf eine gute Weise gesund sein, ist ein Gut; auf eine schlechte Weise gesund sein, ein Übel.
>
> Epiktet, *Unterredungen*, III, 20

Und bei Seneca:

> So steht es mit allen Dingen, die wir als gleichgültige und eine mittlere Stellung einnehmende bezeichnen, als da sind Reichtum, Körperkraft, Schönheit, Ehrenstellen, Herrschermacht, andererseits Tod, Verbannung, Krankheit, Schmerzen und was uns sonst mehr oder weniger mit Furcht erfüllt: entweder ist es die Schlechtigkeit oder die Tugend, die ihnen den Namen eines Gutes oder eines Übels verleiht. Eine Stoffmasse ist an sich weder warm noch kalt: wirft man sie in den Ofen, so erwärmt sie sich, senkt man sie ins Wasser, so wird sie wieder kalt.
>
> Seneca, *Briefe an Lucilius*, 82,14

Gesundheit, Reichtum und andere Äußerlichkeiten, die nicht an sich gut oder schlecht sind, sind für die Stoiker sogenannte »indifferente Güter«. Güter, die sich bei weisem Gebrauch als hilfreich erweisen, nennt man »vorzuziehende indifferente Güter«.

Tugend und Wissen. Sokrates war nicht nur der Überzeugung, dass die Glückseligkeit nicht von der Tugend zu trennen ist, sondern glaubte darüber hinaus, dass die Tugend eine Sache des Verstandes ist (und das Laster immer mit Unwissenheit in Verbindung steht). Schauen wir uns hierzu folgende Aussagen der Stoiker an:

> Was ist also das Gute? Das Wissen um die Dinge. Und was das Übel? Die Unkunde der Dinge.
>
> Seneca, *Briefe an Lucilius*, 31,6

> Es gibt nur eins, was dem Geist zu wahrer Vollkommenheit verhilft: die über jeden Wandel erhabene Kenntnis des Guten und Bösen.
>
> Seneca, *Briefe an Lucilius*, 88,28

> Und doch möchte es vielleicht kein großes Unglück sein, das Mittel nicht zu kennen, die Farben, die Gerüche und die verschiedenen Arten des Geschmacks zu unterscheiden. Scheint es dir aber ein geringes Unglück zu sein, wenn man nicht weiß, wodurch das, was für den Menschen ein Gut oder ein Böses, was seiner Natur gemäß oder nicht gemäß ist, unterschieden wird?
>
> Epiktet, *Unterredungen*, I, 11

Der Stoizismus stellt die praktische Bedeutung der sokratischen Lehre klarer heraus. So wird darüber nachgedacht, wie man verschiedenen Problemen des Lebens – Eitelkeit, Wut, Angst, Gier – begegnet, und es heißt nicht nur wie bei Sokrates, diese seien im Grunde Phänomene mangelnden Wissens. Den Stoikern geht es darum, einen geeigneten Umgang mit diesen Problemen zu finden. Aber am Anfang steht auch bei ihnen die Erkenntnis, dass äußere Probleme oftmals als Hindernisse im Denken gedeutet werden können. Hier dient ihnen Sokrates als Vorbild:

> Nicht die Dinge selbst, sondern die Meinungen über dieselben beunruhigen die Menschen. So ist der Tod an und für sich nichts Schreckliches, sonst wäre er auch dem Sokrates so vorgekommen; vielmehr ist die vorgefasste Meinung von ihm, dass er etwas Schreckliches sei, das Schreckhafte. Wir wollen daher, wenn wir von etwas gehindert, beunruhigt oder betrübt werden, niemals andere anklagen, sondern uns selber, nämlich unsere Meinung davon.
>
> Epiktet, *Handbüchlein der Moral*, I,5

Ganz ähnlich beschreibt Cicero die stoische Perspektive:

> Kummer ist also ein noch frischer Wahn von einem gegenwärtigen Übel, verbunden mit der Vorstellung, dass Traurigkeit und Niedergeschlagenheit dabei recht sei; Freude ein noch frischer Wahn eines gegenwärtigen Gutes, verbunden mit der Vorstellung, dass Fröhlichkeit dabei recht sei; Furcht der Wahn eines drohenden Übels, das wir uns als unerträglich vorstellen; Begierde der Wahn eines künftigen Gutes, dessen gegenwärtiger Besitz uns nützlich und angenehm erscheint.
>
> Cicero, *Tusculanische Unterredungen*, 4,7

Vergleichen wir dies mit einem Ausschnitt aus *Der Staat*:

> Eine Bewahrung, versetzte ich, ist, wie ich behaupte, die Tapferkeit. Was für eine Bewahrung denn?

> Die der vom Gesetze mittels der Erziehung eingepflanzten Ansicht über das Schreckliche, was es sei und von welcher Art.
>
> *Der Staat*, 429BC

Wenn Tugend also eine Form des Wissens ist, Untugend dagegen ein Ergebnis von Unwissenheit oder fehlgeleiteten Meinungen, was folgt dann daraus? Eine Reaktion der Stoiker besteht in *Gleichmut*. Wenn andere sich ungerecht oder falsch verhalten, dann, weil sie es nicht besser wissen. Wenn wir dies bedenken, begegnen wir ihnen mit Nachsicht. Marc Aurel macht dies beginnend mit einem Zitat von Sokrates deutlich:

> Eine Seele, sagt jener, wird stets gegen ihren Willen der Wahrheit beraubt. Daher also auch der Gerechtigkeit, der Selbstbeherrschung, des Wohlwollens und jeder anderen Tugend. Es ist aber sehr nötig, dessen stets eingedenk zu sein; denn man wird so milder gegen jedermann.
>
> Marc Aurel, *Selbstbetrachtungen*, VII,63

> Sage zu dir in der Morgenstunde: Heute werde ich mit einem unbedachtsamen, undankbaren, unverschämten, betrügerischen, neidischen, ungeselligen Menschen zusammentreffen. Alle diese Fehler sind Folgen ihrer Unwissenheit hinsichtlich des Guten und des Bösen.
>
> Marc Aurel, *Selbstbetrachtungen*, II,1

An anderen Stellen heißt es, man solle Menschen, die sich schlecht verhalten, am ehesten bemitleiden. Denn sie sind fehlgeleitet oder moralisch unbeholfen und bieten in jedem Fall einen bedauernswerten Anblick.

> Warum zürnest du denn über sie, dass die Unglückliche sich in Ansehung ihrer wichtigsten Angelegenheiten täuscht und eine Schlange anstatt eines Menschen wird? Solltest du nicht vielmehr, so wie wir die Blinden und Lahmen bedauern, auch eben so, wenn ich so sagen darf, mit denen Mitleid haben, die in Ansehung ihrer wichtigsten Angelegenheiten verblendet und gelähmt sind?
>
> Epiktet, *Unterredungen*, I, 28

Epiktet legt nahe, dass Menschen, die falsch oder unmoralisch handeln, im Grunde selbst Opfer sind. Bei Sokrates hieß es ja, wer Unrechtes begehe, leide im Grunde mehr als der, der Unrecht erfahre. Hier nun gibt es eine mögliche Erklärung: Sie werden getäuscht (oder aber täuschen sich selbst).

> Wenn dir jemand Böses tut oder nachredet, so denke: »Er handelt und spricht so, weil er meint, er habe recht.« Er folgt eben nicht deinen Begriffen, sondern seinen, und wenn diese falsch sind, so hat er den Schaden davon, indem er sich täuscht. [...]
>
> Sage dir deshalb bei jedem solchen Vorfalle: »Es hat ihm so geschienen. (Er spricht oder handelt, wie er's versteht.)«
>
> Epiktet, *Handbüchlein der Moral*, I,42

Gefühl. Wie im vierzehnten Kapitel erwähnt, wird Sokrates manchmal vorgeworfen, er nehme zu wenig Rücksicht auf unsere Gefühle: Sein Modell des menschlichen Verhaltens sei rein intellektuell.[18]

---

18 Ein prominentes Beispiel findet sich in Grote, *Plato and the Other Companions of Socrates*, S. 399: Dort heißt es, Sokrates unterlaufe der Fehler, sich ausschließlich den intellektuellen Bedingungen des menschlichen Verhaltens zu widmen, dabei aber das Emotionale und durch den Willen Bestimmte zu vernachlässigen.

Der Ansatz der Stoiker nun bietet die Möglichkeit, Emotionen umfassender zu berücksichtigen, ohne der sokratischen Gleichung, oder Beinahe-Gleichung, von Glück, Tugend und Wissen untreu zu werden. Denn unsere emotionale Reaktion auf einen Gegenstand ist keine Reaktion auf den Gegenstand selbst, sondern auf das, was wir darüber denken – also auf unser *Verständnis* des Gegenstands. Dieses Verständnis erwächst aus unserem Wissen oder eben Nichtwissen und ist damit womöglich von uns zu beeinflussen.

All dies kann als eine Weiterführung der sokratischen Lehre betrachtet werden. Im vorigen Kapitel wurde am Beispiel der Angst untersucht, ob die sokratische Methode Gefühle oder Emotionen berücksichtigt, so wie es jegliche Betrachtung der menschlichen Natur tun sollte. Wir haben außerdem festgestellt, dass Sokrates Mut als eine Form von Wissen oder Einsicht behandelt. Die Stoiker formulieren diesen Gedanken noch deutlicher:

> Man würde nicht im Unklaren darüber sein, was dem Tapferen zieme, wenn man wüsste, was Tapferkeit ist. Sie ist nicht etwa blinde Draufgängerei, nicht Liebe zur Gefahr oder ungestümes Verlangen nach dem Grauenhaften: Sie ist die Einsicht in den Unterschied zwischen dem, was ein Übel sei und was keines sei.
>
> Seneca, *Briefe an Lucilius*, 85,28

Man könnte gegen diese Auffassung von »Gefühl« – ob sie nun Sokrates oder den Stoikern zugeschrieben wird – den Einwand vorbringen, dass sie den Gefühlsregungen von Kleinkindern oder Tieren nicht gerecht werde. Denn diese verfügen über kein Wissen und haben kein Geistesleben, das ihnen erlauben würde, sich eine Meinung zu bilden oder über richtig und falsch zu befinden. Dennoch sind sie offenbar zu Gefühlen wie Wut fähig. Die Stoiker treffen in Antwort darauf eine Unterscheidung zwischen menschlichem »Zorn« und tierischer »Wut«, zwischen Leidenschaften und Trieben.

> Triebe finden sich bei den Tieren, Wut, Wildheit, Losstürzen, Zorn dagegen ebensowenig als Schwelgerei [...] Die sprachlosen Tiere haben keine menschlichen Leidenschaften, wohl aber haben sie gewisse diesen ähnlichen Triebe.
>
> Seneca, *Über den Zorn*, I,3,6

Auch für diese Einschätzung findet man Vorläufer in den sokratischen Dialogen:

> LACHES: Sehr richtig ist, was da gesagt wird, und beantworte uns doch dieses nach der Wahrheit, o Nikias, ob du behauptest weiser als wir wären diese Tiere, denen wir alle zugestehen, dass sie tapfer sind, oder ob du, allen widersprechend, wagst, sie auch nicht tapfer zu nennen?
>
> NIKIAS: Niemals, o Laches, werde ich weder ein Tier noch sonst ein Wesen tapfer nennen, was nur aus Unwissenheit das Gefährliche nicht fürchtet, sondern furchtlos und töricht nenne ich es.
>
> *Laches*, 197A

(Nikias führt hier eine Ansicht aus, die er zunächst Sokrates zuschreibt.) Laut den Stoikern gibt es jedoch auch beim erwachsenen Menschen unmittelbare Gefühlsreaktionen oder »Eindrücke«, die offenbar nicht vom Verstand oder Willen gesteuert sind:

> Denn gewissen Eindrücken, mein Lucilius, kann sich auch der Tugendhafteste nicht entziehen, die Natur mahnt ihn an sei-

> ne Sterblichkeit. Daher wird er bei traurigen Anlässen auch eine tiefernste Miene annehmen, bei überraschenden Ereignissen zusammenschauern und schwindlig werden, wenn er, am Rande eines jähen Abgrunds stehend, in die schauerliche Tiefe hinabblickt. Das ist nicht Furcht, sondern eine natürliche Ergriffenheit, gegen welche die Vernunft vergebens ankämpft.
>
> Seneca, *Briefe an Lucilius*, 57,4

Manchen Interpreten genügt diese Unterscheidung zwischen »Gefühl« und »Eindruck«. Andere wiederum meinen, das Problem würde umgangen, indem man den Kernbegriff einfach umdeutet. Schließt der sokratische oder auch stoische Gefühlsbegriff Tiere aus, so ist er deswegen nicht falsch, sondern höchstens unvollständig. Emotionen als Reaktion auf Gedanken und Wissen zu betrachten, ist ein nützlicher Ansatz, mit dem sich viel, wenn auch nicht alles erklären lässt.

Dabei bleibt hier wie auch im vierzehnten Kapitel zu beachten, dass der sokratische oder stoische Gefühlsbegriff unter »Wissen« nicht nur das versteht, was wir zu wissen glauben. Denn manche Überzeugungen stehen im Vordergrund des Denkens und können fallen gelassen oder revidiert werden, wenn man neue Belege oder Argumente hört. Andere aber liegen tiefer und sind schwer zu ändern, selbst wenn wir meinen, es besser zu wissen. Man »weiß« etwa, dass es in einer bestimmten Situation nichts zu befürchten gibt, empfindet aber trotzdem Angst: Im Grunde wissen wir es also nicht, oder aber wir hegen widersprüchliche Einschätzungen dazu, ob es etwas zu befürchten gibt. Es kann einige Zeit in Anspruch nehmen, diese tief verwurzelten Überzeugungen zu revidieren. Wenn wir »wissen«, dass wir etwas nicht wollen, aber immer noch ein Verlangen danach verspüren, zeigt sich dasselbe Muster: Manche unserer Gedanken sind nicht auf andere abgestimmt. Ein Hauptziel der

Philosophie ist es, all diese Ideen in einen kohärenten und folgerichtigen Zusammenhang zu bringen.[19] Das bedeutet Arbeit.

Unverwundbarkeit. Sokrates glaubte, »dass es für den guten Mann kein Übel gibt, weder im Leben noch im Tode«.[20] Die Stoiker waren derselben Ansicht und weiteten auch diesen Gedanken aus. Sie beschreiben diese Unverwundbarkeit als eine Loslösung von Äußerlichkeiten – also von allen Dingen, die fremdgesteuert sind. Stattdessen sollten wir uns dem widmen, was wir selbst in der Hand haben, und uns an unsere eigenen Entscheidungen, unseren eigenen Willen und unser eigenes Verständnis halten. Keine äußere Kraft kann diese Dinge angreifen oder verletzen.

> Warum aber lässt die Gottheit es zu, dass den tugendhaften Menschen Schlimmes widerfährt? Sie lässt es ja gar nicht zu. Alles wirklich Schlimme hält sie von ihnen ja fern, Verbrechen, Laster, ruchlose Gedanken, habgierige Anschläge, blinde Lustbegier und nach fremdem Gute trachtende Habsucht; ihnen selbst gewährt sie Schutz und Schirm: verlangt etwa jemand von Gott auch noch dies, dass er sich zum Behüter ihres Reisegepäcks mache? Sie selbst denken nicht daran, der Gottheit diese Sorge aufzubürden: sie sind Verächter alles äußeren Gutes.
>
> Seneca, *Über die Vorsehung*, VI,1

Ganz ähnlich heißt es bei Epiktet:

> Ich muss sterben – aber muss ich auch deswegen unter Seufzern sterben? – muss mich binden lassen – aber unter Tränen? –

19 Siehe Eric Brown, »Socrates in the Stoa«, S. 279ff.

20 *Apologie* 41C.

> mich verbannen lassen – aber wer hindert sich denn, lächelnd, heiter und ruhig von dannen zu gehen? »Sage deine Geheimnisse!« Das tue ich nicht: denn das hängt von mir selbst ab. »Aber ich lasse dich fesseln!« Mensch! Was sagst du? Mich? Meine Füße wirst du fesseln, meinen freien Willen aber kann selbst Jupiter nicht zwingen. »Ich will dich ins Gefängnis werfen!« Meinen Leib doch nur. »Ich will dich köpfen lassen!« Wann habe ich dir denn gesagt, dass nur mein Hals nicht abgeschnitten werden könne? Diese Grundsätze müssen die Philosophierenden erwägen, diese täglich aufschreiben, in diesen täglich sich üben.
>
> Epiktet, *Unterredungen*, I,2,22

Epiktet bezieht sich bei diesem Thema direkt auf Sokrates, wie eine Antwort auf einen seiner Schüler belegt:

> Also ist Sokrates so unwürdig von den Athenern behandelt worden! Elender! Warum sagst du: Sokrates? Sprich so, wie die Sache sich verhält: Also wurde so der Leib des Sokrates fortgebracht, und von den Stärkeren ins Gefängnis geschleppt! Und man gab seinem Leibe den Schierlingssaft zu trinken, und dieser starb daran!
>
> Hatte denn Sokrates kein Mittel dagegen? Worin setzte er das Wesen des Guten? Auf wen sollen wir hören? Auf dich oder auf ihn? Und, was sagt er denn? »Anytus und Melitus können mich töten, aber schaden können sie mir nicht.«
>
> Epiktet, *Unterredungen*, I,29,16–18

Mit dem letzten Satz verweist Epiktet auf eine Passage aus der *Apologie*, die im vorigen Kapitel zitiert wurde. Hier noch ein sokratisches Beispiel für die Idee der seelischen Unverwundbarkeit:

> Gib du also mir Gehör, und folge mir dahin, wo angelangt du gewiss glückselig sein wirst im Leben und im Tode, wie unsere Rede verheißt, und lasse dann immer einen dich verachten als unverständig, und dich beschimpfen wenn er will, ja, beim Zeus, auch jenen schimpflichen Schlag lasse dir getrost zufügen, denn nichts arges wird dir daran begegnen, wenn du nur in der Tat edel und trefflich bist und Tugend übend.
>
> *Gorgias*, 527CD

Die stoische – und also auch sokratische – Haltung wirkt stellenweise extrem und unmenschlich: So heißt es etwa einmal bei Cicero, dass ein Weiser, der auf der Streckbank gefoltert wird, dennoch als glücklich bezeichnet werden müsse.[21] Doch die Stoiker räumten ein, dass ein solch idealer Geisteszustand von niemandem erreicht werden könne.[22] Sie waren aber immerhin der Überzeugung, dass diese ideale Haltung, *wenn* sie denn erlangt würde, absoluten Seelenfrieden verschaffen würde. Sokrates war ihnen nicht nur in seinen Lehren, sondern auch in seinem Leben ein Vorbild: Denn er ging mit unbeschadeter Tugend und also mit Gleichmut in den Tod.

---

21 Cicero, *Über das höchste Gut und Übel*, Buch 3, Kap. XII,43.

22 Siehe Farnsworth, *Der praktizierende Stoiker*, S. 450–460.

16

Sokrates und die Skeptiker

Neben den Stoikern beanspruchten noch andere das sokratische Erbe. Eine bekannte Gruppe unter den Sokrates-Nachfolgern sind die Skeptiker. Dieses Kapitel möchte erklären, wer die Skeptiker waren, was sie dachten und warum sie sich als Sokratiker betrachteten. Dabei wird deutlich werden, dass die Philosophie der Skeptiker, mehr noch als die der Stoiker, als eine direkte Weiterführung der sokratischen *Methoden* angesehen werden kann.

Die Anfänge. Die von Platon gegründete Schule hieß die »Akademie«. Nach seinem Tod wurde sie unter verschiedenen Leitern (oder »Scholarchen«) noch rund 300 Jahre lang weitergeführt und veränderte durch diese Wechsel mehrfach ihre Ausrichtung. Über einen langen Zeitraum wurde sie jedoch mit dem Skeptizismus in Zusammenhang gebracht.[1] So waren gleich zwei Scholarchen der Akademie berühmte Skeptiker: Arkesilaos, der 264 v. Chr. die Leitung übernahm, und Karneades, der diese Position 167 v. Chr. antrat.

Im Jahr 88 v. Chr. wurde die Akademie durch Kriegswirren zerstört, woraufhin ihr letzter Scholarch, Philo, nach Rom übersiedelte.

1 Zumindest wurde die Akademie mit Ideen in Verbindung gebracht, die wir heute dem Skeptizismus zuordnen, und die ich hier auch so behandeln werde. Ob sie damals diesem Begriff untergeordnet wurden, ist nicht geklärt. Siehe Brenan, »Socrates an Epictetus«.

Einer seiner Schüler dort war Cicero, der damals gerade 20 Jahre alt war und später einer der bedeutendsten Staatsmänner und Redner Roms werden sollte. Ciceros Schriften sind heute unsere zuverlässigste und ausführlichste Quelle zu den Lehren der Akademie. Ciceros eigene Philosophie wurde später immer eklektischer, er fand Gefallen an Ideen aus verschiedenen Schulen. Doch seine Verbundenheit mit der Akademie blieb, ebenso wie seine Überzeugung, dass die akademischen Skeptiker die treuesten Anhänger des Sokrates waren.[2]

Das, was wir heute unter »skeptisch« (oder eben, wie weiter oben, unter »stoisch«) verstehen, hat nur zu einem kleinen Teil damit zu tun, welche Bedeutung diese Begriffe ursprünglich hatten. »Skeptizismus« leitet sich von dem griechischen Wort *skepsis* ab, das »Untersuchung« bedeutet. Skeptiker sind quasi Forscher, die zu keinerlei Schlussfolgerungen kommen. Dabei geht es ihnen nicht darum, eine Behauptung abzuwehren, sondern immer weiter Fragen zu stellen. Skeptiker sind auf der Suche nach der Wahrheit, sie möchten ihr näher kommen, finden aber keinen Schlusspunkt oder endgültige Sicherheiten. Sie fürchten die »übereilte Zustimmung« und die Vorstellung, man habe zu Ende gedacht, obgleich man noch gar nicht richtig angefangen hat. Für sie ist die Neigung zu schnellen Ergebnissen das große Übel der Menschheit (vielleicht aber auch nicht, denn so sicher sind sie sich da natürlich nicht ...).[3]

---

2 Cicero schreibt: »Allein Sokrates rief zuerst die Philosophie vom Himmel herab, versetzte sie in die Städte und führte sie ins häusliche Leben ein; denn er bewirkte, dass man über Leben und Sitten, über das Gute und Böse Untersuchungen anstellte. Die vielfache Weise seiner Untersuchungen, die Mannigfaltigkeit der Gegenstände und die Größe seines Geistes, welches alles durch die Schriften Platos, seines Zuhörers, verewigt ist, rief mehrere Gattungen verschieden denkender Philosophen hervor. Wir sind unter diesen vorzüglich denen gefolgt, deren Verfahren nach unserem Urteile Sokrates selbst angewandt hat.« *Tusculanische Unterredungen* 5. Buch, 4. Kapitel, 10–11, Altona: Hammerich 1824, S. 305f.

3 Ausführlicher erklärt wird der Begriff »Stoizismus« in Cooper, »Arcesilaus: Socratic and Sceptic«, S. 171f.

Die Skeptiker erheben einen ebenso großen Anspruch wie die Stoiker auf das Erbe der Sokratiker. Dabei widmeten sie sich anderen Aspekten der sokratischen Lehre und zogen daraus andere Schlüsse.

Frage und Antwort. Für die Skeptiker besteht die zentrale Lehre der Sokratik darin, dass Weisheit bedeutet, unsere Unwissenheit zur Kenntnis zu nehmen. Und diese Unwissenheit tritt am deutlichsten hervor, wenn wir die sokratische Fragemethode anwenden. Cicero fasst sein Verständnis des in den Dialogen vorgefundenen Musters wie folgt zusammen:

> Dieser Mann [Sokrates] äußert sich [...] auf eine solche Weise, dass er für seine Person keine Lehrsätze aufstellt, nur andere widerlegt: dass er erklärt, er wisse nichts, als gerade das, dass er nichts wisse; er sehe seinen Vorzug vor den Übrigen gerade darin, dass jene, was sie nicht wissen, zu wissen glaubten, er aber gerade das Eine wisse, dass er nichts wisse: und das möge denn auch wohl der Grund sein, warum gerade er vom Apollo als der Allerweiseste erklärt worden sei, weil eben darin allein alle Weisheit bestehe, wenn man nicht glaube, das zu wissen, was man nicht weiß.
>
> Cicero, *Akademische Untersuchungen*, I,4,16

Aristoteles, ein Schüler Platons, verließ die Akademie und gründete eine eigene Schule: das Lykeion (Lyzeum). Andere blieben der Akademie treu und führten Platons Ideen im Jahrhundert nach seinem Tod in verschiedene Richtungen fort. Die Skeptiker aber empfanden all dies als Abkehr von der sokratischen Idee, die ihrer Ansicht nach darin bestand, sich an die Fragemethode zu halten und sich keinen endgültigen Schlussfolgerungen hinzugeben. Über das Lyzeum und die jüngere Akademie schreibt Cicero:

> Beide, reich ausgestattet von Platos unerschöpflicher Fülle, bildeten ein bestimmtes wissenschaftliches System, und zwar ein vollständiges und lückenloses: aber jenes sokratische Zweifeln an allem, und jene Gewohnheit, die Erörterungen ohne ein entscheidendes Behaupten durchzuführen, gaben sie auf. So entstand ein eigentliches philosophisches Lehrgebäude (ein philosophischer Dogmatismus), wogegen sich Sokrates so entschieden erklärt hatte, ein zusammenhängender Lehrbegriff und ein Schulsystem mit förmlich abgeschlossener Begrenzung.
>
> Cicero, *Akademische Untersuchungen*, I,4,17

Arkesilaos (lateinisch Arcesilas) war der fünfte Leiter der Akademie nach Platon und gilt als der Begründer von deren »zweiter« oder »jüngeren« Epoche. Er wollte die Akademie zurück zu ihren sokratischen Wurzeln führen und hatte dabei eine Schule im Sinn, in der die Aufgabe des Lehrers darin bestand, die Aussagen seiner Schüler zu hinterfragen.[4]

> Denn dieser pflegte durch Ausforschen und Fragen die Meinungen derer, mit welchen er sich unterhielt, herauszulocken, um so auf ihre Antworten seine Ansicht darzulegen. Diese Sitte behielten die späteren Philosophen nicht bei, bis Arcesilas sie zurückrief, und so es ordnete, dass die, welche ihn hören wollten, nicht ihn befragten, sondern selbst ihr Urteil

4 Cicero schreibt dazu: »Arkesilaos, ein Schüler des Polemon, griff zuerst aus Platons mannigfaltigen Schriften und sokratischen Gesprächen vorzüglich den Gedanken auf, dass sowohl die sinnlichen als auch die geistigen Wahrnehmungen aller Gewissheit entbehrten, und in einem höchst anmutigen Vortrag soll er alle Urteile des Geistes und der Sinne verworfen und zuerst die Lehrart eingeführt haben, die jedoch echt sokratisch war, nicht seine eigene Ansicht darzulegen, sondern wider die Ansicht, die ein anderer aufgestellt hatte, zu streiten.« *Vom Redner*, 3,67, in: *Ciceros drei Bücher vom Redner*, Stuttgart 1833.

> vortrugen, und er hierauf dagegen sprach. Dabei verteidigten dann seine Zuhörer ihre Meinung, soweit sie konnten.
>
> Cicero, *Vom höchsten Gut und Übel*, II,1,2

Es wäre falsch zu behaupten, Arkesilaos hätte vor allem daran gelegen, die Behauptungen anderer zu *widerlegen*. Wird ein Urteil widerlegt, so wird es allgemein für falsch befunden. An einem solchen Punkt aber würde Arkesilaos Argumente vorbringen, die eben diese Position unterstützen – nicht, um damit zu zeigen, dass die Allgemeinheit unrecht hat, sondern um deutlich zu machen, dass für beide Seiten gute Argumente gefunden werden können und man daher zu keiner endgültigen Einigung gelangen kann.

> Natürlich tat er denn, was dieser Grundansicht gemäß war, dass er gegen die bestimmt ausgesprochenen Lehrsätze aller Schulen sprach, und gewöhnlich die Wirkung hervorbrachte, dass man, da sich für und gegen eine und dieselbe Behauptung ganz gleich wiegende Gründe auffinden ließen, umso leichter enthielt, für die eine oder für die andere Seite sich zu entscheiden.
>
> Cicero, *Akademische Untersuchungen*, I,12,45

Diese Zurückhaltung – sich auf kein Urteil festzulegen, da man keine Gewissheit erlangen kann – wird *epoché* genannt. Die Fragemethode des Arkesilaos setzte sich in der Akademie durch, obgleich Cicero schon befürchtete, die Griechen würden ihr überdrüssig:

> So hat diese Methode in der Philosophie, für jede Behauptung Gegengründe aufzusuchen, und sich über nichts entscheidend zu erklären, die von Sokrates ausgegangen ist, von Arcesilas wieder aufgenommen worden, und durch Karneades ei-

> nen neuen Schwung bekommen hat, bis in meine Lebenszeit herein ihre eifrigen Freunde gehabt, wiewohl sie jetzt, wie ich vernehme, in Griechenland selbst so gut wie verwaist ist: ein Schicksal, das die Akademie nach meiner Überzeugung nicht wegen eines in ihr liegenden Mangels betroffen hat, sondern durch die Geistesträgheit der Menschen.
>
> Cicero, *Vom Wesen der Götter,* I,5,11

Aporie vs. Epoché. Die Fachliteratur spricht sich, wenn auch teilweise mit Bedenken, dafür aus, dass die Skeptiker das Sokratische zu Recht beansprucht haben.[5] Verschiedene Quellen machen aber auf Unterschiede zwischen beiden Denkrichtungen aufmerksam, wobei es an manchen Stellen heißt, Arkesilaos beziehe seinen Skeptizismus nicht von Sokrates oder Platon, sondern habe dies nur vorgegeben, um seinen Lehren Ansehen zu verschaffen. Tatsächlich würden seine Ideen von anderen skeptischen Philosophen wie Pyrrhon stammen (von dem wir später noch hören werden).[6] Die genaue Beziehung zwischen den Lehren des Sokrates und jenen der Skeptiker wird, wie viele Aspekte in diesem Buch, in der entsprechenden Fachliteratur ausholend und ausführlich behandelt. Deren Ergebnisse können hier nicht adäquat zusammengefasst werden, doch lassen sich einige interessante Konfliktpunkte herausgreifen.

Zuerst einmal ist die *epoché* nicht ganz das, worauf Sokrates hinauswollte. Wenn man sich wie die Skeptiker eines Urteils enthält, trifft man keine Aussage darüber, was richtig oder falsch ist. Man sagt, dass man es einfach nicht weiß. Sokrates aber tut etwas an-

---

5 Siehe Benson, *Socratic Wisdom*, S. 180–188; Annas, »Plato the Skeptic«, S. 324f., Shields, »Socrates Among the Skeptics«, S. 344f.

6 Siehe etwa Sedley, »Motivation of Greek Skepticism«, S. 16.

deres. Seine Argumente führen in die Aporie – in eine Sackgasse –, da die Bemühungen seiner Gesprächspartner, ihre Gewissheiten zu verteidigen, an eigenen Widersprüchen scheitern. Im Falle der *epoché* wissen wir nicht weiter, weil wir zwischen verschiedenen Argumenten schwanken, die beide richtig sein könnten. Im Falle der Aporie wissen wir nicht weiter, weil alle möglichen – ja, alle denkbaren – Antworten auf eine Frage sich als unrichtig erwiesen haben.

Wie viel Gewicht man diesem Unterschied beimisst, bleibt jedem selbst überlassen. Zunächst einmal ruft die Anwendung der sokratischen oder skeptischen Frageweise ja einen ähnlichen unmittelbaren Eindruck hervor: Alle unsere Aussagen sind unzulänglich. Die übliche Reaktion darauf besteht bei Sokrates wie bei Arkesilaos darin, nicht aufzugeben: Bleiben wir dran, versuchen wir es weiter, auch wenn wir nicht sicher sein können, die Wahrheit jemals zu fassen zu bekommen. Dennoch besteht ein eindeutiger Unterschied zwischen einer Philosophie, die sagt, dass es (einige) wahre und (viele) falsche Aussagen gibt, und einer Philosophie, die zu dem Schluss kommt, dass es kein wahr oder falsch gibt. Wer sich näher mit der sokratischen und der skeptischen Tradition beschäftigt, erkennt klare Unterschiede in der mit den beiden Ansätzen einhergehenden Geisteshaltung. Paul Woodruff formuliert es so: »Die Aporie führt in die epistemische *Frustration*, die *epoché* dagegen in die *Ablösung* von der Erkenntnis.«[7]

Erkenntnisfähigkeit. Auch in der Einschätzung dazu, ob wir überhaupt etwas wissen können, erkennen manche Interpreten Unterschiede zwischen Skeptikern und Sokratikern.

7 Woodruff, »Aporetic Pyrrhonism«, S. 141.

> Und so erklärte denn Arcesilas, es sei nicht möglich, etwas zu wissen, selbst das nicht, was sich Sokrates vorbehalten habe: so sehr liege alles im Dunkeln und Verborgenen: auch gebe es überhaupt nichts, was sich durch einen Blick erfassen oder begreifen lasse, und darum dürfe man auch durchaus nichts behaupten oder versichern oder durch Zustimmung billigen: immer müsse man an sich halten und sich durch die Neigung zu unbegründetem Zustimmen nicht zu einer Verwirrung hinreißen lassen: auffallend sei besonders jenes Zustimmen, wenn man entweder einem falschen oder einem nicht erkannten Satze Beifall gebe: ja schimpflicher gebe es nichts, als wenn der Erkenntnis und Überzeugung das Beistimmen und Rechtgeben vorausgehe.
>
> Cicero, *Akademische Untersuchungen*, I,12,45

Die Passage beschreibt, wie Sokrates in ein skeptisches Paradox gerät. Denn die Aussage: Ich bin sicher, dass ich nichts weiß, erscheint zunächst einmal widersprüchlich. Offenbar weiß man eben doch etwas: nämlich, dass man nichts weiß. Wenn wir anzweifeln, überhaupt etwas wissen zu können, müssen wir dann nicht auch *diese* Aussage anzweifeln? Arkesilaos fand, dass dies so ist. Womöglich haben die Skeptiker Sokrates hier aber missverstanden. Denn dass er *weiß*, dass er nichts weiß hat Sokrates nie gesagt. Er bezeichnet sich nur als »Nicht-Wissenden«. Auch hier mag jeder für sich feststellen, welche Konsequenzen sich durch diese bescheidenere Aussage ergeben.[8] Nun kann man aber auch Arkesilaos vorwerfen, in genau dieselbe Falle zu tappen. Denn wenn er verneint, dass wir

8 Vlastos, *Socrates, Ironist an Moral Philosopher*, S. 82, No. 4 betont die Wichtigkeit dieser Unterscheidung. Siehe auch A. A. Long, »Socrates in Hellenistic Philosophy«, S. 158; C.C.W. Taylor, »Plato's Epistemology«, S. 165f.; Annas, »Plato the Skeptic«, S. 310.

überhaupt etwas wissen können, so scheint er doch immerhin eins zu wissen: dass wir nichts wissen können.[9] Als Skeptiker gerät man offenbar schnell ins Schlittern.

Abgesehen von diesen Widersprüchen erklärt uns Cicero, dass die Idee des Skeptizismus darin bestehe, Gewissheiten auszuschließen, und dass diese Idee nach Ansicht der Skeptiker direkt auf Sokrates zurückzuführen sei.[10]

> Arcesilas [...] ergriff zuerst aus verschiedenen Werken des Platon und allen Sokratischen Gesprächen den Grundgedanken, dass es keine Gewissheit gebe weder in den Wahrnehmungen der Sinne noch in denen des Verstandes.
>
> Cicero, *Vom Redner*, III,18,67

Diese Lesart von Platon und Sokrates ist doch recht ungewöhnlich, da in den Dialogen nichts davon steht. Sokrates sagt, dass er nichts Bedeutendes weiß. Er sagt nicht, dass wir nichts wissen *können*. Es handelt sich hier also um eine Deutung: Wenn Sokrates zu keiner bedeutenden Erkenntnis gelangen kann, so muss die Suche nach den großen Wahrheiten sinnlos sein (kann sich aber gleichwohl lohnen). Sokrates mag auch gesagt haben und hat vor allem auch *gezeigt*, dass jeder Anspruch auf eine moralische Wahrheit zunichte gemacht werden kann. Daher mag es nicht verwundern, wenn Leser

9 Siehe die hervorragende Diskussion in Cooper, »Arcesilaus: Socratic and Sceptic«.

10 Siehe auch diese Passage aus den *Akademischen Untersuchungen* Ciceros (II, 32,74): »Parmenides, Xenophanes ziehen, zwar in nicht sehr zierlichen Werken, auf die Vermessenheit derjenigen los, wie von Entrüstung ergriffen, welche, da doch alles Wissen unmöglich sei, dennoch zu behaupten wagen, sie wissen etwas. Und zu diesen, sagtest du, dürfe man den Socrates und Plato nicht rechnen. Warum? Gibt es denn welche, über die ich mit größerer Gewissheit sprechen kann? Ist mir doch, als hätte ich mit ihnen gelebt: so viele Gespräche haben wir noch von ihnen, die das nicht zu bezweifelnde Resultat geben, Sokrates habe die Ansicht gehabt, man könne nichts wissen. Nur eine Ausnahme lässt er gelten: Er wisse nämlich (sagt er), dass er nichts wisse. Weiter nichts.«

der Dialoge sich am Ende wie Skeptiker *fühlen*, auch wenn sie diese Wirkung gar nicht beabsichtigt haben.[11] Vielleicht ist dies sogar die geeignetste Hinführung zum Skeptizismus. Wäre Sokrates direkt mit harten Argumenten für diese Denkrichtung eingetreten, so hätte ein waschechter Skeptiker Gegenargumente aufbieten müssen. Sokrates aber führt den Leser quasi ohne dessen Zutun in den Skeptizismus, und so geht die Rechnung auf: Skeptiker können daraus machen, was sie wollen. Sie können ihre Ansichten jedoch nicht als Wissen verkaufen und behaupten, diese Ansichten würden auf stichhaltigen Argumenten basieren.[12] Denn diese gibt es nicht.

Dennoch, es bleibt ein erheblicher Konfliktpunkt: Sokrates trifft manchmal tatsächlich Aussagen darüber, was wahr ist. Beispiele hierfür haben wir im vierzehnten Kapitel gesehen. Spricht denn so ein Skeptiker?[13] Nun, man könnte entgegnen, dass Sokrates *keine Aussagen* trifft, die er für *gesichert* hält. Wenn er eigene Überzeugungen äußert – etwa, dass Tugend eine Form des Wissens sei –, preist er diese nicht als in Stein gemeißelt oder bewiesen an. Er stellt lediglich fest, dass sie bisher nicht widerlegt werden konnten. Und wenn er selbst Argumente widerlegt, so tut er dies ad hominem, also auf die im zehnten Kapitel beschriebene Weise: Er macht auf eine Unvereinbarkeit von Dingen aufmerksam, die sein Gegenüber für richtig hält. Skeptikern kommt diese Argumentationsweise natürlich entgegen, da der Fragende nicht Position beziehen muss.[14]

All dies legt nahe, dass Sokrates und die Skeptiker kompatibel sind, auch wenn sich nicht zeigen lässt, dass Sokrates ein eben-

---

11 Cooper, »Arcesilaus: Socratic and Sceptic«, S. 178ff bietet eine hilfreiche Diskussion zu diesem Gedanken.

12 Siehe Annas, »Plato the Skeptic«, S. 322.

13 Siehe die Darstellung in Bett, »Socrates and Skepticism«, S. 305ff.

14 Ausführlicher dargelegt werden diese Punkte in Annas, »Plato the Skeptic« und Shields, »Socrates Among the Skeptics«.

solcher Skeptiker war wie Arkesilaos. Jeder von ihnen trifft Äußerungen, die wir dem anderen nicht in den Mund legen würden. Dennoch ist Sokrates' Einfluss auf die Skeptiker nicht zu leugnen, auch wenn diese die sokratische Praxis nicht ohne Brüche fortgeführt haben. Skeptiker sind Nachfahren des Sokrates, nicht aber seine Klone.

Auswirkungen des Skeptizismus, Unterscheidung zum Pyrrhonismus. Was macht der Skeptizismus mit seinen Anhängern? Manchmal klingt er ja eher wie eine Philosophie der Verzweiflung, da man nie sicher sein kann, was richtig ist. Das sahen die Griechen anders. Sie entwickelten zwei Varianten des Skeptizismus. Eine davon wurde – nach ihrem Begründer, Pyrrhon von Elis – »pyrrhonische Skepsis« oder Pyrrhonismus genannt. Pyrrhonische Skeptiker erreichen durch die Enthaltung jeden Urteils *ataraxie,* eine von ihnen ersehnte Seelenruhe und Unerschütterlichkeit. Akademischen Skeptikern wie Arkesilaus lag daran nichts. Sie wollten keine Ruhe finden, sondern die Wahrheit. Dabei endeten sie in einem Zustand der Urteilsunfähigkeit, in den sie eben durch ihre Vernunftarbeit gelangten: Denn jede Behauptung kann durch eine andere untergraben werden und das, was man glaubt, erweist sich als falsch. Wer behauptet, sich einer Sache sicher zu sein, ist entweder denkfaul oder macht sich etwas vor.

Und doch haben die akademischen Skeptiker ihre Suche nach der Wahrheit nicht aufgegeben. Stoßen sie auf Hindernisse, graben sie nur umso emsiger weiter.

> Denn so wahr es ist, dass der Weg zur Erkenntnis durch viele Schwierigkeiten der Erkenntnis gleichsam verrammelt ist, auch die Gegenstände der Erkenntnis selbst so dunkel sind und unsere Urteile so schwankend, dass die ältesten und ge-

> lehrtesten Forscher Grund genug zu dem Zweifel hatten, ob sie wohl dem, wonach sie forschen, auf den Grund kommen können; so geben wir doch, so wenig als jene erlagen, eben so wenig des Forschens müde, unser Streben nach Wahrheit auf.
>
> Cicero, *Akademische Abhandlungen*, II,3,7

Diese Haltung wirkt auf den ersten Blick abstrus: Warum sollte man weiter nach etwas suchen, von dem man glaubt, es nie finden zu können? Die Antwort lautet: Man kommt dem Gesuchten immer näher.

> Ja unsere Untersuchungen haben gar keinen anderen Zweck, als durch Beleuchtung des Für und Wider etwas herauszubringen und sozusagen herauszuläutern, was entweder wirklich wahr ist oder der Wahrheit so nahe als möglich kommt.
>
> Cicero, *Akademische Abhandlungen*, II,3,7

Die griechische Philosophie hatte also keinerlei Problem damit, sich nicht erreichbare Ziele zu setzen. (So war das Ziel der Stoiker die Erlangung von Weisheit, doch ihrer Ansicht nach konnten nur Narren behaupten, es erreicht zu haben.) Die Suche nach Erkenntnis lässt uns reifen, auch wenn wir sie nie finden. Das dachte auch Sokrates.[15] Doch natürlich droht als Reaktion auch Verzweiflung, das sollte nicht vergessen werden. Wer die sokratische Methode anwendet, erlebt ständig, wie Argumente scheitern. Das kann den Eindruck erwecken, jegliche Aussage sei wertlos. Sokrates war überhaupt nicht dieser Ansicht, aber er hat mit dieser Möglichkeit gehadert und davor gewarnt, wie hier von Phaidon berichtet (Sokrates spricht zuerst):

15 Siehe *Menon* 86BC (zitiert im 12. Kapitel).

Wenn jemand einer Rede getraut hat, dass sie wahr sei, ohne die List, welche sich auf Reden versteht, und wenn sie ihm dann bald darauf wieder falsch vorkommt, manchmal mit Recht, manchmal mit Unrecht, und so wieder eine und eine andere. Besonders gilt das, wie du wohl weißt, von denen, die sich mit Streitreden abgeben, dass sie am Ende glauben, ganz weise geworden und allein zu der Einsicht gelangt zu sein, dass nicht nur an keinem Dinge irgendetwas Sicheres und Richtiges ist, sondern auch an den Reden nicht, dass vielmehr alles sich ordentlich wie im Euripos von oben nach unten dreht und keine Zeitlang bei etwas bleibt.

Vollkommen richtig, sprach ich, redest du.

Und, o Phaidon, wäre das nun nicht ein Jammer, wenn es doch wirklich wahre und sichere Reden gäbe und die man auch einsehen könnte, wenn einer, weil er auf solche Reden stößt, die ihm bald wahr zu sein scheinen, bald wieder nicht, sich selbst nicht die Schuld geben wollte und seiner Kunstlosigkeit, sondern am Ende aus Missmut die Schuld gern von sich selbst auf die Reden hin wälzte und dann sein übriges Leben in Hass und Schmähungen gegen alle Reden hinbrächte und so der Wahrheit und Erkenntnis der Dinge verlustig ginge?

Beim Zeus, sagte ich, ein großer Jammer.

So lass uns denn, sprach er, zuerst davor uns hüten und dem in unserer Seele keinen Eingang gestatten, als ob an allen Reden am Ende wohl gar nichts Tüchtiges wäre, sondern vielmehr bedenken, dass wir nur noch nicht recht tüchtig sind, aber tapfer sein und trachten müssen, tüchtig zu werden, du

> und die übrigen des ganzen künftigen Lebens wegen, ich aber eben des Todes wegen.
>
> *Phaidon*, 90B–91

Wenn uns die Vernunft also kein Ergebnis liefert, sollten wir nicht ihr, sondern uns die Schuld geben. Denn die Vernunft ist ein zu edles Gut, als dass wir sie diskreditieren dürften, nur weil unser Verstand ein so schwaches Instrument ist.

Was tun? Wenn nun für jeden Aspekt des Lebens auf beiden Seiten plausible Argumente stehen, wie kann ein Skeptiker dann Entscheidungen treffen? An dieser Stelle hilft uns ein Philosoph, der ein Jahrhundert nach Arkesilaos Leiter der Akademie wurde und deren »neue« oder »dritte« Epoche einläutete: Karneades. Der eindrucksvolle Denker soll auffallend lange Haare und Nägel gehabt haben, da er wohl zu sehr mit dem Philosophieren beschäftigt war, als dass er sie hätte schneiden können.[16] Karneades war der Ansicht, dass wir, auch wenn wir ansonsten keine sicheren Aussagen über sie treffen können, dennoch manche Dinge als wahrscheinlicher betrachten können als andere. Cicero gibt diese Idee wie folgt wieder:

> Was nun also immer dem Anschein nach wahrscheinlich dem Weisen vorkommt, falls sich nichts darbietet, was jener Wahrscheinlichkeit entgegentritt, das wird er annehmen, und so

16 Plutarch schreibt über die Ankunft der Athener Gesandten Karneades und Diogenes in Rom: »Sogleich suchten die wissbegierigsten Jünglinge den Umgang dieser Männer und hörten mit Bewunderung ihre Vorträge; vorzüglich aber war die anmutige Redegabe des Karneades, dessen seltene Kraft und ebenso seltener Ruhm sehr viele gebildete Zuhörer gewann und die Stadt gleich einem Winde mit ihrem Schall erfüllte. Allenthalben sprach man davon, dass ein Grieche von übermenschlichem Talent, der alles entzücke und bezaubere, der Jugend wunderbare Liebe für die Philosophie eingeflößt habe, so dass sie an keine andere Ergötzlichkeit und Beschäftigung mehr denke, sondern dieser Wissenschaft allein voll Begeisterung sich widme.« in: *Plutarchs Werke*, 5. Band: *Vergleichende Lebensbeschreibungen*, Stuttgart: Metzler 1830, S. 962f.

> werden sich dann die Lebensverhältnisse darnach richten lassen. Denn auch der Weise, wie ihr in schildert, hält sich an das Wahrscheinliche, nicht Begriffene, nicht Erfasste, nicht als entschieden zuverlässig, sondern als dem Zuverlässigen ähnlich Erkannte. Hält er sich nicht daran, so ist alles Leben gestört.
>
> Cicero, *Akademische Abhandlungen*, II,31,99

Karneades wird also mit dem Begriff der *Wahrscheinlichkeit* als Basis für Handlungsentscheidungen in Verbindung gebracht. (Dabei ist es eine komplexe Frage, was er eigentlich unter »wahrscheinlich« verstand. Sicher nicht die mathematische Wahrscheinlichkeit, die wir heute im Sinn haben.)[17] Wir können in moralischen und anderen Fragen keine Gewissheiten erlangen, doch wir können zu Schlussfolgerungen gelangen, die ausreichend wahrscheinlich sind, um als Grundlage für vernünftiges Handeln zu dienen. Die Position hat damit Ähnlichkeit mit dem, was wir heute »Fallibilismus« nennen.

Gerade für Anwender der sokratischen Methode ist Karneades' Idee sehr wertvoll. Denn ganz gleich, ob Sokrates selbst ein Skeptiker war oder nicht, seine Leser kann er leicht in solche verwandeln. Der gereifte Skeptiker hat nun kein Problem damit, sich an mehr oder weniger große Wahrscheinlichkeiten zu halten. (Eigentlich so wie jeder moderne Wissenschaftler.) Dieser Ansatz ermöglicht entschlossenes Handeln und Forschen, ohne eine offensive Haltung an den Tag zu legen. Skeptiker sind alles andere als stur und können es vertragen, im Streit unterlegen zu sein.

---

17 Zu diesem Thema kann man das unveröffentlichte Manuskript von Burnyeat »Carneades Was No Probabilist« bei diversen Online-Quellen konsultieren. Karneades' Konzept der Wahrscheinlichkeit wird ebenfalls erläutert in A. A. Long, *Hellenistic Philosophy*, S. 95–106.

> Dazu wollen wir von nun an beitragen und uns Widersprüche und Widerlegungen gern gefallen lassen. Diese nehmen nur diejenigen übel, welche sich gleich Hörigen abgeschlossenen und scharf bestimmten Gedankenreihen zum unveräußerlichen Eigentume übergeben haben und durch dies Verhängnis so gebunden sind, dass sie der Übereinstimmung wegen auch solche Sätze zu verteidigen gezwungen sind, welche ihren Beifall nicht haben. Wir aber sind bereit, ohne Rechthaberei zu widerlegen und ohne Erbitterung uns widerlegen zu lassen.
>
> Cicero, *Tuskulanische Unterredungen*, II,2,5

Das Vertrauen auf Wahrscheinlichkeiten brachte Karneades in die Lage, trotz seiner Skepsis zu moralischen Fragen Stellung zu nehmen. Hier ein Beispiel:

> Gesetzt, du wüsstest, sagte Carneades, es sei irgendwo eine Schlange unbemerkbar verborgen, und es wolle einer, ohne dies zu wissen, sich auf sie hinsetzen, dessen Tod dir Vorteil bringen würde, so würdest du Unrecht daran tun, wenn du ihn nicht warntest, er solle sich nicht hinsetzen.
>
> Cicero, *Vom Staat*, III,26

Aber natürlich gab es auch hierzu Gegenargumente.

Skeptizismus vs. Stoizismus. Skeptiker und Stoiker haben rivalisiert.[18] Denn die Skeptiker warfen den Stoikern vor, sich der Dinge sicher zu sein, obwohl sie dies nicht sein könnten. Über diesen Punkt wurden komplexe Argumente ausgetauscht, die wir aus den uns erhaltenen Fragmenten nur mühsam zusammensetzen können, die aber zum

18 Siehe Bett, »Socrates and Skepticism«, S. 304f.

Glück von A. A. Long bestens dargelegt werden.[19] Trotz dieser Rivalität sind doch viele Aspekte der beiden Denkschulen kompatibel und wurden auch von vielen Autoren miteinander kombiniert. Soweit wir aus den erhaltenen Überlieferungen wissen, wandten sich die Skeptiker nicht direkt gegen die moralischen Lehren der Stoa. Sie wandten sich gegen die stoische Erkenntnistheorie und das daraus resultierende Gefühl der Gewissheit. Es ist durchaus möglich, sich von der stoischen Lebensphilosophie angezogen zu fühlen, sie aber mit der Distanziertheit eines Skeptikers zu betrachten. Cicero etwa sah sich selbst als akademischen Skeptiker, lobte aber auch viele Ansichten der Stoiker. Und Seneca, ein führender Stoiker, schrieb in einem seiner weitsichtigeren Momente über das Gute, das man von den Skeptikern und von anderen übernehmen kann:

> Zu dem Edelsten, was aus der Finsternis ans Licht gezogen ward, gelangen wir durch die Tätigkeit anderer. Kein Jahrhundert ist uns verschlossen, zu allen haben wir Zutritt, und wenn wir Lust haben, hohen Sinnes über die Beschränkungen menschlicher Hinfälligkeit hinauszugehen, so haben wir eine schöne Strecke Zeit zu durchwandern. Wir können disputieren mit Socrates, zweifeln mit Carneades, ein ruhiges Leben führen mit Epikur, die menschliche Natur überwinden mit den Stoikern, über sie hinausgehen mit den Zynikern, und, wie die Natur, mit jeglichem Zeitalter, als seine Genossen, gleichen Schritt halten.
>
> Seneca, *Von der Kürze des Lebens*, 14,2

Auch Montaigne, der große französische Essayist und Zeitgenosse Shakespeares, war von beiden Denkschulen eingenommen. Be-

19 Siehe A. A. Long, *Hellenistic Philosophy*, Kap. 3.

rühmt ist er dafür, dass er Wahrheitsansprüchen wie ein Skeptiker misstraute. Doch genauso glaubte er, dass man von den Stoikern weise Ratschläge beziehen könne: So wurden sie oftmals von ihm zitiert, und man verglich Montaigne zu seinen Lebzeiten gar mit Seneca.[20] Wenn schon ein Schriftsteller wie Montaigne dem Konflikt zwischen skeptischen und stoischen Positionen aus dem Weg zu gehen scheint, stellt sich doch die Frage: Wir haben es hier mit zwei Philosophien zu tun, von denen die eine sagt, dass die Tugend das einzige wahre Gut und eine Frage der Erkenntnis ist; während die andere sagt, dass wir nichts sicher wissen können und die beste Antwort auf eine vermeintlich sichere Erkenntnis weitere Argumente sind. Welcher Mensch ist in der Lage, derart spannungsreiche Vorstellungen in sich zu vereinen? Höchstens Sokrates.

20 Siehe die Einleitung zu Frame, *Complete Essays of Montaigne*, S. IV.

17

Prinzipien entdecken

Die nächsten beiden Kapitel möchten praktische Hinweise dazu geben, wie man selbst sokratische Fragen formulieren kann. Nehmen wir an, wir haben die Absicht, unserem Gesprächspartner oder uns selbst sokratisch auf den Zahn zu fühlen: Wir möchten eine Behauptung widerlegen oder wünschen uns eine präzisere Definition. Wir möchten zeigen, dass einzelne Aussagen nicht mit gewissen Grundüberzeugungen übereinstimmen. Hierzu müssen wir vor allem eins können: relativ prompt die richtigen Fragen stellen. Im Folgenden werden verschiedene Möglichkeiten zum Ersinnen guter Fragen vorgestellt, wobei es sicher kein Standardverfahren gibt, so einfach ist Sokrates nicht gestrickt. Dennoch lassen sich Muster und Techniken herausstellen, die uns bei der Anwendung der sokratischen Methode hilfreich sind, und wir werden uns anschauen, wie wir diese im Alltag anbringen können.

Die hier beginnenden Abschlusskapitel behandeln unser Thema flexibler: Sie zeigen, wie die Ziele der sokratischen Methode auf Dinge übertragbar sind, die nicht in den Dialogen erörtert werden. Zudem machen sie Vorschläge zu Fragen, wie sie Sokrates wahrscheinlich nicht formuliert hätte. Das ursprüngliche sokratische Projekt war ein ehrenhaftes, aber eng gefasstes Anliegen: Es möchte Sprecher, die vorgeben, komplexe und universelle Konzepte durchschaut zu haben, mit den richtigen Fragen bearbeiten und so offenlegen, dass es sich um eingebildetes Wissen handelt. Dieses

Vorhaben ist heute noch genauso wertvoll, weswegen die vorigen Kapitel die sokratische Vorgehensweise genau beleuchtet haben. Doch die Methode hätte sicher schon an Anhängern verloren, wenn darin ihre einzige Anwendung bestünde. Ihre Struktur kann nämlich auf alle möglichen kleinen oder großen Themen übertragen werden. Wie wir noch sehen werden, kann sich dadurch auch der Fragetypus verändern, der am wirksamsten zu einem Elenchus führt.

Wenn wir verstehen, wie die sokratische Methode im Alltäglichen funktioniert, können wir sie auch in anspruchsvolleren Kontexten müheloser anwenden. Sokrates wies gern darauf hin, dass wir uns über die Philosophie wie über das Schustern und Kochen unterhalten sollten. Und damit hatte er recht. Am besten legt man einen Punkt in einem einfachen und gewohnten Kontext dar und hebt ihn dann auf eine höhere, unbekanntere Ebene. Statt über das Schustern und Kochen zu reden, möchte ich hier Politik, Filme und Gesetzgebung als Themen vorschlagen, denn die meisten von uns haben Erfahrung mit Diskussionen auf diesen Gebieten. Wenn wir erst einmal durchschaut haben, wie der sokratische Ansatz in diesen Themenfeldern angewendet wird, bekommen wir einen Eindruck davon, wie er im Grunde überall funktioniert.

Die Spur zum Elenchus. Sokratische Fragen laufen meistens auf ein Ergebnis, nämlich den Elenchus, hinaus. Da unser Thema die Formulierung eben solcher Fragen ist, sollten wir uns noch einmal ins Gedächtnis rufen, wie ein Elenchus funktioniert: Wir stellen eine Behauptung auf. Sokrates fordert unsere Zustimmung zu einer anderen Behauptung heraus und zeigt im Anschluss, dass die beiden Behauptungen nicht vereinbar sind. Er entlockt uns quasi die Zustimmung zu einer tieferen Überzeugung oder zu einem Gegenbeispiel und sagt dann: »Aber steht das nicht im Widerspruch zu dem, was du vorhin gesagt hast?« Er bringt uns dazu, uns selbst zu widersprechen. Es ist also nicht so, dass Sokrates die Aussagen seines Gegenübers auseinandernimmt, vielmehr lässt er seine Gesprächspartner selbst erkennen, dass ihre Äußerungen nicht zu anderen von ihnen gehegten Grundüberzeugungen passen.

Die Formulierung sokratischer Fragen scheint also hauptsächlich für die zweite Hälfte dieses Verfahrens eine Rolle zu spielen. In der ersten Hälfte äußert unser Gegenüber einen Standpunkt, und wir ersinnen daraufhin Fragen, die offenbaren, dass dieser Standpunkt für unser Gegenüber nicht zufriedenstellend sein kann. Dieser Part nimmt tatsächlich großen Raum ein. Trotzdem ist er Thema des nächsten Kapitels, denn ein anderer wichtiger Teil kommt früher und sollte daher zuerst besprochen werden: Denn zunächst wird ja im ersten Teil des Elenchus die zu prüfende Behauptung aufgestellt, und auch dieser Prozess beinhaltet Fragen.

Das Aufstellen von Behauptungen klingt zunächst nicht nach einer sokratischen Tätigkeit. Man könnte meinen, dass Sokrates immer mit dem Material arbeitet, das seine Dialogpartner an ihn herantragen. Aber so einfach ist sein Handwerk nicht. Im *Laches* etwa führt Sokrates ja einen Dialog über die Bedeutung von Mut, obgleich seine Gesprächspartner mit einer ganz anderen Frage zu ihm gekommen sind: Sie wollten von Sokrates wissen, ob ihre Söhne das Kämpfen in Rüstung erlernen sollen. Sokrates führt die beiden von Frage zu Frage, bis er bei dieser einen stehenbleibt: Was ist Mut? Sie dient als Anhaltspunkt für alles Weitere. Dieses Vorgehen ist ganz typisch: Sokrates nutzt einleitende Fragen, um die Gedankengänge seines Gegenübers zu klären. Erst dann kommt er zu den wesentlichen Fragen, für welche die Dialoge bekannt sind.

Gute einführende Fragen bereiten den Boden für die Kernaussagen, denen man im Anschluss nachgehen möchte. Die Kunst des sokratischen Dialogs besteht zunächst einmal darin, eine Aussage auf den Tisch zu bringen, die sich für eine ergiebige Befragung anbietet. Aussagen dieser Art tauchen nicht sofort oder von selbst auf. Manchmal werden sie durch längeres Zuhören entwickelt, öfter aber ergeben sie sich durch konstruktives Fragen. Dieses Fragen ist kein prüfendes Nachbohren, sondern dient dazu, die Ansichten des Gesprächspartners herauszuarbeiten und in eine Position zu bringen, die einen guten Dialog fördert.

In diesem Kapitel soll es also darum gehen, wie wir unserem Gegenüber helfen können, den ersten Teil eines Elenchus zu formulieren – also eine Behauptung aufzustellen, die wir überprüfen können. Den Methoden dieser Überprüfung widmet sich das nächste Kapitel. Eine kriegerische Strategie besteht aus Entscheidungen darüber, wann und wo man kämpft. So gesehen handelt dieses Kapitel von der strategischen Seite der sokratischen Methode – nicht etwa, weil es ums Kämpfen ginge (darum geht es nicht), sondern weil wir klären möchten, wie man ein gutes Thema in Stellung bringt. Das nächste Kapitel dreht sich dann um taktische Aspekte – also darum, *wie* die Untersuchung durchgeführt wird. Wer zunächst eine gute Strategie ersinnt, hat es im späteren taktischen Teil einfacher.

Das darunterliegende Prinzip. Nehmen wir an, wir würden mit jemandem darüber streiten, ob ein Film gut oder schlecht ist. Es geht eine Weile hin und her, man streitet über Details. Doch dann halten wir inne und fragen: Was *ist* eigentlich ein guter Film? Was macht einen guten Film aus? Und auf einmal wird klar, dass man sich über eine oberflächliche Frage – nämlich Film XY – in die Haare geraten ist, weil man verschiedene Ansichten zu tieferliegenden, größeren Fragen hat. Eigentlich sollte man sich also über diese Grundsatzfragen austauschen. Wenn wir nun noch »einen guten Film« durch »eine gute Tat« oder »ein gutes Leben« ersetzen, haben wir die Ebene des sokratischen Dialogs erreicht.

Oder aber wir sprechen über Gerichtsurteile statt über Spielfilme und hören dann von dieser berühmten Beobachtung des amerikanischen Rechtswissenschaftlers Oliver Wendell Holmes, der über die Gründe von richterlichen Entscheidungen schreibt:

> Hinter der logischen Form liegt ein Urteil bezüglich des relativen Werts und der relativen Bedeutung von miteinander konkurrierenden Gesetzesgrundlagen – ein zugegebenermaßen oftmals unausgesprochenes und unbewusstes Urteil, und doch Wurzel und Nerv des gesamten Verfahrens.[1]

Holmes hatte dabei nicht nur festgelegte Konzepte im Sinn, wie sie Sokrates ans Licht befördert, sondern auch andere Vorlieben, Haltungen und Überzeugungen. Doch davon abgesehen besteht die erste Aufforderung der sokratischen Methode darin, das unbewusste Urteil aufzudecken, das »Wurzel und Nerv« einer Aussage ist. Man möchte erfahren, was einer Einschätzung wirklich zugrunde liegt. Sokrates begibt sich in keinen oberflächlichen Schlagabtausch. Er steigt erst richtig ein, nachdem er die Debatte auf die Prinzipienebene gerückt hat.

Dieser Zusammenhang lässt sich noch formaler ausdrücken: Ein klassisches deduktives Argument enthält eine Hauptprämisse und eine Nebenprämisse. In einem berühmten, von Mill stammenden Beispiel lautet die Hauptprämisse: *Alle Menschen sind sterblich.* Und die Nebenprämisse: *Sokrates ist ein Mensch*. Beides zusammengenommen führt zu der Schlussfolgerung: *Sokrates ist sterblich.* Die Hauptprämisse ist ein allgemeiner Grundsatz, die Nebenprämisse ist eine Aussage über einen konkreten Fall. Warum ist dieser Zusammenhang so wichtig? Weil der allgemeine Grundsatz, um

1 Holmes, »Path of the Law«, S. 457.

den es in einem Streitgespräch geht, oft unausgesprochen und ungeprüft bleibt. Sokrates aber nimmt sich als Erstes eben diese zugrunde liegende Hauptprämisse vor.

Tatsächlich steckt oftmals nicht nur eine Hauptprämisse hinter einer Behauptung, sondern es gibt gleich mehrere Schichten davon. Als Erstes stößt man meist auf eine Begründung für das auf der Oberfläche Gesagte. Und hinter dieser Begründung steht eine weitere Begründung – ein allgemeineres Prinzip. Bei der sokratischen Befragung muss man entscheiden, wann man weiter auf allgemeinere Prinzipien drängt und wann man weit genug gegangen ist. Nehmen wir an, ein juristisches Streitgespräch beginnt mit der Feststellung: »Ich finde nicht, dass Pornografie unter die Pressefreiheit fällt.« (Das ist die Behauptung, die im Vordergrund steht.) Warum nicht? »Weil Pressfreiheit nur die politische freie Rede schützt.« Damit haben wir schon eine Hauptprämisse offengelegt – ein zugrunde liegendes Prinzip, das wir untersuchen können. Nun kann es auf drei verschiedene Arten weitergehen:

a. *Wir nutzen das entdeckte Prinzip zur Überprüfung der ursprünglichen Aussage.* Die geäußerte Begründung kann als zweiter Teil eines Elenchus dienen, indem wir darauf hinweisen, dass sie mit der ersten Aussage unvereinbar ist. Denkbar wäre dies hier etwa anhand einer Frage wie: »Glaubst du nicht, dass Pornografie auch politisch sein kann?« Wir müssen uns an dieser Stelle entscheiden, ob diese Frage – beziehungsweise kleinstufigere Fragen und Beispiele, die zu ihr hinführen – eine ergiebige sokratische Untersuchung einleiten kann. Falls wir diesen Eindruck nicht haben, ließe sich auch …

b. *Das entdeckte Prinzip überprüfen.* Die geäußerte Begründung kann auch zum ersten Teil eines Elenchus werden, indem wir sie zum Objekt unserer Überprüfung machen. Auf die Aussage, dass die

Pressefreiheit nur die politische freie Meinungsäußerung schütze, könnten wir Beispiele für nicht-politische Meinungsäußerung anführen, die unser Gegenüber ebenso schützenswert finden muss. Oder aber wir setzen allgemeiner gefasste Fragen ein, wie sie im folgenden Kapitel vorgestellt werden. (Hier besteht der Ansatz darin, die ursprüngliche Frage – in unserem Fall die Einordnung von Pornografie – einen Moment beiseitezulassen, so wie Sokrates die Frage nach den in Rüstung kämpfenden Jungen ausklammerte, um allgemeiner über Mut zu sprechen.)

c. *Ein weiteres Prinzip erfragen.* Der Fragesteller kann aber auch weitergehen und nach dem Prinzip hinter dem Prinzip forschen: Es sollen also nur politische Äußerungen geschützt sein, aber was *ist* eigentlich eine politische Äußerung? (Wir brauchen eine Definition.) Warum wird sie durch die Pressefreiheit geschützt? (Wir brauchen eine Begründung.) Jede dieser Fragen würde uns zu weiteren, immer allgemeineren Grundsätzen führen.

Angenommen, wir gehen noch weiter und fragen, warum nur politische Äußerungen geschützt werden sollten. Die Antwort könnte dann lauten: »Weil die politische Meinungsfreiheit dazu dient, die Demokratie zu schützen.« Nun haben wir erneut dieselben drei Möglichkeiten: Wir können diese neue Behauptung verwenden, um andere, bereits aufgestellte Behauptungen zu untergraben. (»Muss zur Sicherung der Demokratie denn nur die *politische* freie Rede geschützt werden?«) Oder man macht den neuen Grundsatz selbst zum Gegenstand der Prüfung. (»Ist denn der einzige Zweck der freien Meinungsäußerung der Schutz der Demokratie?«) Oder aber es werden weitere Grundsätze erfragt. (»Was *macht* eine Demokratie *aus*?«)

Und so geht es weiter. An jedem Punkt können wir wählen: Nehmen wir das angebotene Prinzip und stellen mit ihm eine frühere

Behauptung infrage; oder machen wir die neue Behauptung selbst zum Gegenstand der Prüfung; oder drängen wir darauf, ein weiteres, wahrscheinlich allgemeineres Prinzip zu finden. Welcher dieser Ansätze ist der beste? Darüber lässt sich auf drei verschiedene Arten nachdenken.

Erstens ist es typisch für das sokratische Handwerk, so lange weiter zu forschen, bis man eine Behauptung gefunden hat, die man widerlegen oder mit etwas bereits Gesagtem in Widerspruch setzen kann. Wenn eine Behauptung schon der ersten Prüfung nicht standhält, hat es keinen Sinn, tiefer zu bohren: Sie muss an dieser Stelle überarbeitet werden. Rein praktisch gesehen benötigen wir eine Behauptung, die sich für gute Fragen unsererseits und gute Antworten unseres Gegenübers eignet. Wenn das vorliegende Prinzip für diesen Prozess nicht geeignet ist, gehen wir eine Stufe weiter. Es ist wie bei einem Musiker, der für ein Lied eine Tonart finden möchte, die zum Stimmumfang des Sängers passt. Man fängt unten an und steigt höher, bis man an einen Punkt gelangt, an dem man weiß: In dieser Stimmlage können wir arbeiten.

Zweitens möchten wir einen Blickwinkel finden, mit dem wir der Denkweise unseres Gegenübers gerecht werden. Es geht keinesfalls darum, andere auf unbekanntes Terrain zu führen und mit unangenehmen Fragen zu löchern. Unser Anliegen besteht vielmehr darin, die wahren Gründe für ihre Ansichten aufzudecken, auch (und besonders) wenn sie selbst sich über diese Gründe nicht im Klaren sein mögen. Wir möchten »Wurzel und Nerv« der Angelegenheit offenlegen, wir möchten ins Innere vordringen. Auch medizinisch, aber nicht ganz so chirurgisch könnte man es so ausdrücken: Wir möchten jemandem Blut abnehmen und suchen nach einer guten Ader.

Drittens möchte man in manchen Kontexten auch aus anderen Gründen eine höhere Stufe erreichen: Es ist uns dann daran gelegen, eine Aussage zu treffen, der beide Gesprächspartner zustimmen können – und zwar grundsätzlich, nicht nur hypothetisch. Die meisten Menschen setzen ganz ähnliche Prioritäten, sobald eine allgemeinere Ebene erreicht ist. Wenn wir von diesem grundlegenden Einverständnis ausgehen, vergrößern wir damit den Erfolg nachfolgender Überzeugungsversuche. Die Gesprächspartner argumentieren dann auf der Grundlage der gegenseitigen Übereinkunft.

Ganz gleich, welchem dieser Prinzipien der sokratische Dialog folgt: Er beginnt mit der Suche nach einer Ebene der Verallgemeinerung, die ein fruchtbares Gespräch ermöglicht.

Begriffe. Schauen wir uns nun genauer an, wie man die Hauptprämisse findet, die sich hinter einer Behauptung verbirgt. Eine Hauptprämisse kann zwei Formen annehmen: Entweder es handelt sich um einen zu definierenden Begriff oder um eine These, die verteidigt werden will. Beginnen wir mit den Begriffen: Die Hauptprämisse könnte etwa die Bedeutung von »gut« oder »ungerecht« oder »politisch« in verschiedenen Kontexten beinhalten. In diesem Fall kann man auf eine höhere, prinzipielle Ebene gelangen, indem man nach Definitionen für diese Begriffe fragt: »Was bedeutet ›gut‹?« Eine solche sokratische Fragstellung kann sich jedoch aus zwei Gründen schwierig gestalten.

Erstens ist vielleicht nicht offensichtlich, welcher Begriff definiert werden soll. Wenn wir darüber diskutieren, ob ein bestimmtes Etikett auf einen Film, eine Person oder ein Gesetz zutrifft, so lässt sich diese Zuschreibung leicht klären. Aber manchmal gibt es kein eindeutiges Etikett, über das man sich austauschen könnte. So könnte jemand aus verschiedenen Gründen die Ansicht: »Ich bin gegen xy« vertreten, diese Gründe aber nicht an ein Prinzip knüpfen. Uns bleibt dann nur, unserem Gegenüber Fragen zu stellen wie:

»Warum hasst du xy so sehr?« (Oder, je nach Fall: »Warum magst du es?«) oder »Was hast du gegen xy einzuwenden?« Mit der erläuternden Antwort rückt ein Konzept ins Blickfeld. Etwas wird als gut oder schlecht oder ungerecht oder lächerlich bezeichnet, oder aber es fällt ein »-ismus«-Wort. Und ab da können wir nach der Bedeutung des Begriffs fragen.

Dies führt uns aber zu einem zweiten Problem. Wenn wir nachhaken, was unser Gegenüber mit einem Begriff meint, wirkt das, als würden wir uns mit Unwichtigem aufhalten wollen. Wir scheinen uns über die Bedeutung eines *Wortes* zu streiten, aber die Menschen interessieren sich nicht für Worte, sondern für reale Dinge. An dieser Stelle ist zu klären, dass es eben nicht um ein Wort geht, sondern um ein Konzept und Werturteil. Das Wort ist nur ein Platzhalter für dieses Werturteil. Das Wort ist im Grunde unwichtig, wir können es auch durch ein anderes ersetzen. Tatsächlich ist es manchmal sinnvoll, ein umstrittenes Wort durch ein anderes oder auch durch einen Teilsatz zu ersetzen, damit deutlich wird, dass man nicht über Bedeutungen, sondern über Meinungen diskutieren möchte.

Nehmen wir also an, jemand behauptet, Film A sei »toll«, Film B aber nicht. Wir fragen daraufhin, was mit »toll« gemeint sei und bekommen nach einer kurzen Denkpause die Antwort: »Egal. Toll halt. Ist doch nur ein Wort.« Die richtige Entgegnung darauf wäre nun: »Egal kann es nicht sein, denn *dir* dient das Wort ja als Erklärung. Wenn du dich nicht über die Bedeutung von ›toll‹ unterhalten möchtest, dann sprechen wir eben über die ›irgendwie geartete Eigenschaft, die Film A von Film B unterscheidet‹. Wenn es eine solche Eigenschaft nicht gibt, wie ist dann deine Äußerung zu verstehen? Wenn es sie aber gibt, dann versuchen wir doch, sie näher zu beleuchten.«

Wenn wir uns auf diese Weise ausdrücken, wird sich wahrscheinlich niemand mehr mit uns über Filme unterhalten wollen.

Aber nach diesem Muster müsste es im Grunde ablaufen. Welche Schwierigkeiten sich daraus ergeben, wusste man schon in der Antike.[2] Die Leute meinen, es ginge nicht um Begriffe oder Denkkonzepte, dabei sind diese oftmals hart umkämpft. Viele nehmen sich nicht die Zeit, bestimmte Begriffe wirklich zu verstehen. Sie lehnen etwas ab, weil es die Eigenschaft xy hat, aber sie denken nicht darüber nach, *warum* Eigenschaft xy diese Sache so abstoßend macht. Sokratische Fragen bringen diese tieferen Überzeugungen ans Licht oder setzen sie gar erst zusammen. Überstehen sie die Prüfung, so haben wir sie am Ende besser verstanden. Überstehen sie sie nicht, so bröckelt das Vertrauen in die Annahmen, die sie an der Oberfläche unterstützt haben.

Propositionen. Manchmal ist die Hauptprämisse hinter einer Meinung kein zu definierender Begriff, sondern eine These, die verteidigt werden will. Es handelt sich um eine Proposition: eine Feststellung darüber, was ist, oder warum etwas ist. (So ist etwa Mills Hauptprämisse »Alle Menschen sind sterblich« eine Proposition.) Statt nun zu fragen, was ein Begriff meint, wird hier geprüft, ob eine Aussage wahr oder falsch ist. Zuvor aber muss die Proposition erst einmal *identifiziert* werden. Womöglich ist sie nämlich selbst dem Sprecher nur halb bewusst. So kommt es vor, dass ellenlange Streitgespräche geführt werden, in denen die Hauptprämissen auf beiden Seiten nur unterstellt werden und für alle unsichtbar bleiben.

Wie aber entdeckt man die einer Behauptung zugrunde liegende Proposition? Oftmals führt hier die hartnäckige Verwendung der Frage *Warum?* zum Ziel. Man stellt sie immer weiter, neugierig wie ein Kind, wenn auch nicht so repetitiv, sondern auf vielerlei Arten: Was für einen Zweck hat xy? Kannst du einen Grund für xy nennen?

2 Siehe etwa, Epiktet, *Unterredungen*, 2,17, 12–13.

Woher weißt du das? Was macht dich da so sicher? Wie kommst du auf diese Begründung? So durchbohren wir mehrere Schichten, bis die Prinzipien immer allgemeiner werden. Die Fragen setzen richtig an, da die Hauptprämisse eines im Gespräch vorgebrachten Arguments in seiner Begründung steckt. Mit der Frage nach den Gründen für eine Schlussfolgerung landen wir bei den zugrunde liegenden Prämissen.

Nehmen wir an, dass bekannt wird, welche Haftstrafe ein Angeklagter in einem kontrovers besprochenen Kriminalfall bekommen hat – vielleicht handelt es sich um einen verurteilten Terroristen, den Vergewaltiger einer Studentin oder einen Polizisten in einem Fall von Polizeibrutalität. Wir unterhalten uns mit jemandem, der eine Ansicht dazu vertritt, ob die Strafe gerechtfertigt ist (oder *wir* selber haben eine Ansicht zu dem Thema). Der sokratische Impuls besteht nun eben nicht darin, die oberflächliche Ansicht zu hinterfragen, sondern das ihr zugrunde liegende Prinzip. Auf die Äußerung: »Das Urteil ist barbarisch« oder: »Die Strafe ist zu gering«, erwidern wir nicht: »Stimmt nicht«. Wir stoßen zum Prinzip vor, indem wir Fragen stellen wie: »Welchen Sinn haben Haftstrafen?« Die Antwort darauf liefert uns sehr wahrscheinlich die Hauptprämisse für die vordergründige Ansicht – oder zumindest einen Hinweis darauf. Lautet die Antwort beispielsweise »Vergeltung«, so stehen wir vor den oben genannten drei Möglichkeiten: Wir akzeptieren die Prämisse und prüfen, ob sie mit der Behauptung vereinbar ist: »Nehmen wir an, der Sinn einer Haftstrafe ist Vergeltung, warum ist diese Strafe dann unzureichend?« Oder aber wir prüfen die Prämisse: »Haben Haftstrafen nicht noch einen anderen Sinn?« Oder aber wir erneuern die Frage und drängen auf weitere Klärung: »*Warum* Vergeltung?«

Hier noch ein Beispiel für dasselbe Vorgehen: »Sollten Universitäten ihre Studierenden selbst entscheiden lassen, welche Seminare sie belegen, oder sollte es einen festgelegten Stundenplan geben?« Stellt man diese Frage jeweils Studierenden, Lehrenden oder Eltern, wird man einen Haufen widersprüchlicher Meinungen hören, die sehr wahrscheinlich auseinandergehen. Die Diskussion lässt sich auf einen sokratischen und konstruktiveren Weg lenken, wenn man eine ähnliche Frage formuliert wie bei dem Gerichtsurteil: »Was ist der Sinn eines Studiums?« Die Antworten auf diese Fragen offenbaren die Hauptprämissen hinter den verschiedenen Ansichten. Nennen wir die Antwort xy. Wieder haben wir drei Möglichkeiten. Entweder sagen wir: »Wenn der Sinn xy ist, warum ist es dann richtig, Studierende ihre Kurse selbst wählen zu lassen?« Oder aber wir erwidern: »Sind Sie sicher, dass es nur um xy geht? Verfolgt ein Studium nicht noch andere Zwecke?« Wir können aber auch nachhaken: »Was bedeutet xy? Warum ist xy wichtig?« Die Antworten darauf können mit Fragen überprüft werden, die wir im gleich folgenden Kapitel kennenlernen.

Wenn man möchte, können die eben vorgestellten Fragen auch in Definitionsfragen umgewandelt werden. So ließe sich nach der Definition von »gerechter Strafe« oder »Vergeltung« fragen oder nach der Bedeutung von »Bildung«. Sokrates würde wahrscheinlich diesen Weg einschlagen. Fragen wir aber nach dem Grund oder dem Sinn einer Sache, dann nähern wir uns dem zu entdeckenden Prinzip auf intuitivere Weise. Denn derlei Fragen verlangen nach Äußerungen, die meist komplexer sind als reine Definitionen. Wir haben verschiedene Möglichkeiten, diese Äußerungen zu falsifizieren, und sie eröffnen uns eine größere Bandbreite an weitergehenden Fragen. Propositionen haben Implikationen, und eben diese Implikationen wollen unsere Fragen unter die Lupe nehmen.

18

Prinzipien testen

Im vorigen Kapitel wurde gezeigt, wie bestimmte Fragen das Prinzip ausfindig machen können, um das es in einem Argument geht. Das folgende Kapitel zeigt nun, wie wiederum andere Fragen das einmal ausgemachte Prinzip überprüfen können. Wir werden uns also im Grunde anschauen, wie man einen Elenchus vervollständigt. Rufen wir uns die Abfolge noch einmal in Erinnerung: Unser Gesprächspartner hat eine Behauptung aufgestellt, und wir beabsichtigen, diese zu überprüfen. Dabei suchen wir sicher nicht die Konfrontation, sondern möchten erreichen, dass unser Gegenüber einem Grundsatz zustimmt, der mit seiner Behauptung *in Konflikt* gebracht werden kann. Unser Thema ist also, wie man Fragen entwickelt, die Zustimmung erzeugen und zugleich Druck auf bereits aufgestellte Behauptungen ausüben. In diesem wie im vorigen Kapitel beschäftigen wir uns mit Fragen, wie sie Sokrates wahrscheinlich nie verwendet hätte, da er andere Themen verfolgte.

Manchmal ist es einfach, geeignete Fragen zu finden: Wenn nämlich eine starke und simple Behauptung aufgestellt wird, müssen wir nur überlegen, ob diese immer zutrifft, und es fallen uns sicher lauter Gegenbeispiele ein, die wir anbringen können. Oft aber ist die Anfangsaussage eine komplexere Behauptung dazu, wie die Dinge sein sollten. In diesem Fall kann es schwierig sein, diese direkt zu falsifizieren (wenn überhaupt!), und unsere Zielsetzung verschiebt sich ein wenig. Wir versuchen dann zu zeigen, dass die

Behauptung unzureichend, zu stark vereinfacht oder zumindest erklärungsbedürftig ist.

Wir müssen also auf Fragen kommen, die diese Mängel offenbaren. Aber wie macht man das so ad hoc? Im Folgenden werden typische Techniken hierzu vorgestellt. Sie sind alle vielseitig einsetzbar, auch wenn einige sich besonders für bestimmte Themen eignen. Die Fragen sind noch keine Widerlegung, sie eröffnen lediglich Untersuchungswege. Aber genau das ist der Punkt: Sokratische Fragen sind nicht dazu gedacht, Dinge zu klären, können aber zu einer Klärung führen. Zunächst einmal legen sie Komplexität offen.

Die unten stehenden Beispiele für Fragetechniken sind nur ein kleiner Teil aus einem ganzen Universum an Möglichkeiten, die sich aus den ursprünglichen Dialogen und darüber hinaus ergeben. Jede Technik wird hier an wenigen Beispielen, auf einfache Weise dargestellt. Aber das sollte uns genügen, um einen geeigneten Ansatz zu finden. Schauen wir uns also folgende Strategien zur Prüfung einer Behauptung an:

Wörtlichkeit. Wir können einen Grundsatz unter Druck setzen, indem wir ihn wörtlich nehmen. Man denke dabei an Fälle, die zwar vom Wortlaut einer Aussage abgedeckt sind, aber außerhalb seiner Intention liegen. Ein Grundsatz mag auf einer Kernidee basieren, wird aber auf eine Weise in Worte gefasst, dass er auch abwegige Fälle einschließt. Wir machen auf die Notwendigkeit einer engeren Formulierung aufmerksam, und dem Sprecher fällt es daraufhin womöglich schwer, sich genauer auszudrücken. An diesem Punkt beginnt die eigentliche sokratische Tätigkeit.

Laches etwa sagt, Mut sei Beharrlichkeit. Und wir fragen: Stimmt das denn, wörtlich genommen? Man könnte einen Fall anführen, in dem der Satz nicht zutrifft: Beharrlich kann man etwa auch auf der Suche nach einem Drogendealer sein (Sokrates verwendet hier natürlich Beispiele, die eher in seine Zeit passen). Es ist klar, dass Laches mit Beharrlichkeit etwas anderes gemeint hat, das Beispiel wirkt daher absichtlich dumm. Aber es ist nützlich, sich dumm zu stellen, weil es mehr Klarheit erzwingt: »Natürlich wissen wir, dass du das nicht gemeint hast, aber was hast du *dann* gemeint?« – »Ich wollte sagen, dass Mut eine Art Durchhaltevermögen ist.« Schön. Und wodurch zeichnet sich dieses Durchhaltevermögen aus?

Das Muster taucht gerne bei der Erörterung von Rechtsthemen auf. Nehmen wir etwa die Frage: »Darf es Konfessionsschulen in staatlicher Trägerschaft geben?« Der Sprecher, der die Frage verneint, verwendet zur Erklärung eine Metapher, die wir wörtlich nehmen:

»Konfessionsschulen in staatlicher Trägerschaft sind verfassungswidrig.«

Warum?

»Weil die Verfassung eine Mauer zwischen Staat und Kirche setzt.«

Aha. Aber sollte denn der Staat dafür sorgen, dass brennende Kirchen gelöscht werden?

»Natürlich, das muss er.«

Sollte er auch dafür sorgen, dass der Müll vor einer Kirche beseitigt wird?

»Na sicher.«

Dann ist es aber nicht weit her mit der Mauer, oder?

»Na ja. Es ist ja keine Mauer. Eher ein Prinzip.«

Ein Prinzip also. Und welches?

Diese Art des Austauschs ist besonders in juristischen Kontexten verbreitet, weil Gerichte und Anwälte gerne Metaphern verwenden, um Zusammenhänge zu verdeutlichen. (Man denke an »Unverletzlichkeit«, »Organ« oder auch »Geldwäsche«.) Die obigen Fragen würden im Übrigen etwa gleich lauten, wenn statt der »Mauer« von der »Trennung« zwischen Kirche und Staat die Rede wäre, denn auch die »Trennung« kann man metaphorisch auffassen. Rechtsbegriffe werden hier so behandelt, als wären sie physische Dinge, und so stecken in mancherlei Ausdrücken subtile Metaphern. Die Bilder kommen uns entgegen, weil sie abstrakte Zusammenhänge leichter vorstellbar und verständlich machen. Aber Metaphern sind auch eine beliebte Methode, um Analysen zu vermeiden. Nimmt man eine Metapher wörtlich, löst sie sich in der Regel auf. Das Gespräch kann sich dann den Details zuwenden und die eigentliche Arbeit beginnt.

Extremfälle. Denken wir an Extreme, die am äußeren Rand des vom jeweiligen Prinzip abgedeckten Rahmens liegen. Im Sinne des formulierten Grundsatzes sind solche Extremfälle nicht zu beanstanden, sie widersprechen jedoch allen möglichen anderen Kriterien. Manchmal können wir solche Fälle aus historischen und literarischen Kontexten beziehen.

»Ein unmögliches Gerichtsurteil.«

Warum?

»Weil Entscheidungen auf der ursprünglichen Auslegung der Verfassung beruhen sollten, nicht auf vagen Vorstellungen von guter Politik.«

Verstehe. Sie machen sich Sorgen, dass Richter ihre politischen Ansichten in ihre Urteile einbringen könnten.

»Das ist es.«

Ich frage mich nur: Nehmen wir an, man würde Kriminelle buchstäblich brandmarken. Müssten unsere Richter ein solches Vorgehen nicht stoppen?

»Klar, das ist ja eine extreme Auslegung der Verfassung. Aber ich glaube nicht, dass das in den USA üblich war.«

Doch, sehr lange, vor allem bei Sklaven. Wenn Sie das aber für kein gutes Beispiel halten, dann sprechen wir doch übers öffentliche Auspeitschen, das bis 1789 praktiziert wurde.

»Ich könnte mir denken, dass solche Dinge heute nicht mehr der Verfassung entsprechen. So etwas kommt doch nicht mehr vor.«

Gilt dann Ihr Wunsch, man möge sich an die ursprüngliche Auslegung der Verfassung halten, nur für Fälle, die nicht extrem sind?

Ich nehme mal an, die Verfassung muss immer gelten. Es darf so wenig Ausnahmen wie möglich geben.

Aber würden Sie Ausnahmen machen?

»Vereinzelt.«

Gut. Und wann?

Wenn uns keine historischen Beispiele oder andere Fälle aus dem wirklichen Leben in den Sinn kommen, lassen sich auch hypothetische Beispiele verwenden. Sokrates mochte dieses Verfahren. Im *Gorgias* etwa denkt er laut darüber nach, wie er mit einem Messer auf der Agora auftaucht und mit seiner großen Macht über das Leben aller Anwesenden prahlt. (Siehe das achte Kapitel.) Er möchte damit nur einen Punkt verdeutlichen, doch es gelingt ihm so viel lebendiger als durch das Anbringen eines historischen Beispiels. Natürlich kann es sein, dass eine Regel in der Praxis gut funktioniert, auch wenn sie für hypothetische Fälle nicht greift. Vielleicht treten diese Fälle ja auch nie ein. Aber wenn eine *prinzipielle* Behauptung einer solchen Prüfung nicht standhalten kann, so muss das Prinzip überarbeitet werden. Denn es wurde durch eine Strategie, die formell als *reductio ad absurdum* bekannt ist, als unzureichend entlarvt. Kommen wir auf ein früheres Beispiel zurück:

»Ich finde nicht, dass Pornografie unter die Pressefreiheit fällt.«

Warum nicht?

»Weil Pressfreiheit nur die politische freie Rede schützt.«

Sicher ist die freie Meinungsäußerung gerade in Bezug auf die Politik wichtig. Aber stell dir doch mal vor, die Regierung würde einen Zensurrat einsetzen und alle Romanautoren ins Gefängnis werfen, deren Bücher diesem Rat nicht gefallen.

»So ein Blödsinn. Das passiert doch nicht.«

Natürlich nicht. Aber widerspräche das dem Recht auf freie Meinungsäußerung?

»Ja.«

Und du findest auch, dass Geschmack nichts mit Politik zu tun hat, oder?

»Sicher nicht.«

Also schützt das Recht auf freie Meinungsäußerung mehr als nur politische Ansichten.

»Ja, in manchen Fällen schon.«

Gut. Was sind das für Fälle?

Die Seite wechseln. Es passiert öfter, dass Prinzipien vertreten werden, die im konkreten Beispiel durch eine bestimmte politische Haltung gestützt werden, die dem Sprecher gar nicht unbedingt bewusst ist. Setzt man nun andere politische Vorzeichen, ruft das eine ganz andere Reaktion hervor. Dasselbe geschieht, wenn die Personen in einem Beispiel unsympathisch dargestellt werden oder einer anderen gesellschaftlichen Gruppe angehören. Eine gute sokratische Übung besteht darin, uns die Taten unserer Freunde als die Taten unserer Feinde vorzustellen und umgekehrt: Wie verändert sich dadurch unser Urteil? Die Befragung greift an diesen Punkten an.

»Das Problem an dem Film ist die Politik. Die sollten Politik aus dem Kino rauslassen.«

Das Gefühl kenne ich. Aber weißt du noch der Western, den wir letztes Jahr gesehen haben? Den fanden wir doch beide klasse.

»Klar.«

Und erinnerst du dich auch an die Stelle, wo die Hauptfigur diese wahnsinnige Rede hält, bevor die Kutsche losfährt?

»Ja! Tolle Stelle.«

Ich weiß ja nicht, aber ich glaube, diese Rede war auch so gut, weil es genau das ist, was die Menschen hören sollten. Glaubst du nicht auch?

»Absolut.«

Ich nehme mal an, dass viele Leute diese Rede politisch aufgefasst haben.

»Wahrscheinlich.«

Und eben diese Leute haben sich furchtbar aufgeregt, weil sie mit dem, was da gesagt wurde, nicht einverstanden waren.

»Kann gut sein. Alles Dumpfbacken!«

Stimmt ja. Trotzdem haben wir damit ein Beispiel für einen Film, der politisch ist und dir trotzdem zugesagt hat.«

»Ja, den mochte ich.«

Dann kann man aber nicht behaupten, dass Politik im Kino nichts zu suchen habe. Da steckt mehr dahinter.

»Kann sein.«

Oder aber es geht nochmals um Juristisches, sagen wir um die in den USA mögliche »jury nullification«, also den Fall, dass Geschworene einen Angeklagten laut dem Strafgesetzbuch schuldig sprechen müssten, diese Entscheidung aber verweigern, weil sie den entsprechenden Paragrafen für ungerecht halten.

»Ich bin für die jury nullification.«

Was meinen Sie damit?

»Dass ein Geschworener nicht verpflichtet ist, sich ungerechten Gesetzen zu beugen oder Menschen schuldig zu sprechen, die ihretwegen angeklagt werden.«

Das verstehe ich. Aber es gab eine Zeit, da wurden Menschen nicht schuldig gesprochen, die Schwarze gelyncht hatten. Ist das etwa richtig?

»Natürlich nicht, das ist grauenhaft.«

Aber konnten sich die damaligen Geschworenen nicht auf dieselben Rechte und Pflichten berufen, für die Sie gerade eingetreten sind?

»Damit habe ich ja nicht solche Fälle gemeint.«

Also gut. Welche haben Sie dann gemeint?

Auch mit umgekehrten Vorzeichen bleibt das Verfahren gleich:

»Ich bin gegen die jury nullification.«

Was meinen Sie damit?

»Ich finde, Geschworene sollten sich an die Gesetze halten, ganz gleich, welche Meinung sie dazu haben. Sie können Angeklagte nicht einfach freisprechen, weil sie mit dem zur Anwendung kommenden Gesetz nicht einverstanden sind.«

Verstehe. Aber in früherer Zeit haben Geschworene ihr Urteil verweigert, weil sie nicht wollten, dass Menschen schuldig gesprochen werden, die Sklaven halfen, aus dem Süden zu entkommen. Haben die Geschworenen da nicht richtig gehandelt?

»Das kann ich nicht leugnen. Niemand würde das, in der Rückschau. Aber so etwas meine ich ja gar nicht.«

Was meinen Sie dann? Und wie können wir wissen, wann welcher Fall gilt?

Einen anderen Blickwinkel einnehmen. Ein Grundsatz kann infrage gestellt werden, indem man sich überlegt, wie ihn jemand aus einem anderen Blickwinkel beurteilen würde. Dieses Verfahren ist besonders geeignet, wenn man sich über ethische Fragen austauscht. Wenn es darum geht, wie man handeln und wie man leben soll, neigt man oft dazu, eigennützige oder kurzsichtige Positionen einzunehmen. Diese Selbstbezogenheit lässt sich manchmal überwinden, wenn man einen Gegenstand mit anderen Augen oder in einem anderen zeitlichen Kontext betrachtet.

Ein Beispiel: Ein Anwalt vertritt einen Mandanten in einem Rechtsstreit. Der Gegner des Mandanten möchte nun den Anwalt beauftragen, ihm in einer anderen Angelegenheit zu helfen. Der Anwalt kann dabei eine Menge Geld verdienen und muss sich entscheiden, ob er den Fall annimmt.

»Ich finde nicht, dass ich mich in einem Interessenkonflikt befinde.«

Und warum nicht?

»Mein Mandant vertraut darauf, dass ich loyal bin. Ich bin loyal. Die beiden Fälle haben nichts miteinander zu tun.«

Verstehe. Aber versetzen Sie sich in die Lage Ihres Mandanten. Wäre es denn keine ungute Überraschung für Sie, wenn Sie herausfänden, dass Ihr Anwalt auch für Ihren Widersacher arbeitet?

»Könnte sein.«

Würden Sie nicht erwarten, dass man Ihnen das zumindest mitteilt?

»Ja, wahrscheinlich.«

Sind Sie immer noch sicher, dass Sie sich in keinem Interessenkonflikt befinden?

Oder schauen wir uns – in einer Rückkehr zu sokratischen Themen – diesen Gesprächsausschnitt nach Plutarch an, der sich als Nachfolger von Platon und Sokrates betrachtete[1]:

»Das beste Leben ist ein Leben voller Annehmlichkeiten.«

Wenn du wüsstest, dass du nur noch ein paar Stunden zu leben hast, und du könntest wählen, ob du diese Zeit lieber dem eigenen Vergnügen widmen oder mit etwas verbringen könntest, das für andere, dir am Herzen liegende Menschen wertvoll ist, wie würdest du entscheiden?

»Ich fände es wahrscheinlich erfüllender, diese Zeit mit wertvollen Dingen und meinen Lieben zu verbringen.«

Warum ist das dann nicht auch sonst deine Maxime?

Fragen dieser Art sind sehr hilfreich, wenn wir uns selbst prüfen. Denn im Grunde untersuchen sie unsere eigene Folgerichtigkeit. Aber es geht nicht um die Vereinbarkeit unserer Überzeugungen, sondern um die Vereinbarkeit von unseren Antworten auf dieselbe Frage, die uns aus verschiedenen Blickwinkeln gestellt wird. Wir vergleichen, wie wir ein Problem mit den Augen unseres gegenwärtigen Ichs betrachten, wie sich dasselbe Problem für unsere zukünf-

1 Plutarch, *Moralia*, 1099AB. (»Beweis, dass man nach Epikur nicht glücklich leben kann.«)

tigen Ichs darstellen könnte und wie es für unsere Mitmenschen aussehen könnte. Wie würden unsere Feinde die Angelegenheit beurteilen, und was wäre, wenn unsere Sicht öffentlich gemacht würde? Wenn die aus verschiedenen Perspektiven gegebenen Antworten nicht stimmig sind, müssen sie womöglich angepasst werden.

Wohin gelangen wir, wenn wir etwas als gegeben ansehen? Gute Fragen zur Überprüfung einer Behauptung können auch damit beginnen, dass man zunächst davon ausgeht, dass die Behauptung wahr ist: Man nimmt sie für bare Münze und fragt, wohin sie führt. Im vorigen Abschnitt war die Rede davon, wie man der Anwendung des Prinzips bis in extreme Bereiche folgt. Wir können aber auch eine andere Richtung einschlagen, indem wir fragen: Wenn eine bestimmte Behauptung wahr ist, was folgt dann daraus? Welche praktischen oder auch gedanklichen Konsequenzen ergeben sich?

Hier ein Beispiel aus den Dialogen: Protagoras behauptet, dass Tugend gelehrt werden könne. Wenn das wahr wäre, dann müssten diejenigen, die sich am längsten mit der Tugend beschäftigt und sie bis in alle Einzelheiten studiert haben, auch den größten Anteil an ihr haben, oder? »Wahrscheinlich.« Aber wären diese Menschen dann nicht quasi Experten, die wir zu allen Tugendfragen konsultieren können? »Könnte sein.« Aber so ist es doch offensichtlich nicht, oder? Hierzu sind natürlich Einwendungen denkbar (wie im fünfzehnten Kapitel aufgeführt), genauso wie zu allen hier behandelten Fragen. Wichtig ist, die Struktur der Fragestellung zu erkennen. Ein moderneres Beispiel wäre:

> »Gewalttätige Videospiele sollten verboten oder zumindest reguliert werden. Wir müssen da Kontrolle reinbringen.«

Und warum?

»Sie sind eine Hauptursache für alltäglich erlebte Gewalt in der realen Welt.«

Vielleicht ist das so. Aber für mich stellen sich Ursache und Wirkung nicht so klar dar. Wie kommen Sie auf den direkten Zusammenhang?

»Das liegt doch auf der Hand. Wenn Kinder die ganze Zeit vorm Bildschirm Menschen abknallen, werden sie desensibilisiert. Irgendwann färbt das auf ihr Verhalten ab.«

Ich vermute mal, das betrifft nicht nur US-amerikanische Kinder. Glauben Sie, dass es überall ein Problem ist?

»Überall da, wo sie so viel Zeit mit diesen Spielen verbringen. Die Menschen ticken überall gleich.«

Je mehr Spielekonsumenten es in einem Land gibt, desto mehr reale Gewalt ist dort zu erwarten?

»Würde ich sagen, ja.«

Es wäre interessant, eine Studie darüber zu haben, ob Länder, in denen viel grausame Videospiele gespielt werden, mehr Probleme mit Gewalt haben.

»Bestimmt.«

Ich habe hier tatsächlich eine Untersuchung: Sie besagt, dass in den Ländern, in denen besonders viel Geld für diese Spiele ausgegeben wird, die Gewaltkriminalität *nicht* stärker zunimmt als in Ländern, in denen weniger Geld dafür ausgegeben wird.

»Interessant. Aber da geht es um andere Länder. Irgendetwas läuft bei uns in den USA anders.«

Und was könnte das sein?

Man beachte, dass das Beispiel einen empirischen Aspekt beinhaltet: Nämlich eine Behauptung über äußere Tatsachen (Zahl der Gewalttaten), die wir zur Untermauerung eines zutreffenden Arguments erwarten. Die sokratische Befragung vermeidet normalerweise den Bezug auf äußere Fakten. Sie möchte eine Behauptung vor allem dadurch widerlegen, dass sie sie an den Überzeugungen des Sprechers misst. Das ist im Allgemeinen eine kluge Vorgehensweise. Denn die Konfrontation mit Fakten ist ein erstaunlich ineffektiver Weg, Meinungen zu ändern. Dennoch ist das Einbringen von Tatsachen manchmal wichtig, um eine Diskussion voranzubringen, und sicher auch in einem sokratischen Umfeld geduldet, solange die Gesprächspartner hierzu eine Einigung erreichen. Es ist wichtig, jeden Schritt der Erörterung mit dem Einverständnis unseres Gegenübers zu tun. In dem Fall, dass wir ein Problem für uns selbst durchdenken, besteht der sokratische Ansatz darin, Annahmen zu treffen, die uns in die Bredouille bringen können. Wir machen es uns bewusst schwer und ruhen uns nicht auf für uns bequemen Fakten aus.

Dieselbe Untersuchungsweise kann auch ohne Abhängigkeit von äußeren Tatsachen angewandt werden. Wenn ein Prinzip wahr ist, können sich daraus Implikationen ergeben, die eher gedanklicher als empirischer Natur sind.

»Ich finde, wir sollten versuchen, eine Gesellschaft zu erschaffen, in der das größtmögliche Glück herrscht.«

Glück, da bin ich auf jeden Fall dafür. Aber Ihre schöne Idee ist sicher komplizierter als gedacht.

»Was ist denn daran kompliziert? Die Ausführung ist vielleicht schwierig, das Konzept aber ist doch ganz einfach.«

Darf ich Ihnen eine Frage stellen? Glauben Sie, dass arme Menschen lebendig oder tot besser dran sind?

»Lebendig natürlich, was für eine Frage!«

Wenn also ein paar Menschen mehr in die Welt gesetzt werden, die aber arm sind, ist die Gesellschaft dann besser dran?

»Ich würde sagen, ja. Aber sie wäre noch besser dran, wenn sie *nicht* arm wären.«

Verstehe. Aber selbst wenn sie arm *sind*, ist die Gesellschaft mit ihnen besser dran?

»Ja.«

In diesem Fall klingt es so, als hätten wir die *Pflicht*, die Bevölkerung so schnell wie möglich zu vermehren, auch wenn die Menschen in Armut leben. Je mehr Menschen es gibt, desto mehr Glück gibt es.

»So weit würde ich nicht gehen.«

Aha. Und warum nicht?

Wie geht es weiter? Diese Frage passt nicht in den traditionellen sokratischen Baukasten, erweist sich aber in vielerlei Kontexten als nützlich. Besonders Ökonomen wenden sie gerne an. Wenn wir uns fragen, wie unsere Welt organisiert sein sollte, ist es manchmal hilfreich, sich auszumalen, wie verschiedene Antworten das Verhalten der Menschen verändern könnten. Es wird oft fälschlicherweise angenommen, ein Zusammenhang sei statisch und würde immer gleich ablaufen, egal wie man ihn interpretiert. Doch manchmal kann eine Regel, die in der jetzigen Welt sinnvoll erscheint, dazu führen, dass die Welt zu einer anderen wird. Die Beurteilung dieser Konsequenzen kann zu einem eigenen Projekt werden. Für sokratische Zwecke spielen diese Konsequenzen jedoch nur eine Rolle, wenn sie unserem Gesprächspartner wichtig sind, was durchaus der Fall sein kann. Auf geeignete Fragen kommen wir, wenn wir darüber nachdenken, welche Anreize eine Regel in zukünftigen Situationen schaffen könnte.

»Ich finde, der Psychiater eines Angeklagten sollte zu einer Aussage verpflichtet werden.«

Und was ist, wenn der Therapeut seinem Patienten Vertraulichkeit zugesichert hat? Gibt es nicht eine Schweigepflicht?

»Ja, aber die kann nicht immer gelten. Denn der Therapeut weiß doch, ob der Angeklagte den Mord begangen hat. Vertraulichkeit ist ja schön und gut, aber höchste Priorität sollte doch die Wahrheitssuche haben.«

Verstehe. Aber stellen Sie sich vor, Sie wären in Therapie und wüssten, dass Ihr Psychiater vor Gericht gegen Sie aussagen muss. Wahrscheinlich würden Sie dann nicht offen mit ihm reden, oder?

»Könnte sein, ja.«

Und wenn dem Psychiater nicht die Wahrheit gesagt wird, dann bringt auch die Aussage vor Gericht nichts. Der Psychiater wüsste nichts von der Tat.

»In dem Fall natürlich nicht, nein.«

Aber dann würde der Patient auch nicht therapiert werden, oder?

»Wohl kaum, wenn er dem Psychiater nicht sagt, was passiert ist.«

Meinen Sie angesichts dieser Konsequenzen immer noch, dass ein Psychiater zur Aussage verpflichtet werden sollte?

»Eigentlich nicht. Aber ich weiß auch nicht, wie oft so etwas überhaupt vorkommt.«

Dann hängt die Antwort vielleicht davon ab?

»Kann sein.«

Der letzte Teil des Beispiels verdeutlicht einen generell wichtigen Schritt: Die Frage, was unser Gesprächspartner als Beweis gelten lässt, dass er unrecht hat, und was ihn (wenn überhaupt) dazu bringen würde, seine Meinung zu ändern. Hier ist ein ähnliches Beispiel, das anfangs durchschaubar wirkt, am Ende aber Varianten unserer Strategien aufzeigt.

»Ich finde, die Regierung sollte den Entführern Lösegeld zahlen.«

Warum?

»Weil ein Menschenleben mehr wert ist als Geld, deshal.«

Einverstanden. Aber wenn ein Terrorist weiß, dass in jedem Fall Lösegeld bezahlt wird, wird er nicht lange überlegen, Geiseln zu nehmen, oder?

»Ja, das ist eine berechtigte Sorge. Theoretisch könnte das zum Problem werden.«

Wieso nur theoretisch?

»Wenn das tatsächlich der Fall wäre, würden wir doch andere Dinge erleben, oder? Es gäbe mehr Geiseln aus Ländern, die Lösegeld zahlen, als aus solchen, die dies verweigern, oder?«

Klingt logisch.

»Nun ist es so, dass Spanien Lösegeldforderungen meist nachkommt, aber es gibt dort nicht mehr Entführungen als in Ländern, die nicht zahlen, oder?«

Dazu kann ich nichts sagen.

Das Beispiel demonstriert, wie eine Frage zur anderen führt. Es beginnt damit, welche Anreize eine Regel schafft, doch wird diese Argumentationslinie durch eine Frage unterbrochen, wie wir sie im vorigen Abschnitt kennengelernt haben: Wenn das mit den Anreizen stimmt, wie geht es dann weiter? Tritt das Erwartete ein? Manchmal kann so die Richtung eines Gesprächs sinnvoll umgelenkt werden. Der Befragte antwortet mit einer sokratischen Frage, der Ball wird zurückgespielt. Denn die sokratische Haltung kann natürlich auf beiden Seiten wach und lebendig sein.

In beiden Beispielen könnte die Befragung als Grundlage für eine empirische Untersuchung dienen. Der sokratische Prozess hat wichtige Fakten herausgearbeitet, denen man nun weiter nachgehen sollte – ein wertvolles Ergebnis. Beide Beispiele zeigen auch, wie die Befragung den Konflikt zwischen zwei Ansichten oder Werten in einen Konflikt innerhalb einer Ansicht verwandeln kann. Ein Streit beginnt damit, dass es scheinbar darum geht, Leben gegen Geld aufzuwiegen, dann stellt sich aber heraus, dass beide Seiten den Wert des Lebens höherstellen, nur eben aus unterschiedlichen Perspektiven. Oder der Streit beginnt damit, dass es scheinbar um einen Konflikt zwischen Wahrheitsfindung und Vertraulichkeit geht, dann aber wird klar, dass es beiden, aus unterschiedlichen Blickwinkeln, um den Wert der Wahrheit geht. Die sokratische Untersuchung legt die verschiedenen Abwägungen offen.

Der Elenchus als Ergebnis gemeinschaftlichen Argumentierens. Die in diesem Kapitel beschriebenen Argumente können verschiedene rhetorische Formen annehmen. Sie müssen nicht zwangsläufig als Elenchus auftreten. Aber sie eignen sich gut für dieses Mittel, und der Elenchus hat gegenüber direkteren Formen der Debatte große Vorteile. Man könnte natürlich einfach kontern: »Hier ist Gegenbeispiel x, das zeigt, dass du unrecht hast«. Stattdessen aber sagen wir: »Können wir uns darauf einigen, dass x schon einmal vorgekommen ist?« (Ja.) »Und x hat diese und jene Eigenschaften, oder?« (Ja.) »Gut, aber dann müssen wir x als eine Ausnahme von dem, was du vorhin gesagt hast, betrachten?« (Stimmt.) Wir sind auf einem etwas umständlicheren Weg zu demselben Ergebnis gekommen. Aber der Umweg lohnt sich, weil er kooperativ und nicht konfrontativ ist.

Genau das ist die Arbeitsweise von Sokrates. Er vermeidet es, uns direkt zu widersprechen, indem er etwa lospoltert: »Du irrst dich!« Er bringt uns dazu, uns selbst zu widersprechen. Das ist auch heute ein nützlicher Ansatz für Streitgespräche und Dialoge. Wenn man Menschen überzeugen will, ist konfrontativer Widerspruch meist nicht hilfreich, da sich unser Gegenüber nur noch stärker einmauert. Am besten betrachtet man sich als wirkliche Gesprächs*partner* und sucht gemeinsam nach Antworten. Dabei bemühen wir uns um Zustimmung und versuchen, Fragen so zu stellen, dass sie leicht mit »Ja« beantwortet werden können. Dann teilen wir mit unserem Gesprächspartner das Staunen über die Auswirkungen bestimmter Annahmen. Wir fragen immer zuerst: »Können wir uns auf diesen Punkt einigen?« Wenn die Antwort »Nein« lautet, machen wir mit »Warum«-Fragen oder anderen Fragen weiter, bis wir zu einem soliden Ausgangspunkt gelangen, also zu einem Punkt, dem unser Partner problemlos zustimmen kann. Es ist ein Punkt, dem wir wahrscheinlich auch zustimmen werden, zumindest für die Dauer der Diskussion. Ergibt sich aus dieser Grundannahme ein Problem, so ist es ein gemeinschaftliches Problem der Gesprächspartner. Vielleicht kann der strittige Punkt langsam in Richtung der gemeinsam gefundenen Basis gezogen werden.

Viele Argumente, die zunächst nicht nach einem Elenchus aussehen, können in einen verwandelt werden. Wir möchten eine Ausnahme anbringen oder einen anderen Punkt äußern und formulieren dies als eine Bitte um Zustimmung. Der Elenchus wird interessanter und weniger aufdringlich, wenn man den Abstand zwischen der Aufforderung zur Zustimmung und dem letztlichen Einverständnis vergrößert. Dazwischen liegen mehrere Schritte, die uns die Möglichkeit bieten, die Zustimmung und das Verständnis unseres Gesprächspartners zu gewinnen. Dieser letzte Punkt ist wichtig, denn echte Überzeugungsarbeit, sei es in einem sokratischen oder einem anderen Kontext, besteht nicht darin, andere Menschen seiner Meinung zu unterwerfen oder mit unangenehmen Fakten zu konfrontieren. Es geht darum, ihnen unsere Sicht auf die Dinge darzulegen. Um das zu erreichen, müssen wir zunächst zuhören und *ihre* Sicht der Dinge nachvollziehen. Wenn wir erst verstanden haben, was unser Gegenüber denkt, können wir nach einem Weg suchen, der von dort zu anderen Ansichten und Einsichten führt.

Um zu überprüfen, ob wir die Äußerungen unseres Gesprächspartners richtig verstanden haben, können wir versuchen, diese noch einmal auf eine für unser Gegenüber zufriedenstellende Weise wiederzugeben. Sokrates macht das oft: Er fasst die Ansichten seiner Gesprächspartner in eigenen Worten zusammen und fragt dann, ob sie mit seiner Formulierung einverstanden sind.[2] Ziel ist, dass der Angesprochene mit Inhalt und Ton zufrieden ist, denn so kommen wir in die Lage, unsere Argumente auf einer soliden Grundlage aufzubauen. Wenn unser Gesprächspartner weiß, dass wir ihm zugehört haben und seinen Standpunkt *begreifen*, verschwindet sein Misstrauen oder seine Angst, das Gesicht zu verlieren, wenn wir das Argument weiterführen. So beginnt ein Elenchus.

Die Merkmale eines Elenchus treten aber nicht immer so deutlich hervor. Sokrates trifft auch auf Dialogpartner wie Kallikles, die

2 Siehe etwa *Gorgias* 490A, 492D; *Charmides* 172A; *Menon* 78BC.

ihm so entschieden widersprechen, dass sie nicht vom Gegenteil überzeugt werden können, ganz gleich, wie Sokrates seine Fragen ansetzt. So kommt es zu scharfen Auseinandersetzungen, die viele Leser der Dialoge am besten in Erinnerung behalten. In anderen Fällen aber gelingt es Sokrates mithilfe des Elenchus, die Ansichten seines Gegenübers auseinanderzunehmen, ohne dass das Gespräch feindselig wird. Eben das ist der große Vorteil des Elenchus in seiner heutigen Verwendung. Er bietet uns die Möglichkeit, die Haltung eines anderen infrage zu stellen, ohne Gegnerschaft hervorzurufen. Dabei ist, wie wir im vierten Kapitel gesehen haben, ein antagonistischer Ansatz bei der Untersuchung unserer *eigenen* Vorurteile von großem Nutzen. Aber er greift nicht, wenn wir jemand anderen zu einer Einsicht bewegen möchten. Überzeugung ist eine kooperative Aufgabe, bei der uns der Elenchus als Werkzeug dient. Richtig angewandt erzeugt er gemeinschaftliches Nachdenken.

Epilog

Sokratische Regeln der Auseinandersetzung

In diesem Buch wurde die sokratische Methode als eine Art Handwerkszeug erörtert, mit dem sich Erkenntnis und Weisheit voranbringen lassen. Zudem wurde eine sokratische *Ethik* vorgestellt, die diese Werkzeuge anwendet, um größeren Prinzipien Wirkung zu verleihen. Dieser Epilog handelt davon, wie die sokratischen Prinzipien in Argumenten und Gesprächen eingesetzt werden können, die nicht auf Dialoge im klassischen Sinne hinauslaufen. Die flexible Anwendung dieser Prinzipien kann zum Beispiel zu gesünderen politischen Diskursen führen – ein Thema, das im Vorwort erwähnt und im Laufe des Buchs immer wieder aufgegriffen wurde. Größtenteils habe ich es vorgezogen, diese Diskussion getrennt zu behandeln, weil Sokrates Ideen zu bieten hat, die über das Politische hinausgehen. Aber seine Lehren sind durchaus relevant dafür, wie wir über politische Themen denken und sprechen – genauso relevant wie sie für unser Denken und Sprechen über alle anderen wichtigen Dinge des Lebens sind. Die unten aufgeführten Ideen können in jeder Art von Streitgespräch Anwendung finden.

Regeln der Auseinandersetzung. Nehmen wir an, wir möchten die sokratischen Prinzipien auf Situationen anpassen, die sich nicht für einen sokratischen Dialog eignen. Gehen wir hierfür davon aus, dass Sokrates nicht nur Regeln für den Dialog, sondern allgemeinere Regeln für die Auseinandersetzung liefert. Seine Lehren lassen sich in eine beliebige Anzahl praktischer Handlungsanweisungen umwandeln. Die Einteilung in diverse Rubriken wird immer recht willkürlich ausfallen, aber der Einfachheit halber möchte ich diese zwölf vorschlagen:

1. *Alles kommt auf den Tisch.* Es wird alles untersucht. Keine Ansicht entzieht sich der Befragung, sobald diese von jemandem angeregt wurde.

2. *Zweck der Untersuchung.* Die Beteiligten einer Auseinandersetzung wollen der Wahrheit näherkommen. Sie bezwecken nicht, eine verborgene Absicht durchzusetzen, sich über andere zu erheben oder als Gewinner eines Streits hervorzugehen.

3. *Widerspruch ist erwünscht.* Zweifel ist eine natürliche und willkommene Reaktion auf jede vertretene Position. Kritik und Widerspruch sind Freundschaftspflicht und werden in diesem Geiste geäußert und angenommen, auch – oder besonders – wenn eine starke Überzeugung angefochten wird. Wir können irren, und wenn nicht, so kann immer noch ein Stück Wahrheit in der vorgebrachten Kritik stecken. Man tut uns einen Gefallen, wenn man uns auf Denkfehler oder Ungenauigkeiten hinweist. Getrost Fehler eingestehen zu können, ist ein Zeichen von gesundem Verstand.

4. *Argumenten wird mit Argumenten begegnet.* Der sokratische Ansatz lässt nicht zu, dass bestimmte Argumente unbeantwortet bleiben, weil sie verachtenswert sind und gar nicht erst geäußert werden sollten. Wenn aber jemand eine irrige Meinung vertritt, so ist es unsere Aufgabe, ihm diesen Fehler aufzuzeigen.

5. *Die Vernunft steht an erster Stelle.* Argumente werden aufgrund ihrer Qualität beurteilt, also nach ihrer Begründung und Vernunftmäßigkeit, nicht aber nach der Identität des Sprechers. Die Annahme, dass die Sichtweise einer bestimmten Person besonderen Respekt (oder besondere Skepsis) erfordere, will ebenfalls begründet und belegt sein – etwa dadurch, dass eine Person offensichtlich Zugang zu Fakten oder Erfahrungen hat, die anderen nicht zur Verfügung stehen, und dass die Antwort auf eine Frage davon abhängt.

6. *Es wird im Sinne des Elenchus argumentiert.* Zur Durchführung einer gemeinschaftlichen Untersuchung wird möglichst zunächst eine einvernehmliche Basis gefunden. Jede Seite hilft sodann der anderen Seite beim Erkennen von Unvereinbarkeiten zwischen der von ihr vertretenen Ansicht und dieser Grundlage. Vereinbarkeit und Folgerichtigkeit sind wichtige Prüfsteine für eine Argumentationskette.

7. *Selbstkritik.* Die eigene Parteilichkeit wird hinterfragt. »Parteilichkeit« meint hier eine starke Bindung an bestimmte Überzeugungen, die bedingt, dass wir ein bestimmtes Diskussionsergebnis erwarten und erreichen wollen. Wer diese Überzeugungen anficht, wird in diesem Mechanismus als Feind betrachtet. Wir neigen dazu, uns die Dinge zurechtzubiegen, wenn am Ende nur das Gewünschte und uns Angenehme steht, und oft sind wir uns dessen gar nicht bewusst. Die Gesprächsteilnehmer sollten dieses Risiko im Kopf behalten und Widerspruch umso mehr schätzen.

8. *Skepsis gegenüber Gruppen.* Gängigen Meinungen und schnellem Konsens wird misstraut. Nicht geheuer ist ein Raum voller Men-

schen, die sich über etwas einig sind, das außerhalb des Raums kontrovers diskutiert wird – besonders, wenn man sich für das absolute Einvernehmen auch noch auf die Schulter klopft. Es ist wie beim Schierlingsbecherurteil der Athener. Es braucht eine Stechfliege[1] am Körper der allzu Überzeugten.

9. *Umgangsformen.* Die Untersuchung sollte gründlich, entschlossen bis unerbittlich, aber immer höflich erfolgen. Sarkasmus und andere Formen der Ironie sind in erster Linie gegen uns selbst gerichtet und ansonsten jenen vorbehalten, die behaupten, alle Antworten zu kennen. Beschimpfungen und Beleidigungen sind nicht erlaubt. Niemand wird niedergebrüllt. Wenn jemand beharrlich im Unrecht bleibt, ist er durch seinen, womöglich von anderen durchschauten, Irrtum genug bestraft. Äußerungen anderer werden wohlwollend interpretiert, zugleich nimmt man Einwände lieber in deutlicher als in abgeschwächter Form entgegen.

10. *Offenheit.* Die Gesprächspartner sprechen ihre Gedanken offen aus und werden nicht dafür sanktioniert. Eine unpopuläre Aussage wird im Gegenteil geschätzt. Auch wenn sie falsch sein sollte, dient sie doch der Sache, nämlich der Annäherung an die Wahrheit. Wenn jemand bereit ist, sich zur Angriffsfläche zu machen, indem er einen bestimmten Standpunkt vertritt, werden sich andere, die sich damit nicht mehr derart exponieren, diesem Standpunkt eher anschließen. Eine Ansicht muss geäußert werden, damit sie geprüft und für wahr oder falsch befunden werden kann.

---

1 Der Sporn aus der *Apologie*, der das träge Pferd Athen anstachelt (vgl. Kapitel 4) kann auch als »Stechmücke« übersetzt werden.

11. *Beleidigungen.* Alle Beteiligten versuchen, ihre Ansichten so zu äußern, dass sich niemand persönlich beleidigt oder gekränkt fühlt. Ebenso ist man bestrebt, Erwiderungen anzunehmen, ohne sich beleidigt oder gekränkt zu fühlen. Ausgeteilte oder empfundene Beleidigungen und Kränkungen werden als Hindernis bei der Wahrheitsfindung verstanden.

12. *Demut.* Schlussfolgerungen sind vorläufig. Sie mögen noch so plausibel erscheinen, man möchte sich noch so vehement für sie einsetzen, dennoch bleibt immer ein Rest Zweifel. Die Gesprächspartner sind sich der eigenen Unwissenheit bewusst und wissen um die blinden Flecken in ihrer Wahrnehmung. Sie behalten im Kopf, wie oft andere ebenso überzeugt waren und sich doch geirrt haben. Aus all dem ergibt sich eine demütige Haltung in Bezug auf unser Wissen und unsere Gewissheiten.

Die oben formulierten Regeln sind aus den vorangegangenen Kapiteln abgeleitet. Wen sie nicht überzeugen, den kann leider das gesamte Buch nicht überzeugen. Sie können einem aber auch derart selbstverständlich erscheinen, dass man meint, sie bräuchten keine Rechtfertigung oder gar Nennung. Leider ist aber beides erforderlich. Denn wir können nicht davon ausgehen, dass die sokratischen Regeln gegen Anfechtungen immun sind. Eine solche Immunität würde ihrem Wesen ja zuwiderlaufen, und außerdem halten sie einer direkten und begründeten Kritik recht gut stand. Dennoch gibt es Kräfte, von denen sie weggefegt werden können: altbekannte Feinde wie Demagogie, Gewalt und Hetze und heimtückischere Einflüsse wie Orthodoxie, Ächtung und Beleidigung. All das gab es schon immer, wir müssten uns nur bei Sokrates erkundigen. Leider ist da kein sokratisches Zeitalter, nach dem wir uns sehnen könnten. Die sokratische Ethik war weder in der Welt noch in der Akademie je vorherrschende Kraft, genauso und gerade weil sie nie vorherrschende Kraft in unserer Psyche gewesen ist. Sie muss sich gegen Widerstände durchsetzen. Die Regeln sind also oft schwierig zu befolgen, für den sokratisch Gesinnten aber sind sie ein lohnende Herausforderung.

Dass man mit Widerständen zu tun hat, wirft natürlich die Frage auf, wie wir mit Menschen umgehen sollen, die sich *nicht* an diese Regeln halten. Die einfachste und naheliegende Antwort darauf lautet: Beurteilen wir nach dem sokratischen Ansatz, ob es sich lohnt, den sokratischen Ansatz anzuwenden. Konkreter ausgedrückt: Fragen wir uns (mehrmals), welchen Zweck wir verfolgen und ob die sokratischen Verhaltensregeln hierfür geeignet sind. Ich halte die Regeln etwa in Auseinandersetzungen über Rechtsfragen für die richtigen, und zwar unabhängig davon, ob sich die Gegenseite an sie hält oder nicht (was oft genug der Fall ist). Aber stellen wir uns zwei gegnerische Anwälte vor Gericht vor: Hier passen die sokratischen Regeln nicht ganz zur Situation, da die Anwälte nicht direkt der Wahrheit auf der Spur sind, sondern eine Seite einer Angelegenheit schildern, damit *andere* über die Wahrheit urteilen. Für Sokrates steht die eigene Suche nach der Wahrheit im Zentrum, die mit besonderen Mitteln (nämlich seiner Methode) verfolgt wird. Ein Rechtsstreit ist anders gelagert. Er hat Ziele und Regeln, die sich nur teilweise mit den sokratischen überschneiden.

Das Beispiel galt dem juristischen Kontext, das Prinzip aber ist allgemein: Die sokratischen Regeln der Auseinandersetzung eignen sich in manchen Zusammenhängen besser als in anderen. Sie setzen wahrscheinlich nicht richtig an, wenn man mit einem Kind redet, eine feindselig gestimmte Zuhörerschaft beruhigen möchte oder gerade zusammengeschlagen wird. Stellen wir uns eine Situation vor, die dazwischenliegt: ein Familientreffen, bei dem wir neben einem Onkel, der nicht nach sokratrischen Regeln argumentiert und abstruse politische Ideen vertritt, sitzen. Für eine solche Gelegenheit könnte sich der sokratische Ansatz bestens eignen, auch wenn das natürlich nur ein Vorschlag ist (schließlich weiß jeder selber am besten, ob besagter Onkel dafür infrage kommt). Der im achtzehnten Kapitel vorgestellte Elenchus erfordert, dass man zunächst eine gemeinsame Basis findet und von dort aus anhand wohlmeinender Fragen eruiert, wie sich dieses Einverständnis zu den offenbarten Streitpunkten verhält. Die Methode kann – muss aber nicht – helfen, die Gegenseite zu überzeugen und das Thema gründlicher zu durchdringen. Aber erreicht man diese positiven Effekte nicht eher mit dem sokratischen Ansatz, selbst wenn der etwas abwegig gesinnte Onkel dessen Regeln nicht befolgt? Warum sollte es hilfreich sein, die Regeln selbst auch zu brechen?

Die eigentliche Frage ist natürlich, was wir mit dem Gespräch erreichen wollen. Welchen Zweck soll das Gespräch verfolgen? Vielleicht ist es besser, das Thema zu wechseln oder die Diskussion auf einen Zeitpunkt zu verschieben, an dem der Onkel nicht vor Publikum streitet oder weniger getrunken hat oder sich allgemein vernünftiger verhält. Das Gleiche gilt für Freunde, Kollegen oder Internetkontakte. Denn wir können nur kontrollieren, was wir tun, nicht aber, was die anderen tun. Wir müssen daher immer entscheiden, welche Ziele uns wichtig sind und welche Mittel wir einsetzen wollen. Sokrates' Vorschläge sind großartig, wenn alle Beteiligten sie annehmen. Oft greifen sie aber auch dann, wenn sie nicht von allen akzeptiert werden. Wir sollten uns darüber im Klaren sein, was wir wie erreichen wollen. Allgemein lässt sich sagen: Ob eine sokratische Untersuchung sinnvoll ist, klärt sich sinnvollerweise über die sokratische Untersuchung.

Sokratische Lehre. Die äußeren Bedingungen für den sokratischen Diskurs sind nicht immer dieselben. Ich habe oben auf einige Gegner der sokratischen Gesprächsregeln hingewiesen: Demagogie,

Wut, Ächtung und andere. Auch diese Vernunftkonkurrenten gedeihen unter bestimmten Bedingungen besser als unter anderen. In unserer Zeit hat der technologische Fortschritt die Bedingungen für den sokratischen Ansatz ungewöhnlich hart werden lassen und Gegeneinflüssen den Weg geebnet. Inzwischen kann jeder, der einen Computer oder ein Smartphone besitzt, diese negativen Kräfte in großem Maßstab freisetzen. Dagegen erfordert es Geduld, sokratische Gewohnheiten zu entwickeln und anzuwenden. Technologien, die schnelle Reaktionen in kurzen Zeitabständen hervorrufen, sind da nicht förderlich.

Und so kommt es, dass sich unsere Kultur von den Werten entfernt, die Gegenstand dieses Buchs sind, denn die Spielregeln für den Onlinediskurs sind in jeder Hinsicht das Gegenteil der sokratischen Regeln. Zwar werden Dinge, die online geäußert werden, auf die Probe gestellt und sicher auch angegriffen. Aber dabei geht es kaum sokratisch zu, und das Schlechte verdrängt hartnäckig das Gute. Insbesondere die sozialen Medien ähneln einem Campus, auf dem standardmäßig scheußliche Diskursgewohnheiten gelehrt werden. Und das mit bedauernswerten, ja bisweilen katastrophalen Folgen für unser politisches und kulturelles Leben. Kaum jemand negiert diese Entwicklungen noch. Man streitet nur über die Beispiele, denn Unvernunft (wenn man sie denn überhaupt erkennt) stört weniger, wenn sie der präferierten politischen Richtung folgt. So werden jeweils andere Beispiele für die Verrohung des Diskurses angegeben. Meiner Meinung nach treffen sie alle zu.

Diese Probleme können nicht gelöst werden. Sie sind in der menschlichen Natur verankert, und die sozialen Medien sind lediglich ein Beschleuniger, wenn auch ein mächtiger. Wie bereits angedeutet können wir im besten Fall auf engagierten Widerstand hoffen. Und das natürlichste und fruchtbarste Umfeld für diesen Widerstand ist die Schule. Weiter oben hieß es, dass verschiedene

Spiele verschiedene Regeln haben und sich für verschiedene Anlässe eignen. Aber wenn es einen Ort gibt, an dem man sokratische Zielsetzungen und Spielregeln erwarten darf, dann ist es die Universität. Universitäten sind in erster Linie dazu da, die Suche nach Wahrheit zu fördern und die Studierenden in dieser Suche zu unterrichten. Ein Klassenzimmer – ob nun an der Universität oder anderswo – ist eine überschaubare, zeitlich begrenzte und kontrollierbare Gemeinschaft, in der die Diskursstandards bewusst gesetzt werden können. Wenn dort keine sokratischen Gewohnheiten eingeübt werden, kann man nicht erwarten, dass sie später, in der Teilnahme am öffentlichen Leben, unter viel schlechteren Bedingungen aufgegriffen werden. Wenn wir (als sokratisch Geschulte) mitbekommen, wie eine politische Debatte von jemandem verdorben wird, der die sokratischen Regeln des Engagements als unwichtig, als veraltet oder als Witz betrachtet, dürfen wir also vermuten: Hier ist jemand, den unsere Bildungseinrichtungen im Stich gelassen haben.

In welchem schulischen Kontext spielt die sokratische Ethik eine Rolle? In allen, auch wenn der Unterricht nicht im engeren Sinne sokratisch organisiert ist. Denn was auch ansonsten auf dem Lehrplan stehen mag: Es geht um Diskursstandards, um Demut und Arroganz und andere Variablen, die sokratisch oder unsokratisch ausfallen können. In einer Epoche, in der die sokratische Ethik derart ins Hintertreffen gerät, sollten ihre Anhänger sie umso bewusster und besser lehren. Dabei spielt nicht nur die richtige Technik eine Rolle, vielmehr handelt es sich um eine Herzensangelegenheit. Erinnern wir uns an Mills Kommentar aus dem dritten Kapitel, wo es hieß, wie sehr ihn der *Gorgias* bewegt habe – und zwar nicht durch seine präzisen Argumente, sondern durch die aus ihm sprechende Leidenschaft. In seinen Notizen zu dem Dialog schreibt Mill: »Der Sokrates des Dialogs lässt uns empfinden, dass alle anderen Übel erträglicher sind als die Ungerechtigkeit der Seele, nicht indem er dies beweist, sondern indem er in unserem Innern das Mitgefühl mit seiner eigenen begeisterten Empfindung wachruft.«[2] Was Mill am meisten beeindruckte, ist das, was jeden Lernenden mitreißt: Mit jemandem im Austausch zu sein, dessen Begeisterung für ein Thema so groß ist, dass sie sich auf ihn überträgt.

Eben das sollte ein Lehrer der sokratischen Schule kultivieren: Wissen und Können, ja, aber auch »begeisterte Empfindung«. Man selbst muss für etwas brennen, wenn der Funken auf die Schüler überspringen soll. Dies wird zum Subtext jeder Unterrichtsstunde, unabhängig davon, wie das Thema lautet und ob es sich für eine sokratische Untersuchung eignet oder nicht. Die sokratischen Regeln der Auseinandersetzung müssen wichtig erscheinen. Die Schüler sollen erkennen, wie der Schierlingsbecher in unserer Zeit gereicht wird, und dies mit Verachtung und Abscheu betrachten. Sie sollen ohne Angst sprechen und ebenso furchtlos Widerspruch entgegennehmen; sie sollen ohne Angst und ohne sich beleidigt zu fühlen zuhören; sie sollen die Wahrheit allem anderen vorziehen. Lassen wir sie vor allem erkennen, was es bedeutet, wenn sokratische Werte nicht nur verstanden und praktiziert, sondern hochgehalten werden.

Und wenn wir nun sokratisch geneigt, aber eben *keine* Lehrer sind? Dann können wir all diese Dinge genauso tun, denn die Akteure im Klassenzimmer haben ihre Entsprechung im eigenen Ich. Jeder von uns ist Lehrer und Schüler, genauso wie wir alle einen Sokrates, einen Kallikles und Athener Geschworene in uns haben. Und diese verinnerlichten Figuren sind am Ende viel wirkungsvoller. Lehrer leisten nur einen kleinen Beitrag zu unserer Bildung im Vergleich zu der – guten oder schlechten – Bildung, die wir uns selbst angedeihen lassen. Im Ich wie in der Schule ist die sokratische Ethik die gesündeste.

---

2 Mill, *Plato*, in: *Gesammelte Werke*, 12. Band, S. 79.

Übersetzungen

Platon wird aus der stellenweise überarbeiteten Übersetzung *Platons Werke* von Friedrich E. D. Schleiermacher, Franz Susemihl und anderen (ab 1818 bis 1859) zitiert: online verfügbar unter: opera-platonis.de

Epiktet wird zitiert nach der vom Hammerich Verlag, Altona, herausgegebenen Übersetzung von J.M. Schultz (1801–1803), online verfügbar unter: https://www.phil-fak.uniduesseldorf.de/klassphil/epiktet_1.pdf

Seneca wird nach der Übersetzung von Otto Apelt zitiert, die 1923–24 im Meiner Verlag, Leipzig erschienen ist: Lucius Annaeus Seneca, *Philosphische Schriften*, online verfügbar unter: https://www.digitale-sammlungen.de/en/details/bsb11171888

Marc Aurel *Des Kaisers Marcus Aurelius Antonius Selbstbetrachtungen* werden zitiert nach der Übersetzung von Albert Wittstock, erschienen 1879 im Reclam Verlag, Leipzig. https://www.projekt-gutenberg.org/antonius/selbstbe/index.html

Plutarch wird nach folgender Ausgabe zitiert: *Plutarchs moralische Abhandlungen*, übersetzt von Johann Friedrich Salomon Kaltwasser, 9 Bände, Verlag Johann Christian Hermann, Frankfurt am Main 1783–1800. Online verfügbar unter: https://www.digitale-sammlungen.de/de/view/bsb10239272?page=,1

Ciceros *Vom Redner*, *Akademische Untersuchungen* und *Vom höchsten Gut und Übel* wird nach der 1827–1861 im J.L. Metzler Verlag Stuttgart erschienenen Gesamtausgabe *Marcus Tullius Ciceros Werke* zitiert (übersetzt von F. F. R. Dilthey, Georg Heinrich Moser, Gottlob Christian Kern u. a.). Online verfügbar unter: https://www.digitale-sammlungen.de/de/view/bsb11088810?page=,1

Ciceros *Tusculanische Unterredungen* sind in der 1824 im Hammerich Verlag, Altona erschienenen Übersetzung von H.D.A. Sonne wiedergegeben.
Verfügbar bei google books: https://books.google.de/books?id=DtBkAAAAcAAJ&printsec=frontcover&hl=de&source=gbs_ge_summary_r&cad=0#v=onepage&q&f=false

Literatur

Ahbel-Rappe, Sara, und Rachana Kamtekar, *A Companion to Socrates*, Oxford: Wiley-Blackwell 2006.

Annas, Julia. »Classical Greek Philosophy«, in: Boardman et al., *The Oxford History of Greece and the Hellenistic World*, S. 277–305.

- »Plato's Ethic«, in: Fine, *The Oxford Handbook of Plato*, S. 267–85.
- »Plato the Skeptic«, in: Vander Waerdt, *The Socratic Movement*, S. 309–40.
- »Scepticism, Old and New«, in: *Rationality in Greek Thought*, hrsg. von Michael Frede und Gisela Striker, S. 239–54. Oxford: Clarendon 1996.
- »Virtue as the Use of Other Goods«, in: Irwin und Nussbaum, *Virtue Love & Form*, S. 97–112.
- »What Are Plato's ›Middle‹ Dialogues in the Middle Of?« In: Annas und Rowe, *New Perspectives on Plato*, S. 1–23.
- und Christopher Rowe (Hrsg.), *New Perspectives on Plato, Ancient and Modern*, Cambridge, Mass.: Harvard University Press 2002.

Benson, Hugh H., *Socratic Wisdom*. Oxford: Oxford University Press 2000.

- Bett, Richard, »Socrates and Skepticism«, in: Ahbel-Rappe und Kamtekar, *A Companion to Socrates*, S. 298–311.
- »Socratic Ignorance«, in: Morrison, *The Cambridge Companion to Socrates*, S. 215–36.
- Beversluis, John, »Does Socrates Commit the Socratic Fallacy?«, *American Philosophical Quarterly 24*, no. 3 (1987): S. 211–23.
- Blössner, Norbert, »The City-Soul Analogy«, in: *The Cambridge Companion to Plato's Republic*, hrsg. von G. R. F. Ferrari, Cambridge: Cambridge University Press 2007, S. 345–85.

Boardman, John, Jasper Griffin und Oswyn Murray (Hrsg.), *The Oxford History of Greece and the Hellenistic World*, Oxford: Oxford University Press 2002.

Boghosian, Peter und James Lindsay, *How to Have Impossible Conversations: A Very Practical Guide*, New York: Hachette 2019.

- Brennan, Tad, »Socrates and Epictetus«, in: Ahbel-Rappe und Kamtekar, *A Companion to Socrates*, S. 285–97.

Brickhouse, Thomas C. und Nicholas D. Smith, *Plato's Socrates*, New York: Oxford University Press 1994.

- »Socrates and the Unity of Virtues«, *Journal of Ethics 1*, no. 4 (1977): S. 311–24.

– »Socrates' Elenctic Mission«, *Oxford Studies in Ancient Philosophy 1* (1991): S. 75–121; abgedruckt in Prior, *Socrates: Critical Assessments*, 3: S. 119–44.
– »Socrates on Goods, Virtue, and Happiness«, *Oxford Studies in Ancient Philosophy 5* (1987): S. 1–27; abgedruckt in Prior, *Socrates: Critical Assessments*, 4: S. 202–25.
– *Socrates on Trial*, Princeton: Princeton University Press 1989.
– *Socratic Moral Psychology*, Cambridge: Cambridge University Press, 2010.
– Brown, Eric, »Socrates in the Stoa«, in: Ahbel-Rappe und Kamtekar, *A Companion to Socrates*, S. 275–84.
– Brown, Lesley, »Division and Definition in the Sophist«, in: Charles, *Definition in Greek Philosophy*, S. 151–71.
– Brumbaugh, Robert S. »Dialogue and Digression: The Seventh Letter and Plato's Literary Form«, in: Griswold, *Platonic Writings/Platonic Readings*, S. 84–92.

Burnet, J., *Greek Philosophy, Thales to Plato*, London: Macmillan & Co. 924.

Burnyeat, Myles F., »Carneades Was No Probabilist«, unveröffentlichtes Manuskript, ohne Datum.
– (Hrsg.), *The Skeptical Tradition, Berkeley*: University of California Press 1983.
– »Socratic Midwifery, Platonic Inspiration«, in: *Bulletin of the Institute of Classical Studies 24* (1977): S: 7–16.

Bussanich, John und Nicholas B. Smith (Hrsg.), *The Bloomsbury Companion to Socrates*, London: Bloomsbury 2013.

Charles, David (Hrsg.), *Definition in Greek Philosophy*, Oxford: Oxford University Press 2010.
– Cohen, Maurice H., »The Aporias in Plato's Early Dialogues«, *Journal of the History of Ideas 23*, no. 2 (1962): S. 163–74.
– Cooper, John M., »Arcesilaus: Socratic and Sceptic«, in: *Remembering Socrates: Philosophical Essays*, S. 169–87, hrsg. von Lindsay Judson und Vassilis Karasmanis, Oxford: Clarendon Press 2006.
– »Plato's Theory of Human Motivation«, in: *History of Philosophy Quarterly 1* (1984): S. 3–21.
– *Reason and Emotion: Essays in Ancient Moral Philosophy and Ethical Theory*, Princeton: Princeton University Press 1999.

Güthling, Otto (Übers.), *Xenophons Erinnerungen an Sokrates*, Reclam, Leipzig 1883.
– DeFilippo, Joseph G. und Phillip T. Mitsis, »Socrates and Stoic Natural Law«, in: Vander Waerdt, *The Socratic Movement*, S. 253–71.

Demetriou, Kyriakos und Antis Loizides (Hrsg.), John Stuart Mill: *A British Socrates*, New York: Palgrave Macmillan 2013.

- Desjardins, Rosemary, »Why Dialogues? Plato's Serious Play«, in: Griswold, *Platonic Writings/Platonic Readings*, S. 110–26.
- Devereux, Daniel, »Socratic Ethics and Moral Psychology«, in: Fine, *The Oxford Handbook of Plato*, S. 139–64.
- »The Unity of the Virtues in Plato's Protagoras and Laches,« *Philosophical*
- *Review*, 101 (1992): 765–89.

Diogenes Laertius, *Leben und Meinungen berühmter Philosophen* (übersetzt von Otto Apelt), Hamburg: Meiner 2015.

- »Laches«, *Philosophical Review, 101* (1992): S. 765–89.
- Dorion, Louis-André, »The Rise and Fall of the Socratic Problem«, in: Morrison, *The Cambridge Companion to Socrates*, S. 1–23.
- Dover, Kenneth J., »Socrates in the Clouds«, in: Vlastos, *The Philosophy of Socrates*, S. 50–77.
- Dunning, David und Justin Kruger, »Unskilled and Unaware of It: How Difficulties in Recognizing One's Own Incompetence Lead to Inflated Self-Assessments«, *Journal of Personality and Social Psychology* 77, no. 6 (1999): S. 1121–34.

Emerson, Ralph W.; *Repräsentanten des Menschengeschlechts*, Leipzig: Philipp Reclam jun. 1895.

Epiktet, *Unterredungen*, Altona: Hammerich 1801–1803.

Everson, Stephen (Hrsg.), *Epistemology*, Cambridge: Cambridge University Press 1990.

Farnsworth, Ward, *Der praktizierende Stoiker*, München: FinanzBuch Verlag 2021.

Fine, Gail (Hrsg.), *The Oxford Handbook of Plato*, Oxford: Oxford University Press 2008.

Fink, Jakob L. (Hrsg.), *The Development of Dialectic from Plato to Aristotle*, Cambridge: Cambridge University Press 2012.

- Fish, Stanley, *Self-Consuming Artifacts: The Experience of Seventeenth-Century Literature*, S. 5–21. Berkeley: University of California Press 1972.

Flew, Antony (Hrsg.), *A Dictionary of Philosophy*, 2., überarbeitete Auflage, New York: St. Martin's 1984.

Ford, Paul L. (Hrsg.), *The Writings of Thomas Jefferson*, 12 Bände, New York: G. P. Putnam's Sons 1899.

Frame, Donald M., *The Complete Essays of Montaigne*, Palo Alto: Stanford University Press 1958.

Franklin, Benjamin, *Benjamin Franklins Leben, von ihm selbst beschrieben*, Leipzig: Reclam 1887.

Freud, *Vorlesungen zur Einführung in die Psychoanalyse*, Wien 1916.

Friedländer, Paul, *Platon*, 2 Bände, Berlin/ Leipzig 1928–1930.

- Geach, Peter T., »Plato's Euthyphro: An Analysis and Commentary«, *Monist* 50 (1996): S. 369–82.
- Gill, Christopher, »Dialectic and the Dialogue Form«, in: Annas and Rowe, *New Perspectives on Plato*, S. 145–72.

Goldstein, Rebecca N., *Plato at the Googleplex*, New York: Pantheon 2014.

- Graham, Daniel W., »Socrates and Plato«, *Phronesis 37*, no. 2 (1992): S. 145–65.

Griswold, Charles L., Jr. (Hrsg.), *Platonic Writings/Platonic Readings*, University Park, Pa.: Penn State University Press 1988.

- »Plato's Metaphilosophy: Why Plato Wrote Dialogue«, in: Griswold, *Platonic Writings/Platonic Readings*, S. 143–70.

Grote, George, *Plato and the Other Companions of Sokrates*, 3 Bd., London: John Murray 1865.

- Gulley, Norman, »The Interpretation of ›No One Does Wrong Willingly‹ in Plato's Dialogues«, in: *Phronesis 10* (1965): S. 82–96.
- *The Philosophy of Socrates*, New York: Macmillan 1968.

Guthrie, W. K. C. , *A History of Greek Philosophy*, Vol. 3: *The Fifth-Century Enlightenment*, Cambridge: Cambridge University Press 1971.

- *A History of Greek Philosophy*, Vol. 4, *Plato—The Man and His Dialogues*, Cambridge: Cambridge University Press 1975.
- *A History of Greek Philosophy*, Vol. 5, *The Later Plato and the Academy*, Cambridge: Cambridge University Press 1978.

Hazlitt, William C., (Hrsg.) *Essays of Montaigne*. Übersetzt von Charles Cotton. London: Reeves & Turner 1877.

Hobland, Fiona und Christopher Tuplin (Hrsg.), *Xenophon: Ethical Principles and Historical Enquiry*, Leiden: Brill 2012.

- Holmes, Oliver Wendell, Jr. »The Path of the Law«, *Harvard Law Review 10*, no. 8 (1897): S. 457–78.

Howland, Jacob, »Xenophon's Philosophic Odyssey: On the Anabasis and Plato's *Republic*«, *American Political Science Review* 94, no. 4 (2000): S: 875–89.

Inwood, Brad und Lloyd P. Gerson, *Hellenistic Philosophy*, Indianapolis: Hackett 1997.

Irwin, Terence H., *Plato's Moral Theory*, Oxford: Oxford University Press 1977.

- »Review: Socrates and Athenian Democracy«, *Philosophy & Public Affairs* 18 (1989): S. 184–205.
- »Say What You Believe«, in: Irwin und Nussbaum, *Virtue Love & Form*, S. 1–16.
- »Socrates the Epicurean?«, *Illinois Classical Studies* 11 (1986): S. 85112; abgedruckt in Prior, *Socrates: Critical Assessments*, 4: S. 226–51.

- »Socratic Puzzles«, *Oxford Studies in Ancient Philosophy 10* (1992): S. 241–66.
- und Martha C. Nussbaum (Hrsg.), »Virtue Love & Form: Essays in Memory of Gregory Vlastos«, *Apeiron* 26, Nr. 3–4 (1993).
- Janssens, Emile, »The Concept of Dialectic in the Ancient World«, in: *Philosophy & Rhetoric 1*, no. 3 (1968): S. 174–81.
- Kahn, Charles H., »The Beautiful and the Genuine: A Discussion of Paul Woodruff, Plato, *Hippias Major*«, in: *Oxford Studies in Ancient Philosophy 3* (1985): S. 261–88.
- Kahn, Charles H., »Drama and Dialectic in Plato's *Gorgias*«, *Oxford Studies in Ancient Philosophy 1* (1983): S. 75–121; abgedruckt in Prior, *Socrates: Critical Assessments*, 3: S. 60–96.
- *Plato and the Socratic Dialogue*, Cambridge: Cambridge University Press 1996.
- »Vlastos's Socrates«, *Phronesis 37* (1992): 233–58; abgedruckt in Prior, *Socrates: Critical Assessments*, 1: S. 156–78.

Kierkegaard, Sören, *Die Krankheit zum Tode*, Jena: Eugen Diederichs 1849.

Kraut, Richard (Hrsg.) *The Cambridge Companion to Plato*, Cambridge: Cambridge University Press 1992.
- »Comments on Gregory Vlastos, ›The Socratic Elenchus‹«, *Oxford Studies in Ancient Philosophy 1* (1983): S. 59–70.
- »The Examined Life«, in: Ahbel-Rappe und Kamtekar, A *Companion to Socrates*, S. 228–42.

Kremmydas, Christos und Kathryn Tempest (Hrsg.) *Hellenistic Oratory: Continuity and Change*, Oxford: Oxford University Press 2013.
- Lacey, A. R., »Our Knowledge of Socrates«, in: Vlastos, *The Philosophy of Socrates*, S. 22–49.
- Lesher, James, »Socrates' Disavowal of Knowledge«, *Journal of the History of Philosophy 25* (1987): S. 275–88.

Long, A. A., *Epictetus: A Stoic and Socratic Guide to Life*, Oxford: Clarendon Press 2002.
- *Hellenistic Philosophy*, 2. Aufl., Los Angeles: University of California Press 1986.
- »Socrates in Hellenistic Philosophy«, *Classical Quarterly 38* (1988): S. 150–71.
- »Socrates in Later Greek Philosophy«, in: Morrison, *The Cambridge Companion to Socrates*, S. 355–79.
- »The Socratic Legacy«, in: *The Cambridge History of Hellenistic Philosophy*, S. 617–41, hrsg. von Keimpe Algra et al. Cambridge: Cambridge University Press 1999.
- *Stoic Studies*, Cambridge: Cambridge University Press 1996.
- und David Sedle, *The Hellenistic Philosophers*, Vol. 1: *Translations of the Principal Sources, with Philosophical Commentary*, Cambridge: Cambridge University Press 1987.

Long, A.G. *Conversation and Self-Sufficiency in Plato*, Oxford: Oxford University Press 2013.

- McPartland, Keith, »Socratic Ignorance«, in: *Bussanich und Smith, The Bloomsbury Companion to Socrates*, S. 94–135.

Mill, John Stuart, *Autobiography*, London: Longmans 1873.

- »The Early Draft of John Stuart Mill's Autobiography«, in: Robson, *Collected Works of John Stuart Mill*, 1: S. 4–290.
- »Grote's Plato«, in: Robson, *Collected Works of John Stuart Mill*, 11: S. 375–440.
- »Whately's Elements of Logic«, in Robson, *Collected Works of John Stuart Mill*, 11: S. 3–35.
- *Gesammelte Werke*, Leipzig: Fues's 1869.
- Morrison, Donald R. (Hrsg.) *The Cambridge Companion to Socrates*, Cambridge: Cambridge University Press 2011.
- »On Professor Vlastos's Xenophon«, *Ancient Philosophy* 7 (1987): S. 9–22.

Nails, Debra, *Agora, Academy, and the Conduct of Philosophy*. Dordrecht: Springer 1995.

Nehamas, Alexander, *The Art of Living: Socratic Reflections from Plato to Foucault*. Los Angeles: University of California Press 1998.

- »Voices of Silence: On Gregory Vlastos's Socrates«, *Arion*, 3rd ser., 2 (1992): S. 156–86.
- *Virtues of Authenticity*, Princeton: Princeton University Press 1999.
- »What Did Socrates Teach and to Whom Did He Teach It?« *Review of Metaphysics* 46, no. 2 (1992): S. 279–306.

Nettleship, Richard L., *Philosophical Lectures and Remains*, Vol. 2. London: Macmillan 1897.

Nietzsche, Friedrich, *Menschliches, Allzumenschliches*, Chemnitz: Ernst Schmeitzner 1878.

- Novaes, Catarina D. »Reductio Ad Absurdum from a Dialogical Perspective«, *Philosophical Studies* 173 (2016): S. 2605–28.
- Nussbaum, Martha C., »Aristotle and Socrates on Learning Practical Wisdom«, *Yale Classical Studies 26* (1980): S. 43–97.
- »The Chill of Virtue«, *New Republic*, September 16 & 23, 1991, S. 34–40.

Pascal, Blaise, *Gedanken über die Religion und einige andere Gegenstände*, Berlin: Wilhelm Besser 1840.

- Penner, Terry, »The Unity of Virtue«, *Philosophical Review* 82 (1973): S. 35–68.

Plutarch, *Vergleichende Lebensbeschreibungen*, in: *Werke*, Stuttgart: Metzler 1858.

Popper, Karl, *The Open Society and Its Enemies*, London: Routledge 1945.

Popper, Karl, *Die offene Gesellschaft und ihre Feinde*, Band 1, *Der Zauber Platons*, 8. Auflage, durchgesehen und ergänzt, Tübingen: Mohr Siebeck 2003.

- *Die offene Gesellschaft und ihre Feinde*, Band 2, *Falsche Propheten: Hegel, Marx und die Folgen*, 8. Auflage, durchgesehen und ergänzt, Tübingen: Mohr Siebeck 2003.
- Powell , J. F. G., »The Embassy of the Three Philosophers to Rome in 155 bc«, in: Kremmydas und Tempest, *Hellenistic Oratory*, S. 219–47.

Prior, William J. (Hrsg.), *Socrates: Critical Assessments*, London: Routledge 1996.

- *Socrates*, Medford, Mass.: Polity Press 2019.

Robinson, Richard, »Forms and Error in Plato's Theaetetus«, *Philosophical Review* 59, no. 1 (January 1950): S: 3–30.

- *Plato's Earlier Dialectic*, 2. Aufl. Oxford: Clarendon Press 1953.

Robson, John M. (Hrsg.), *The Collected Works of John Stuart Mill*, 33 Bände, Toronto: Routledge & Kegan Paul 1963–91.

- Rorty, Richard, *Philosophy as Cultural Politics*, Cambridge: Cambridge University Press 2007.
- Ross, W. D., *Plato's Theory of IdeaS*. Oxford: Oxford University Press 1951.
- Rowe, Christopher, »Socrates in Plato's Dialogues«, in: Ahbel-Rappe und Kamtekar, *A Companion to Socrates*, S. 159–70.

Russell, Bertrand, *A History of Western Philosophy*. New York: Simon & Schuster 1945.

- Santas, Gerasimos X, *Socrates*, London: Routledge & Kegan Paul 1979.
- »Socratic Goods and Socratic Happiness«, in: Irwin and Nussbaum, *Virtue Love & Form*, S. 81–96.
- »The Socratic Fallacy«, *Journal of the History of Philosophy* 10, no. 2 (1972): S. 127–41.
- »The Socratic Paradoxes«, *Philosophical Review* 73, no. 2 (April 1964): S. 147–64.
- Sayre, Kenneth M., »Plato's Dialogues in Light of the Seventh Letter«, in: *Platonic Writings, Platonic Readings*, S. 93–109, hrsg. von Charles L. Griswold, Jr. London: Routledge.

Schauer, Frederick, *Profiles, Probabilities and Stereotypes*, Cambridge, Mass.: Belknap 2003.

- Sedley, David, »The Motivation of Greek Skepticism«, in: *Burnyeat, The Skeptical Tradition*, S. 9–30.
- *Plato's Cratylus*, Cambridge: Cambridge University Press 2003.

Seeskin, Kenneth, *Dialogue and Discovery: A Study in Socratic Method*, Albany, N.Y.: SUNY Press 1987.

- Segvic, Heda, »No One Errs Willingly: The Meaning of Socratic Intellectualism«, in: Ahbel-Rappe und Kamtekar, *A Companion to Socrates*, S. 171–85.

Seneca, *Briefe an Lucilius*, Leipzig: Meiner 1924.

- Shields, Christopher J., »Socrates Among the Skeptics«, in: Vander Waerdt, *The Socratic Movement*, S. 341–66.

Shorey, Paul, *The Unity of Plato's Thought*, Chicago: University of Chicago Press 1903.

- *What Plato Said*, Chicago: University of Chicago Press 1933. Sidgwick, Henry, *The Methods of Ethics*, 7th ed. New York: Macmillan 1907.
- Sprague, Rosamond Kent, »Platonic Unitarianism, or What Shorey Said«, *Classical Philology* 71, no. 1 (1976): S. 109–12.
- *Plato's Use of Fallacy*, London: Routledge 1962.
- Striker, Gisela, »Plato's Socrates and the Stoics«, in: Vander Waerdt, *The Socratic Movement*, S. 241–51.
- Szaif, Jan, »Socrates and the Benefits of Puzzlement«, in: *The Aporetic Tradition in Ancient Philosophy*, S. 29–47, hrsg. von George Karamanolis und Vasilis Politis, Cambridge: Cambridge University Press 2018.
- Talisse, Robert B., »Misunderstanding Socrates«, *Arion* 9, no. 3 (2002): S. 46–56.
- Tarrant, Harold, »Socratic Method and Socratic Truth«, in: Ahbel-Rappe und Kamtekar, *A Companion to Socrates*, S. 254–72.

Taylor, A. E., *Socrates*, London: Peter Davies 1932.

- Taylor, C.C.W., »Plato's Epistemology« in: Fine, *The Oxford Handbook of Plato*, S. 165–90.
- *Socrates: A Very Short Introduction*, Oxford: Oxford University Press 1998.

Thesleff, Holger, *Studies in Platonic Chronology*, Helsinki: Societas Scientiarum Fennica 1982.

Trivigno, Franco V. und Pierre Destrée (Hrsg.), *Laughter, Humor, and Comedy in Ancient Philosophy*, New York: Oxford University Press 2019.

Vander Waerdt, Paul (Hrsg.), *The Socratic Movement*, Ithaca, N.Y.: Cornell University Press 1994.

- Vlastos, Gregory (Hrsg.), *The Philosophy of Socrates*, New York: Doubleday 1971.
- »The Paradox of Socrates«, in: Vlastos, *The Philosophy of Socrates*, S. 1–49.
- *Socrates, Ironist and Moral Philosopher*, Ithaca, N.Y.: Cornell University Press 1991.
- *Socratic Studies*, Cambridge: Cambridge University Press 1994.
- »The Unity of Virtues in the ›Protagoras‹«, *Review of Metaphysics* 25, no. 3 (1972): S. 415–58.
- Walsh, James J., »The Socratic Denial of Akrasia«, in: Vlastos, *The Philosophy of Socrates*, S. 235–63.
- Waterfield, Robin, »The Quest for the Historical Socrates«, in: Bussanich und Smith, *The Bloomsbury Companion to Socrates*, S. 1–19.
- »Xenophon on Socrates' Trial and Death«, in: Hobland und Tuplin, *Xenophon*, S. 269–305.

- White, James Boyd, »Plato's Gorgias and the Ethics of Legal Argument«, *University of Chicago Law Review* 50, no. 2 (1983): S. 849–91.

Whitehead, Alfred North, *Process and Reality*, New York: Macmillan 1929.

Wigmore, John H., *Evidence in Trials at Common Law*, 3. Aufl., Boston: Little, Brown 1940.

- Wolfsdorf, David, »Socrates' Avowals of Knowledge«, *Phronesis* 49 (2004): S. 75–142.
- »Socratic Philosophizing«, in: Bussanich und Smith, *The Bloomsbury Companion to Socrates*, S. 34–67.
- Woodruff, Paul B., »Aporetic Pyrrhonism«, *Oxford Studies in Ancient Philosophy* 6 (1988): S. 139–68.
- »Expert Knowledge in the *Apology* and *Laches*: What a General Needs to Know«, *Proceedings of the Boston Area Colloquium in Ancient Philosophy* 3 (1987): S. 79–115.
- »Plato's Early Theory of Knowledge«, in: Everson, *Epistemology*, S. 60–84.
- »Self-Ridicule: Socratic Wisdom«, in: Trivigno and Destrée, *Laughter, Humor, and Comedy in Ancient Philosophy*, S. 165–81.
- »The Skeptical Side of Plato's Method«, *Revue Internationale de Philosophie* 40, no. 1/2 (1986): S. 22–37.
- »Socrates Among the Sophists«, in: Ahbel-Rappe und Kamtekar, *A Companion to Socrates*, S. 36–47.
- »Socrates and the Irrational«, in: *Reason and Religion in Socratic Philosophy*, S. 130–50, hrsg. von Nicholas D. Smith und Paul B. Woodruff, New York: Oxford University Press 2000.
- »Socrates on the Parts of Virtue«, *Canadian Journal of Philosophy*, supp. v. 2 (1976): S. 101–16.
- »Socrates's Mission«, in: *Readings of Plato's Apology of Socrates: Defending the Philosophical Life*, S. 179–83, hrsg. von Vivil Valvik Haraldsen, Olof Pettersson und Oda E. W. Tvedt. Lanham, Md.: Lexington Books 2018.